Ralph Hartmann

Mit der DDR ins Jahr 2000

Ralph Hartmann

Mit der DDR ins Jahr 2000

Karl Dietz Verlag Berlin

Das Foto auf der vierten Umschlagseite zeigt den Empfang Erich Honeckers auf dem Belgrader Flughafen anläßlich seines Staatsbesuches 1985 in Jugoslawien. – Erster von rechts Ralph Hartmann.

Die Deutsche Bibliothek – CIP-Einheitsaufnahme

Hartmann, Ralph:
Mit der DDR ins Jahr 2000 / Ralph Hartmann. –
Berlin : Dietz, 1999

ISBN 3-320-01980-5

© Karl Dietz Verlag Berlin GmbH 1999
Typographie: Brigitte Bachmann
Umschlag: Trialon, Berlin
Satz: MediaService, Berlin
Druck und Bindearbeit: Wiener Verlag GmbH

Inhalt

KAPITEL 1

Ein Schutzschild in der Wendezeit

»Mit der DDR ins Jahr 2000« – so etwa lautete der Spruch auf meinem unsichtbaren, imaginären Schutzschild, das ich im Herbst 1989 und im darauffolgenden Winter, in den Wirren der politischen Zeitenwende mit ihren sich überstürzenden, in atemberaubender Geschwindigkeit ablaufenden Geschehnissen, vor mir hertrug. Die unterschiedlichsten Gefühle vermengten sich darin – Zuversicht und Bestürzung, Trotz-alledem-Entschlossenheit und Galgenhumor. Auf alle Fälle schirmte er mich ab vor dem wachsenden Zweifel an der Überlebensfähigkeit der Republik, die westlich von Werra und Elbe und jenseits des Brandenburger Tores lange Jahre »SBZ« oder einfach »Zone« genannt, zeitweilig als »Phänomen« bezeichnet, endlich als »DDR« anerkannt, aber in einem großen Zeitungsverlag weiter nur in Anführungszeichen geschrieben und von meinesgleiches mit dem besitzanzeigenden Pronomen »unsere« versehen wurde. Je stürmischer sich die Ereignisse entwickelten, desto fester, vielleicht auch krampfartiger hielt ich daran fest, eben wie einer, der den Gedanken an die Sieghaftigkeit der Sache, die wir als sozialistische bezeichneten, tief verinnerlicht hatte, der sich – obwohl er es aus der Geschichte längst hätte wissen müssen – nicht vorstellen konnte, daß der Überwindung der alten Gesellschaftsordnung ihre Restauration folgen könnte; wie einer, dem es unvorstellbar erschien, daß in der letzten Dekade des Jahrhunderts in seinem Land diejenigen wieder zu Macht und Einfluß gelangen könnten, die es in seiner ersten Hälfte beherrscht und zweimal ins Verderben gestürzt hatten, daß die ungerechten Eigentumsverhältnisse wiederhergestellt würden und die Krauses bei Krupp zu Kreuze kriechen könnten. Nein, das konnte, das durfte nicht sein – es gab dazu nur eine Alternative: »Mit der DDR ins Jahr 2000«. Damals wußte ich nicht, daß ich mich mit diesem Mangel an Vorstellungskraft, mit dieser Illusion in Übereinstimmung mit so manchem befand, den ich damals dem Lager der Gegner zurechnete, so auch, wie ich erst später erfuhr, mit Günter Gaus, dem früheren Leiter der bundesdeutschen Vertretung in Berlin, Hauptstadt der DDR. In einem Gespräch mit Stefan Heym in Frankfurt am Main hatte er im Oktober 1985 von keinerlei Zweifel geplagt festgestellt: »Was auch in der DDR sich verändert, eines wird es, glaube ich, nicht geben – eine Mehrheit der Bevölkerung, welche die alten kapitalistischen Eigentümer und deren Erben in ihre früheren Rechte wieder eingesetzt sehen will. Dieser Illusion sollte sich niemand in der Bundesrepublik hingeben.«[1]

Damals wußte ich auch nicht – wie hätte ich es auch ahnen können –, daß mich mit eben diesem westdeutschen Politiker und Publizisten ein Jahrzehnt später der entschiedene Widerstand gegen eine deutsche Beteiligung an einem NATO-Angriffskrieg gegen einen souveränen europäischen Staat verbinden würde. Von deutschem Boden sollte nie mehr Krieg ausgehen, darin schienen sich beide noch existierende deutsche Staaten bei allen sonstigen Unterschieden einig zu sein; sie hatten es oft gelobt und sich später, zum Zeitpunkt ihrer Vereinigung, vertraglich und feierlich dazu verpflichtet. Auch das sollte sich als eine Illusion, wenn auch ganz anderer Art, erweisen.

Aber noch war es nicht soweit. In den Wendewirren ward die Inschrift auf dem Schild zuweilen zum gesprochenen Wort, nämlich dann, wenn es geraten erschien, Schwankenden, Ängstlichen, Resignierenden Mut zu machen, der einen selbst schon verlassen wollte. Das erste Mal geschah es an jenem denkwürdigen 4. November 1989, an dem die Menschenmassen auf dem Berliner Alexanderplatz zusammenströmten, zu jener Kundgebung, die später zu einem der symbolträchtigen Ereignisse der »friedlichen Revolution« gemacht wurde und an der 500.000 bis 1 Million Menschen teilgenommen haben sollen. Zwar erscheinen die halbe und erst recht die ganze Million im Vergleich zu den Angaben vom gleichen Ort, so bei der gesamtdeutschen Großkundgebung

1   Stefan Heym: Einmischung. Gespräche, Reden, Essays, Frankfurt/Main 1992, S. 95

»Aufstehen für eine andere Politik« im Juni 1998 – hier zählten Agenturen 9.000 und die Polizei 20.000 Teilnehmer, obwohl diese den Platz von der West- bis zur Ostseite füllten – leicht überhöht, aber eine gewaltige Ansammlung war es allemal. Wie viele Tausende damals der führenden Partei noch ergebene Genossinnen und Genossen befand auch ich mich unter den Manifestanten – friedlich, gemäß dem allgegenwärtigen Motto »Keine Gewalt«, nicht ahnend, daß auch Angehörige der »revolutionären Avantgarde« in Kürze vorübergehend als Kombattanten einer ganz anderen »Revolution« gezählt werden sollten. Wie sollten sie auch, hatten ZK, Parteibezirks- und -kreisleitungen in der allgemeinen Verwirrung doch selbst zur Teilnahme aufgerufen. Als die Emotionen hochschlugen und sich Enttäuschung, Wut und Haß zahlloser Demonstranten beim Auftreten der Vertreter des bis in seine Grundfesten erschütterten Regimes in ohrenbetäubenden Protestlärm entluden, meinte ein neben mir stehender etwa Siebzigjähriger mit VdN-Abzeichen: »Das ist der Anfang vom Ende. Die DDR geht den Bach runter.« Meine Gefühle waren den seinen nahe, aber trotzig hielt ich mein Schutzschild hoch und verkündete: »Keine Bange, Genosse, noch immer gilt: Mit der DDR ins Jahr 2000.« Die Reaktion war vieldeutig, gläubig war sie nicht.

Eine knappe Woche danach, am Morgen des 10. November, die Mauer, der antifaschistische Schutzwall, die Staatsgrenze war gefallen, sprach ich in meinem Arbeitszimmer in der internationalen Abteilung des »Großen Hauses« mit einem jüngeren Mitarbeiter über die Ereignisse der vergangenen Nacht. Eigentlich hätten wir über ein Informationspapier zur mißlichen Lage in einem benachbarten sozialistischen Land, für das er zuständig war, beraten sollen. Aber wer interessierte sich noch dafür? Weder die zu informierende Parteispitze noch wir, die mit der Information Beauftragten. Die Misere, in die der eigene Staat geraten war, drängte fremde Staatskalamität in den Hintergrund. Nun war ich es, der vom Anfang des Endes der Republik sprach. Der jüngere, ein hochgebildeter Mann voller Leistungskraft, mit reichen außenpolitischen Spezial- und Fremdsprachenkenntnissen – heute ist er als Handelsvertreter einer Firma für Wundverbandsmaterialien einer der vielen Leistungsträger der Bundesrepublik –

stimmte mir zu und meinte, sich beruhigen und mich ganz offenbar trösten wollend, dann müßten wir eben noch einmal ganz von vorn anfangen. Mir ging das entschieden zu weit, ich entsann mich meines Selbstschutzes und beschwor die 2000er Perspektive der DDR. Dieses Mal war die Skepsis meines Gesprächspartners unverkennbar.

Nach diesem Novembertag erhielt mein Schild ungezählte Beulen, tiefe Kratzer und wurde dem Don Quijotes, jenem anachronistischen fahrenden Ritter, der den Zug der Zeit nicht versteht, immer ähnlicher. Nur hin und wieder gab es Gelegenheit, es ein wenig auszubeulen und aufzupolieren. So Anfang Januar, als am dunklen Abend mehrere hunderttausend Menschen am Treptower Ehrenmal für eine Einheitsfront gegen Rechts demonstrierten und die Chance für einen demokratischen Sozialismus beschworen. Schon 14 Tage früher, an einem der letzten Vorweihnachtstage, hatten sich auf dem Gendarmenmarkt, vor dem mit viel Mühe wiedererrichteten Schauspielhaus, in dessen Glanz sich die bundesdeutsche Elite mit Vorliebe sonnt, viele Tausende, vor allem junge Menschen, versammelt, um für das Existenzrecht eines erneuerten sozialistischen Staates auf deutschem Boden zu demonstrieren. »Nie wieder Deutschland!« skandierten sie. Ganz in meiner Nähe stand ein junger Mann, der mit seiner zerrissenen Hose, einem Pfeil im Ohr und grellbunten aufgetürmten Haaren wie ein heruntergekommener Indianer vom Stamme der Irokesen aussah, einer von denen, die ich zuvor in meiner Ignoranz nie auf der linken Seite vermutet hatte. Zu meiner nicht geringen Überraschung schrie er, ehe er mit vielen anderen die Eisler-Becher-Hymne anstimmte, mit klarer, den allgemeinen Lärm übertönender Stimme: »Mit der DDR ins Jahr 2000!«

Wenn auch der Irokesenschrei noch lange nachhallte, die Zuversicht, die DDR bewahren und umgestalten zu können, schwand schnell dahin, von Woche zu Woche, von Tag zu Tag immer schneller. Schon am Abend nach der Nie-wieder-Deutschland-Kundgebung, als im Fernsehen der nationalistische Taumel beim Bundeskanzlerbesuch in Dresden zu besichtigen war, wurde sie erneut erschüttert; und später, als die Wahlen zur Volkskammer vorgezogen wurden und sich die Wahlkämpfer aus dem größeren deutschen Staat im anderen, dem kleineren schon wie in einem Protektorat aufführten, als das Konzept »Deutschland, einig Vaterland« verabschiedet und das Ende der DDR, wenn auch weniger überstürzt und ehrenhafter, auch unsererseits vorprogrammiert wurde, als die ostdeutschen Brüder und Schwestern noch vor den Wahlen mit der DM geködert wurden, zerrannen die letzten Hoffnungen.

Am Abend des Wahlsonntags im März 1990 stellte ich das Mutmacher-, das Schutz-, das Trotz-alledem-Schild endgültig in die Ecke. Das Volk der DDR hatte entschieden, wieder Teil des deutschen Volkes zu sein. Die Schwarzen hatten haushoch über Rot, Rosa, Grün und andere Bunte gesiegt. Die DDR ging endgültig unter, ruhmlos und kläglich. Mit ihrem Einzug ins nächste Jahrtausend konnte nichts mehr werden. Ich hatte mich geirrt. Oder etwa nicht so ganz?

KAPITEL 2

»Aufarbeitung« auf breiter Front

Die Deutsche Demokratische Republik ist von der politischen
Landkarte verschwunden. Die Fahnen mit Hammer und Zirkel im
Ährenkranz sind auf den Mülldeponien vermodert, wenn sie nicht
in irgendwelchen Bodenkammern verkramt sind. Die Staatsem-
bleme sind von den öffentlichen Gebäuden abgehackt. Die Orden
und Ehrenzeichen werden verramscht. Die Botschaften und Resi-
denzen in mehr als hundert Staaten sind Eigentum der Bundesrepublik geworden. Das Gebäude des Außenministeriums am Marx-
Engels-Platz, der nun wieder Schloßplatz heißt, ist abgerissen.
Dem Palast der Republik droht das gleiche Schicksal. Im Staats-
ratsgebäude residiert der Bundeskanzler, der Vorsitzende des
Staatsrates liegt in Chile begraben. Alles, was an die DDR erinnern könnte, wurde und wird noch immer beseitigt.

Die DDR ist verschwunden, annähernd lautlos, wie Günter
Grass meint, ziemlich erbärmlich, wenn man sich an die letzte
Volkskammer, den hilflosen Übergabe-Ministerpräsidenten Lo-
thar de Maizière, den windigen Übergabe-Unterhändler Günther
Krause und das unsägliche letzte amtierende Staatsoberhaupt Frau
Bergmann-Pohl erinnert. Statt der Zukunft zugewandt, ist sie im
Orkus der Geschichte verschwunden.

Ruhe findet sie nicht. Ihre »Aufarbeitung« ist im vollsten
Gange. Der 50. Jahrestag, der zugleich der 10. der »friedlichen
Revolution« ist, läßt sie auferstehen. Nicht aus Ruinen, sondern in
ungezählten Dokumentationen, Artikeln, Sammelbänden, Kom-
mentaren, Vorträgen, Symposien. Nur eine Abrechnung von
Kampfprogrammen und sozialistischen Wettbewerben wird es
nicht geben, auch keine Festveranstaltung, keine ausländischen
Ehrengäste, keine Grußtelegramme, keine staatlichen Auszeich-

nungen und auch keine Armee-Parade. Höchstens eine der vermeintlichen Sieger der Geschichte, der reuigen Verlierer, der allseits geschmähten Nostalgiker, der nachdenklichen Unterlegenen. Am Vorabend des 50. Jubiläums bereiten sie sich alle vor: Die von Grün zu Schwarz gewechselte, für die Freiheit der Andersdenkenden eintretende Revolutionärin überlegt, wie sie am schärfsten mit denen abrechnen kann, die über die »brutale Willkürherrschaft der SED« anders als sie denken. Der Pfarrer, der einst Schwerter zu Pflugscharen machen wollte und dann das Gegenteil betrieb, sucht nach Denkanstößen in seinen unvergleichlichen Redebeiträgen in den nach ihm benannten Enquête-Kommissionen des Bundestages, wissend, daß er dieses Mal auf das Schema einer Fünfklassengesellschaft vom Regierungsverbrecher bis zum Mitläufer besser verzichten sollte. Die ehemaligen Bundespräsidenten überlegen, mit welch gewählten oder kernigen Sätzen sie mitfühlendes vaterländisches Verständnis für das Schicksal der über 40 Jahre auf der Schattenseite in Deutschland lebenden Bürgerinnen und Bürger äußern können, ohne diese allzu sehr vor den Kopf zu stoßen. Der neue Präsident sucht nach Inspirationen zur Beförderung der »inneren Einheit« bei seinem politischen Ziehvater, befürchtend, daß das trotz dessen Warnungen Zusammengenagelte durch Worte allein schwerlich zusammenwachsen kann. Der Exkanzler und sein Nachfolger im höchsten Parteiamt suchen abermals nach den »blühenden Landschaften« als Hintergrund, vor dem die Tristesse der roten Diktatur um so plastischer erscheinen könnte. Der amtierende Kanzler ist mit den vertrackten laufenden Amts- und Kriegsgeschäften so beschäftigt, daß er andere über passende Worte zu 50- und 10jährigen Jubiläen grübeln läßt.

»Aufarbeitung« ist angesagt, auf breiter Front. Seit 1990 wurden über 1.000 zeithistorische und sozialwissenschaftlich orientierte Forschungen zur DDR-Geschichte registriert. Bereits über 500 Forscherinnen und Forscher beschäftigen sich gegenwärtig mit den unterschiedlichsten Aspekten der »SED-Diktatur«, mehr als ein Drittel davon sind promovierte Akademiker, was allerdings wenig über die Qualität, aber viel über die Quantität der Elaborate aussagt. Noch immer werden von Parteien, Regierungseinrichtungen, Stiftungen und Verbänden »Aufarbeiter« gesucht –

Historiker, Staats- und Gesellschaftswissenschaftler, Publizisten, Schriftsteller, Zeitzeugen, Täter, Opfer. Wer kann da beiseite stehen?

Der immer noch anschwellende Strom der »Aufarbeitung« schafft einen Sog, dem man sich nur mit der Fähigkeit zum Dukken oder mit der Entschiedenheit zum Schweigen entziehen kann. Mir mangelt es an beidem. Allerdings halte ich wenig von »Aufarbeitung der Geschichte«, hat sie doch, wie Manfred Kossok sinngemäß anmerkte, etwas mit Bewältigung zu tun, um damit die Last des Vergangenen, Unterlassenen, Zugelassenen, Gebilligten von den Schultern und dem Gewissen zu nehmen. »Wer sehnt sich nicht nach Jahren des Gebücktseins«, so fragte der verstorbene Historiker, »nach dem aufrechten Gang, selbst wenn dieser neue Krümmungen der (geistigen) Wirbelsäule zur Folge hat?«[2] Kossok bevorzugte den Begriff »Umgang mit der Geschichte«, der auf keinen vorgegebenen Schlußpunkt abzielt, um Schuld- oder Freispruch zu formulieren.

Für meinen »Umgang mit der Geschichte« steht mir ein kleines Hilfsmittel zur Verfügung: ein bescheidenes Privatarchiv aus der Zeit, als ich als Botschafter des untergegangenen Staates in der heute ebenfalls zusammengebrochenen Sozialistischen Föderativen Republik Jugoslawien zu den 339.000 Nomenklaturkadern der DDR zählte. Es enthält u. a. die kleinen Ansprachen auf Treffen mit Vertretern des Gastlandes und des Diplomatischen Korps, die Referate und Diskussionsbeiträge auf den Versammlungen der SED-Parteiorganisation der Botschaft und der Außenhandelsvertretungen, die etwa 100 Mitglieder zählte, sowie die mehr oder minder langen Festansprachen zu unterschiedlichen Anlässen vor den DDR-Bürgerinnen und -Bürger in Jugoslawien, deren Zahl um die 300 schwankte. Als ich sie hielt, als sie von eifrigen Sekretärinnen stenographiert oder auf Tonbänder aufgezeichnet wurden, haben die Zuhörer sie gewiß mit unterschiedlichen Gefühlen aufgenommen, am fortwährenden Bestand des Staates, den zu vertreten der Redner die Ehre und die Pflicht hatte, hat schwerlich jemand gezweifelt. Am allerwenigsten dieser selbst.

---

2   Manfred Kossok: Im Gehäuse der selbsverschuldeten Unmündigkeit oder Umgang mit der Geschichte, in: Ansichten zur Geschichte der DDR, Bd. 1, Bonn/Berlin 1993, S. 11

So sind die bescheidenen Privatarchivalien Zeugnis dessen, was ich in der Mitte der 80er Jahre gedacht und empfunden habe, oder um es für Zweifler und Skeptiker vorsichtiger zu formulieren, was ich meinen unterschiedlichen Zuhörern zumutete, ohne den geringsten Gedanken daran, es später einmal einem anderen Publikum zur kritischen Begutachtung vorzulegen, mich für Gesagtes oder Weggelassenes zu rechtfertigen. Heute sind es schon leicht vergilbte, beschriebene Blätter, über deren Inhalt man lächeln oder spotten, nachdenklich oder zornig werden kann; Zeitzeugnisse, unwichtige im Vergleich zu den Reden und Verkündigungen des Generalsekretärs, der Politbüro- und ZK-Mitglieder, der Ministerpräsidenten und Minister. Für mich allerdings sind sie ganz persönliche Prüfsteine dafür, ob ich heute, 10 Jahre nach Verschwinden des Staates, in dessen Diensten ich stand, noch immer mit ruhigem Gewissen zu dem damals Gesagten, weil so Gedachten, stehen kann, ob ich kleine oder große Abstriche davon machen, über eigene Naivität und Fortschrittsgläubigkeit selbst lächeln oder gar über Falschaussagen und Irrtümer schamrot werden muß.

Trotzdem zögere ich, den verstaubten Karton aus der hintersten Ecke des Abstellraumes zu holen und seinen Inhalt, den ich in einem Anflug von Großmäuligkeit als »Privatarchiv« bezeichne, oder zumindest einen Teil davon für meinen »Umgang mit der Geschichte« öffentlich zu machen. Schon bei dem Gedanken daran höre ich den Vorwurf meiner Freunde, mich selbst zu bespiegeln, mir eine Bedeutung beizumessen, die ich wahrlich nicht hatte. Wie erst aber werden die blasierten Nichtfreunde, die Selbstgerechten, die schon immer – vor und nach der Wende – alles früher und besser wußten, auf solchen Archivrückgriff reagieren?

Bei weitem sind das nicht alle Risiken. Jeder, der sich dem Ruf nach persönlicher »Aufarbeitung« nicht verschließt, weiß, daß er sich damit in gefährliche Wasser begibt, voller Strudel, Gegenströmungen und Untiefen. Erforderlich ist ein gerütteltes Maß an Selbstüberwindung, um hineinzuspringen. Es fällt alles andere als leicht, zu einem gerechten kritischen Urteil über die DDR und über eigenes Denken und Handeln in ihren 41 Jahren zu gelangen – unter den Bedingungen der ständigen Verteufelung und Kriminalisierung des dahingeschiedenen Staates, ausgerechnet seitens derer, die man zeitlebens gewiß nicht grundlos als politische Gegner betrachtet hat und die sich nun trotz ihrer Verfehlungen und Schuld, und nun auch Kriegsschuld, zu selbstgerechten Richtern aufgeschwungen haben. Wer ständig mit dem antikommunistischen Knüppel geprügelt wird, ist versucht, mit dem antikapitalistischen zurückzuschlagen und gegebenenfalls etwas zu verteidigen, was man unter regulären Umständen nicht verteidigen würde. Dieser Versuchung nachzugeben, dazu bräuchte man gegenüber selbstherrlichen Siegern keine allzu großen Skrupel zu haben, sie sind auch in der Wahl ihrer Mittel nicht zimperlich. Und neuerdings, nach der Beteiligung der Schröder-Fischer-Regierung am zerstörerischen Angriffskrieg gegen die souveräne Bundesrepublik Jugoslawien, dem Bruch aller Grundnormen des Völkerrechts und der Verpflichtungen Deutschlands aus dem Zwei-plus-Vier-Vertrag, den Rechtfertigungsversuchen eines zum Propagandaminister avancierten Verteidigungsministers ist diese Versuchung geradezu übermächtig. Denn was sind alle tatsächlichen und angedichteten Übel, Mängel und Unrechtstaten der untergegangenen DDR im Vergleich zu den Kriegs-Untaten der Regierenden der real existierenden Bundesrepublik Deutschland? Doch auch das darf – so schwer es fällt – kein Freibrief dafür sein, eigenes Tun und Lassen selbstgefällig statt selbstkritisch zu betrachten.

Risiken drohen jedoch nicht nur von rechts, sondern noch mehr von links. Betrachtet man den untergegangenen Staat zu kritisch, dann kann man leicht in den Verdacht geraten, ein Opportunist zu sein. Läßt man es dagegen an der nötigen Schärfe der Kritik vermissen und findet gar viel Verteidigungswertes am gescheiterten sozialistischen Versuch, dann setzt man sich dem heutzutage wesentlich schlimmeren Vorwurf der Nostalgie aus.

Sei es wie es sei, der Sog, der in gefährliche Wasser zieht, ist stärker als die Furcht vor den Meeresungeheuern Szylla und Charybdis, die zu beiden Seiten lauern; auch gibt es gute Gründe, eigentlich Unwichtigem – was sind die Reden eines Botschafters gegenüber der unendlichen Fülle an hochwichtigen öffentlichen oder mittlerweile bekanntgewordenen geheimen Dokumenten? – Gewicht beizumessen.

Alle, die auf die eigene Vergangenheit blicken, über ihr Leben und Handeln in der DDR berichten, betrachten es aus heutiger Sicht. Anders kann es auch nicht sein. Aber es gibt auch nicht wenige – einige wenige auch unter meinen ehemaligen Berufskollegen – die meinen, gestern so gedacht zu haben, wie sie heute denken. So schreiben sie auch, wenn sie sich erinnern, wie sie für Honecker auf glattem diplomatischem Parkett stritten oder in Moskau litten. Das war's, aber war es das wirklich? Wäre es manchmal nicht ehrlicher gegenüber sich selbst und aufschlußreich für andere, wenn sie statt langer Traktate über ihr damaliges streng vertrauliches Denken ihre eigenen schriftlichen oder mündlichen Äußerungen öffentlich machten? Manch einer würde schwerlich so widerspenstig, ja widerstandskämpferisch erscheinen, wie er es heute gern damals gewesen wäre.

Viele, die zurückblicken, stehen aufrecht zu ihren damaligen Positionen, auch zu ihren Irrtümern, zu eigenem Unrecht und eigener Schuld. Meist erklären sie sie mit den Bedingungen des Kalten Krieges und seinen Auswüchsen und fatalen Folgen. Doch war es nur der Kalte Krieg, der von beiden Seiten geführt wurde? War es nicht doch eine Klassenauseinandersetzung, in der die einen die Ausbeutung des Menschen durch den Menschen verteidigten und die anderen zumindest die Illusion hatten, die Ausbeutung weitgehend und für immer beseitigt zu haben? Ging es nicht jahrzehntelang darum, uns aus dem Würgegriff der Hallstein-Doktrin und des Wirtschafts- und Technologieembargos zu befreien, die ständigen Anschläge auf die Souveränität des kleineren deutschen Staates abzuwehren? Wer war in dieser Konfrontation der Angreifer und wer der Angegriffene? Wer damals auf diese Fragen eine klare Antwort hatte, hat es nicht nötig, sich heute zur Rechtfertigung hinter den Schutzwall des beiderseits geführten Kalten Krieges zwischen Ost und West zurückzuziehen, womit eben diesen beiden Seiten gleiche Schuld und gegenseitige Absolution erteilt wird, als sei alles nur ein enormes Mißverständnis gewesen.

Aber vielleicht ist es, um prinzipiellen, einen Teil der geschätzten Leser schon hier verprellenden Streit zu vermeiden, an dieser Stelle nützlicher, erst einmal die großen Worte vom Kalten Krieg, von System- und Klassenauseinandersetzung beiseite zu lassen und statt dessen der kritischen und selbstkritischen Betrachtung der eigenen Biographie oder zumindest einiger Segmente Raum zu geben, keinen Hehl aus dem ganz persönlich Gedachten, Geschriebenen und Gesagten zu machen. An Ermunterung zu solchem Tun fehlt es nicht. Sie kommt aus roter, schwarzer, grüner Richtung und auch von höchster Staatsstelle.

Bereits zum 3. Jahrestag der Eingliederung des Ostlandes in das Westreich sprach sich der PDS-Vorsitzende Lothar Bisky gegen einseitige östliche Schuldeingeständnisse aus: »Ich bin für Gleichbehandlung, für Chancengleichheit und gleiche Rechte für alle in Ost und West. Der Westen hat mit seiner Geschichte zu tun wie wir mit unserer. Deshalb sollten wir beharrlich dafür wirken, daß sich mehr Leute erinnern und ihren Erinnerungen mehr glauben als den Schlagzeilen und aufrecht gehen.« Und CDU-Enfant terrible Peter-Michael Diestel assistierte ihm: »Nur mit einer selbstbewußten Betrachtung der eigenen Geschichte können die großen Probleme hier im Osten gemeistert werden.«[3] Vier Jahre später erhielt diese Position auch regierungsamtlichen Segen, von keinem Geringeren als von Bundeskanzler Gerhard Schröder höchstpersönlich. In seiner Regierungserklärung vom 10. November 1998 versicherte er vor dem Parlament: »Diese Bundesregierung ... zollt Lebensleistung und Biographien der Menschen im Osten Achtung und Respekt.«[4] Mit dieser respektablen Erklärung ging der gerade gekürte Regierungschef noch ein Dutzend Schritte weiter als Altbundespräsident Roman Herzog, der einen Monat zuvor, damals noch in Amt und Würden, Ost und West aufgefordert hatte: »Erzählen wir uns wechselseitig unsere Biographien, um daraus Unterschiede und Gemeinsamkeiten zu erkennen.«[5]

Folgen wir seinem Rat, geben wir uns einen Ruck, dann werden möglicherweise auch Vorurteile abgebaut, für die Reinhard Höppner, sachsen-anhaltinischer Ministerpräsident, 1997 auf dem

---

3   Streitgespräch zum Anschluß Ost, Neues Deutschland, 2./3.10.1993
4   Regierungserklärung von Bundeskanzler Gerhard Schröder vor dem Deutschen Bundestag, Information des Bundes-Presse- und Informationsamtes vom 10.11.1998
5   Rede von Bundespräsident Roman Herzog zum Tag der deutschen Einheit, dpa, 3.10.1998

rechtspolitischen Kongreß der Friedrich-Ebert-Stiftung auch folgende Ursache fand: »Ein Stück weit entsteht dieses ständig wechselnde Urteil über die DDR natürlich auch dadurch, daß die meisten gelernten Bundesbürger von den Verhältnissen in der DDR keine Ahnung haben und ihr Wissen nur aus dem weit verbreiteten Fundus von Vorurteilen schöpfen. Diese sind zudem noch geprägt worden von den Menschen, die in den zurückliegenden Jahrzehnten von Ost nach West ‚abgehauen‘ sind, wie man bei uns sagte, und die also diese DDR in schlechtester Erinnerung haben. Um so erstaunlicher, daß auf die Frage, was die DDR nun eigentlich war, nach der Herstellung der Einheit nur die Menschen aus der ehemaligen Bundesrepublik eine kurze und schlüssige Antwort wußten. Das entscheidende Schlagwort hatte auch in den Einigungsvertrag Eingang gefunden: ein Unrechtsregime. Die Menschen, die dieses Regime ein Leben lang oder doch wenigstens 40 lange Jahre miterlebt hatten, waren eher sprachlos.«[6]

Aber man mußte nicht unbedingt »abgehauen« sein, um den »ersten Arbeiter-und-Bauern-Staat auf deutschem Boden« »in schlechtester Erinnerung« zu haben. Höppners Parteifreund Rolf Schwanitz, ein im 10. Jahr der DDR Geborener und »Hiergebliebener«, mindert die Zuversicht, den Fundus von Vorurteilen zu verringern. Er erfreut sich der Gnade seiner späten Ost-Geburt und makellosen Biographie, die ihn nach Hochschulstudium in Berlin und Jena zum wissenschaftlichen Assistenten an der Technischen Hochschule Zwickau und gleich im Oktober 1990 zum SPD-Bundestagsabgeordneten machte, und er grämt sich über die Verbohrtheit der vormals Staatnahen: »Hunderttausende haben zu DDR-Zeiten in Staatsnähe ihre Biographien geschrieben; sie finden nicht die Kraft zum Eingeständnis, ein falsches Leben geführt zu haben.«[7] Wie recht hat er doch, der heutige Ostbeauftragte der Schröder-Regierung mit Staatsministerrang: »Das ist das Verhängnis: Zwischen Empfängnis/ und Leichenbegängnis/ nichts als

6   Reinhard Höppner: Gemeinsame Werte als Voraussetzung für gemeinsames Recht – Erfahrungen aus dem Prozeß der deutschen Vereinigung, Neue Justiz, 6/97, S. 283
7   Die Welt, 28.7.1998

Bedrängnis.«[8] Ja, so war es eben in der verblichenen Ostrepublik. Ein kleiner Unterschied zur respektvollen Erklärung seines Regierungschefs ist allerdings nicht zu übersehen. Oder sollte diese für die Hunderttausende von Staatsnahen nicht gelten?

Gilt für diese ein anderer Spruch, der, den Armin Mitter und Stefan Wolle, zwei zu Beginn der 50er Jahre in der DDR geborene Historiker, so formulierten: »Die rücksichtslose Abrechnung mit dem SED-Staat ist keine Vernichtung der Biographie derer, die es ehrlich gemeint haben, und die vielleicht die besten Jahre ihres Lebens für das gescheiterte System geopfert haben – es ist im Gegenteil die einzige Chance zur Rettung ihrer Biographie.«[9] Solche Worte machen Mut: Knie nieder, und deine Biographie, das letzte, was dir bleibt, wird gerettet sein!

Ganz und gar aussichtslos aber scheint es, den Berg von Vorurteilen mit eigenen Erinnerungen oder gar mit der Krücke eigener unmaßgeblicher Reden zu überwinden, dem altpräsidialen Wunsch, Biographien kennenzulernen, zu folgen, wenn man sich zu Gemüte führt, was der frühere Münchner Waldorflehrer und Grünen-Abgeordnete Gerald Häfner zu dieser Sache im Bundestag zu sagen wußte: »Nur 53 Jahre liegt das Ende des Nationalsozialismus hinter uns, neun Jahre das Ende des DDR-Totalitarismus. Noch kann man die Spuren sehen, nicht nur in den kilometerlangen Akten, in den Geruchsproben und Handschriftensammlungen, die die Stasi angelegt hat. Ich empfehle allen, die das noch nicht getan haben, sich diese schrecklichen Dokumente eines totalitären Wahns einmal anzusehen. Nein man kann es nicht nur dort sehen, nicht nur an den Gebäuden und an den Grabsteinen der Opfer. Man sieht es auch in den Gesichtern der Lebenden. Diktaturen hinterlassen ihre Spuren für die, die in Gesichtern lesen können, unauslöschlich, ein Leben lang.«[10]

Doch verzweifeln wir nicht, Trost ist nahe. Er kommt von Giordano, nicht dem Bruno, den die Inquisition wegen seiner Lehre von der Unendlichkeit der Welt auf dem Scheiterhaufen

---

8   Erich Kästner: Wieso warum. Ausgewählte Gedichte 1928-1955, Berlin und Weimar 1962, S. 264
9   Armin Mitter, Stefan Wolle: Untergang auf Raten, München 1995, S. 9
10   Stenographisches Protokoll der 240. Sitzung des 13. Deutschen Bundestages am 17.6.1998, S. 22122

verbrennen ließ, sondern von dem streitbaren Dramatiker und Schriftsteller Ralph Giordano. Im vergangenen Jahr machte dieser im deutschen Fernsehen eine Rechnung auf, die hoffen läßt, nicht auf Vergebung für »ein falsch gelebtes Leben«, aber auf viele Jahre für Selbstreinigung und Läuterung. Nach seiner Auffassung hat die Diktatur die Menschen in der DDR deformiert, was lange nachwirken werde. Die Hitlerdiktatur habe 12 Jahre gewährt und noch immer sei es notwendig, sie aufzuarbeiten. Wenn man überlege, daß die DDR 40 Jahre existierte, dann habe man eine Vorstellung, wie lange das dauern werde.

Wir haben also Zeit für die Beschäftigung mit unseren Deformationen, für die »Aufarbeitung« unserer Biographien, unseres Tuns und Lassens, unseres Redens und Schweigens, dafür, anderen davon zu erzählen, auch wenn ein Ergebnis fraglich ist oder in weiter Ferne liegt. Auf die Frage, ob man gegenwärtig etwas gegen das einseitige Bild des anderen Deutschlands tun könne, antwortete der letzte Präsident der Akademie der Wissenschaften der DDR, Horst Klinkmann: »Nein. deshalb bleibt als wichtigste Aufgabe meiner Generation, wenigstens zur Faktensicherung beizutragen – Faktensicherung, die nach unserer Zeit gerechtere Bewertung ermöglichen kann. Kann!«[11]

So also noch einmal ermuntert, öffne ich den verstaubten Karton, entferne die dünne, sinnigerweise rote Schnur, die die Papierbündel zusammenhält und übergebe dem Riesenfundus der DDR-Historie ein paar Blätter. Ein winziger, mikroskopischer Tropfen im Meer der Dokumente über die Politik und den Alltag des gewesenen Staates. Doch welche niedergeschriebenen oder protokollierten Traktate soll ich auswählen? Der Stapel ist nicht gerade klein, die Seitenzahl des Buches – begrenzt, die Geduld des Lesers erst recht.

Eine willkürliche Auswahl könnte bedeuten, daß 6 Reden zu DDR-Jahrestagen und 3 bis 4 zur Jugendweihe oder 10 auf Parteiveranstaltungen gehaltene in Frage kommen würden. Wählte ich nur kurze aus, dann wären es vor allem Tischreden oder die meist ebenso belanglosen zur Verabschiedung von Kollegen aus dem Diplomatischen Korps. Entschiede ich mich für die, die aus heutiger kritischer Sicht die geringste Kritik hervorrufen, dann

---

11   Zit. nach Ulrich van der Heyden: Fakten sichern, Das Blättchen 10/1998

würde ich den Leser und mich selbst betrügen. Suchte ich nach aufmüpfigen oder gar oppositionellen, würde ich nichts finden – denn aufmüpfig, regierungskritisch oder oppositionell war ich nicht. So wähle ich denn weder willkürlich noch zielstrebig-selbstbetrügerisch die Ansprachen aus, die einen, wenn auch unvollständigen Überblick über unterschiedliche Anlässe und Zuhörer bieten. Kunstvolle Satzkonstruktionen, tiefsinnige philosophische Überlegungen, essayistischen Esprit, spritzig-humorvolle Passagen, kurz gesagt, einen übermäßigen Lesegenuß kann ich nicht versprechen; höchstens, daß ich auch 10 bis 15 Jahre danach kein Wort hinzugefügt, verändert oder gestrichen habe.

KAPITEL 3

Unmaßgebliche Reden eines mäßig bedeutenden Botschafters

Nun liegen sie vor mir, die nicht zufällig, aber auch nicht in selbsbetrügerischer Absicht ausgewählten stenographierten oder vorher zu Papier gebrachten Auslassungen. Wie sollen sie der geschätzten Leserin, dem geschätzten Leser unterbreitet werden? Sortiert nach »Festansprachen«, Reden vor der Parteigrundorganisation und den Mitarbeitern der Botschaft, Ansprachen vor jugoslawischen Partnern und Angehörigen des Belgrader Diplomatischen Korps, mit jeweils detaillierten Angaben zu Anlaß, Ort, Zeitpunkt, Zuhörern? Da all das nur den Verdacht nähren könnte, sie würden überbewertet, werden sie lediglich chronologisch aneinandergereiht.

Vorgetragen wurden sie vor unterschiedlichen Auditorien an unterschiedlichen Orten; die Mehrzahl von ihnen im Gebäude der Botschaft der DDR in der ulica Birčaninova, einer ruhigen Seitenstraße unweit vom Belgrader Stadtzentrum und, besonders vorteilhaft, nur wenige Minuten Fußweg vom Außenministerium entfernt. Hier, in der 4. Etage des sachlich-nüchternen Bürogebäudes, eines Geschenkes der jugoslawischen Regierung an die DDR, versammelten sich in der Regel die rund 100 Mitglieder der Parteigrundorganisation der Botschaft in einem Saal, der den Charme des Geschmackes der 60er Jahre ausstrahlte und dessen einzigen Schmuck ein großes kupfernes DDR-Staatsemblem an seiner Stirnseite bildete. Bei öffentlichen Parteiversammlungen oder Mitarbeiterberatungen konnte der Saal durch das Öffnen einer Falttür um den angrenzenden Mitarbeiter-Speiseraum erweitert werden und sich dann über die gesamte Etage ausdehnen. War er so bis zum letzten Platz gefüllt, was nicht selten geschah, waren auch die Grenzen seiner statischen Belastbarkeit erreicht.

Rhythmisches Stampfen mit den Füßen war dann baupolizeilich verboten, aber so weit ging die Begeisterung des Auditoriums glücklicherweise nie.

1990 wurde das Gebäude von der Botschaft der Bundesrepublik Deutschland übernommen, die das Geschenk der Jugoslawen wie alle Auslandsimmobilien der DDR übernahm, darin ihre Konsularabteilung einrichtete, statt des Hammers und Zirkels im Ährenkranz den Bundesadler und ein Schild anbrachte, auf dem zweisprachig geschrieben steht: »Botschaft der Bundesrepublik Deutschland« und »Ambassada Federativne Republike Nemačke«; das serbokroatische Wort »Ambasada« tatsächlich mit zwei »s« geschrieben – eine »Bottschaft« gewissermaßen.

Zu DDR-Zeiten fanden festliche Veranstaltungen der Botschaft, so zu den Jahrestagen der Republik oder zur Jugendweihe, im Gebäude der handelspolitischen Abteilung, einem ziemlich modernen Hochhaus in der Ustanička-Straße im Stadtteil Dušanovac, statt. Die DDR hatte das Haus für 20 Jahre gepachtet und darin auch alle anderen kommerziellen Bereiche, die sogenannten äußeren Absatz- und Bezugsorgane, untergebracht sowie eine Reihe von Wohnungen für Botschaftsmitarbeiter eingerichtet. Es zählte 16 Stockwerke und spitze Zungen behaupteten, es sei so hoch wie das DDR-Defizit im Außenhandel mit Jugoslawien; eine gewiß maßlose Übertreibung, denn Ex- und Import zwischen beiden Ländern hielten sich insgesamt die Waage. Auch deshalb verwiesen Verteidiger der recht großzügigen räumlichen Ausstattung der kommerziellen gegenüber den eher bescheidenen und beengten politischen Bereichen darauf, daß erstere durch ihre Handelstätigkeit zum Wachstum des Nationaleinkommens beitragen und die anderen es nur verbrauchen würden. Das war offensichtlich auch der Beweggrund dafür, daß einige Räume im »Handelshochhaus« von DDR-Innenarchitekten mit recht wertvollen Einbaumöbeln und Holzvertäfelungen ausgestattet waren, obwohl das Gebäude nur für eine befristete Zeit gemietet war. Aber immerhin, von diesem Luxus hatte auch der in der 2. Etage gelegene Festsaal profitiert, der etwa 200 Personen Platz und allen Zusammenküften einen würdigen Rahmen bot, darunter für die zu den DDR-Jahrestagen und jährlich zur Jugendweihe der Schüler, die in Belgrad die sowjetische Botschaftsschule besuchten.

Beide Veranstaltungsorte, sowohl der in der Birčaninova als auch der in der Ustanička, wurden für Empfänge und andere Treffen mit Vertretern des Gastlandes und Partnern aus dem Diplomatischen Korps genutzt. In diesen Fällen waren in den Eingangsbereichen die roten Teppiche ausgerollt, trugen die Frauen der Servierbrigade, gebildet von Mitarbeiterinnen aller Bereiche, ihr schönstes Lächeln zur Schau und hatten der Haussicherheitsbeauftragte und die ehrenamtlichen Mitglieder des Sicherheitsaktives Großeinsatz, denn der Andrang der jugoslawischen und diplomatischen Gäste war groß, gewiß nicht nur wegen des eisgekühlten Nordhäusers und des wohltemperierten Radebergers. Die DDR war ein angesehener Partner in Jugoslawien, wie fast überall in der Welt.

Natürlich ergriff der DDR-Botschafter nicht nur auf gewissermaßen eigenem Territorium das Wort. Er hatte schließlich Botschaften zu übermitteln, im ganzen Land, in allen sechs Republiken der Föderation und in den zwei autonomen Gebieten Serbiens, der Vojvodina sowie Kosovo und Metohien. Die erste war in der Antrittsrede anläßlich seiner Akkreditierung im Palast der Föderation enthalten, in jenem weitläufigen und modernen Gebäude mit seinen breiten Marmortreppen und den von gediegenem Geschmack zeugenden aneinandergereihten Sälen. Der Anlaß war höchst offiziell, entsprechend deklamatorisch und salbungsvoll war die Rede vor dem Staatsoberhaupt, dem Vorsitzenden des Präsidiums der SFRJ, Petar Stambolić, in Anwesenheit des Außenministers Lazar Mojsov, vor dem sechs Jahre später, er übte inzwischen selbst die alle Jahre wechselnde Funktion des Vorsitzenden des Staatspräsidiums aus, die Abschiedsrede gehalten werden sollte. Wie international üblich war der Rede zum offiziellen Dienstantritt das Abschreiten der Ehrenkompanie in Begleitung der wichtigsten Diplomaten der Vertretung und des Chefs des jugoslawischen Protokolls vorausgegangen. Letzterer hatte den Botschafterneuling in der Residenz abgeholt und mit diesem einen doppelten Kognak getrunken, um den Schritt vor den Militärs beschwingt und die Aufregung bei der ersten Begegnung mit der Staatsprominenz des Gastlandes geringer zu machen. Beides gelang. Als allerdings der Präsident des kollektiven Präsidiums nach Abschluß der feierlichen Zeremonie zu einem

Gespräch im engsten Kreise bat, überraschte er den Botschafter zu Beginn mit der Frage, wie es denn Erich Honecker gehe, ob er gesund und munter sei? Da dem nun Akkreditierten nichts Gegenteiliges bekannt war und er das Staatsoberhaupt der DDR, das ihn schriftlich, wie es Usus war, dem hohen Amtskollegen mit den wärmsten Worten empfohlen hatte, letztmals auf einer vor vier Monaten stattgefundenen Mai-Demonstration bei strahlender Laune und sehr lebendig gesehen hatte, konnte er diese Frage reinen Herzens bejahen.

Eineinhalb Jahre später erkundigte sich ein anderer Prominenter nach dem Befinden des DDR-Staatsratsvorsitzenden: IOC-Präsident Juan Antonio Samaranch. Auch ihm bestätigte der DDR-Vertreter mangels anderer Kenntnisse das Wohlbefinden Erich Honeckers. Samaranch gehörte wie der jugoslawische Ministerpräsident, die gesamte Spitze der damals noch Sozialistischen Republik Bosnien und Herzegowina und die Sportführung der DDR zu den Gästen, die der Botschafter, so wörtlich, sich die Ehre gegeben hatte, zu einem Empfang »aus Anlaß der Teilnahme der Nationalmannschaft der DDR an den 11. Olympischen Winterspielen – 1984 in Sarajewo« in das Restaurant »Hamam« in der ulica Maršala Tito einzuladen. Seine Begrüßungsrede, in fünf Sprachen gehalten – dieses Detail wird nur erwähnt, um wenigstens einmal anklingen zu lassen, daß DDR-Diplomaten keineswegs nur Sächsisch oder Funktionärsdeutsch sprachen – war kurz, das Beisammensein lang, festlich und fröhlich. Die Olympischen Spiele waren noch nicht abgeschlossen, aber das gute Abschneiden der DDR-Mannschaft war abzusehen. Als die olympische Fahne in der Zetra-Eissporthalle eingezogen wurde, war die DDR-Equipe mit 9 Gold-, 9 Silber- und 6 Bronzemedaillen die erfolgreichste aller teilnehmenden Mannschaften. Die Bundesrepublik Deutschland hatte zwei Gold- sowie eine silberne und eine bronzene Medaille errungen. Mit nicht wenigen der im »Hamam« anwesenden, in der DDR geförderten und trainierten Spitzensportlern, darunter Wolfgang Hoppe und Katarina Witt, schmückte sich Jahre später der Sport der Bundesrepublik, was deren Regierende bis heute nicht davon abhält, das Wunder des Sports in der DDR auf Doping zurückzuführen und mit Hilfe der Justiz Revanche für erlittene sportliche Niederlagen zu nehmen.

Niemand unter den gut gelaunten Gästen vermutete damals, daß sich die Sportmacht DDR sechs Jahre später auf Nimmerwiedersehen verabschieden würde. Erst recht konnte niemand voraussehen, daß sich am Trebević, an dessen Hängen sich die Bob- und Rennschlittenfahrer um Hundertstel von Sekunden stritten, an der Bjelašnica, wo die alpinen Rennläufer um die Medaillen wetteiferten, am Igman, wo die Langläufer, Biathleten und Schanzenspringer ihren friedlichen Wettbewerb austrugen, im Stadtzentrum Sarajewos, wo vor der Škenderija-Halle die Olympia-Sieger gekürt wurden, zehn Jahre später blutige Schlachten in einem Bürgerkrieg zwischen den gastgebenden Moslems, Serben und Kroaten geschlagen wurden, in dem es keine Sieger, sondern nur Verlierer geben sollte.

Am allerwenigsten vielleicht konnten sich eine solche verhängnisvolle Entwicklung die jugoslawischen Gäste in der Belgrader Birčaninova vorstellen, die der DDR-Botschafter aus Anlaß des 40. Jahrestages der Befreiung des deutschen Volkes vom Faschismus eingeladen hatte und an die er einige Worte richtete. Es waren die Mitglieder des Präsidiums der Vereinigung der Kämpfer des Volksbefreiungskrieges, die gerade auch in Bosnien-Herzegowina, am Berg Igman, an der Neretva und Sutjeska, in Jaice und Bihać, in Drvar und Sarajewo die deutschen Okkupanten niedergerungen hatten und in den folgenden Jahrzehnten zu den Garanten der Einheit des jugoslawischen Staates gehörten. Als sich der Gastgeber vor ihrem Kampf und seinen Opfern verneigte, ahnten die Gäste ebensowenig wie dieser, daß die jugoslawische Föderation zum 50. Jahrestag des Sieges über den Hitlerfaschismus zerbrochen sein würde und die damals besiegten Deutschen dazu ganz wesentlich beigetragen haben würden.

Erst recht ahnten weder die einen noch der andere, daß 54 Jahre nach dem Ende des Zweiten Weltkrieges eine »demokratische und freiheitliche Verteidigungsallianz« des Westens, angeführt von den USA, über die noch aus den Republiken Serbien und Montenegro bestehende jugoslawische Föderation mit insgesamt 1.200 Kriegsflugzeugen herfallen, seine Bewohner zu Tausenden ermorden, das Land und seine Existenzgrundlagen verwüsten würden. Die Deutschen waren auch dieses Mal dabei, in vorderster Front. In den ersten Kampfstaffeln stürzten sich auf Geheiß

einer von den Sozialdemokraten und Grünen geführten Bundesregierung deutsche Tornados auf Jugoslawien, die das gleiche
Balkenkreuz am Rumpf trugen wie die Stukas, die 58 Jahre zuvor
mit ihren Angriffen auf Belgrad das Land in den Abgrund eines
Krieges gerissen hatten, an dessen Ende die jugoslawischen Völker 1,7 Millionen Tote beklagen mußten.

Doch genug der Vorrede – gerade zu letzterem wird eine
Nachrede unausbleiblich sein – und des Versuches, einige Anlässe zu beschreiben, aus denen die nachfolgenden kurzen oder etwas längeren unmaßgeblichen Reden gehalten wurden, die hier-
mit zur selbstkritischen Befragung und kritischen Betrachtung
durch andere freigegeben werden.

Auftrags- und protokollgemäß

Antrittsrede im Staatspräsidium am 9. September 1982

Hochverehrter Genosse Vorsitzender!
Es ist mir eine hohe Ehre, Ihnen das Beglaubigungsschreiben des
Vorsitzenden des Staatsrates der Deutschen Demokratischen Republik, Genossen Erich Honecker, überreichen zu dürfen, mit
dem er meine Berufung zum Außerordentlichen und Bevollmächtigten Botschafter der Deutschen Demokratischen Republik in der
Sozialistischen Föderativen Republik Jugoslawien mitteilt. Ich
darf Ihnen gleichzeitig das Schreiben überreichen, mit dem der
Vorsitzende des Staatsrates der Deutschen Demokratischen Republik Genossen Prof. Dr. Gerhard Hahn als Außerordentlichen
und Bevollmächtigten Botschafter in der Sozialistischen Föderativen Republik Jugoslawien abberuft.

Hochverehrter Genosse Vorsitzender!
Der Generalsekretär des Zentralkomitees der Sozialistischen
Einheitspartei Deutschlands und Vorsitzende des Staatsrates der
Deutschen Demokratischen Republik, Genosse Erich Honecker,
hat mich beauftragt, der Partei- und Staatsführung Jugoslawiens,
dem Präsidium des Zentralkomitees des Bundes der Kommuni-
sten Jugoslawiens, dem Präsidium der Sozialistischen Föderativen
Republik Jugoslawien und Ihnen persönlich sowie allen jugosla-

wischen Kommunisten und Werktätigen freundschaftliche Grüße und beste Wünsche zu übermitteln.

In wenigen Wochen begehen wir den 25. Jahrestag der Herstellung diplomatischer Beziehungen zwischen unseren beiden sozialistischen Staaten. In diesem Vierteljahrhundert hat sich die Zusammenarbeit zwischen unseren Parteien, Staaten und Völkern stetig entwickelt, ist enger und immer fruchtbarer geworden. Ihr solides Fundament sind das gemeinsame Bekenntnis zu den weltverändernden Ideen von Marx, Engels und Lenin, die Traditionen des gemeinsamen Kampfes der deutschen und jugoslawischen Kommunisten gegen Faschismus und Krieg, das gemeinsame Ziel – der Aufbau des Sozialismus sowie die Erhaltung und Festigung des Friedens – und die Achtung der Prinzipien der völligen Gleichberechtigung und Nichteinmischung.

Ich darf Ihnen, hochverehrter Genosse Vorsitzender, versichern, daß die Deutsche Demokratische Republik davon ausgehend, auch in der Zukunft alles in ihren Kräften Stehende für die Vertiefung der allseitigen freundschaftlichen Zusammenarbeit tun wird, zum Wohle unserer Völker, im Interesse der Stärkung des Sozialismus und des Friedens.

Gegenwärtig ist der Frieden der Welt auf das äußerste bedroht. In dieser durch den Übergang einflußreicher imperialistischer Kräfte von der Entspannung zur Konfrontation entstandenen gefahrenträchtigen Situation wirkt die Deutsche Demokratische Republik mit noch größerer Entschiedenheit dafür, daß vom deutschen Boden nie wieder ein Krieg ausgeht. In ihrem Eintreten für Frieden, Sicherheit und Abrüstung weiß sie sich eins mit den sozialistischen Staaten und den Ländern der Bewegung der Nichtpaktgebundenheit, unter denen die Sozialistische Föderative Republik Jugoslawien einen bedeutenden Platz einnimmt, fühlt sie sich fest verbunden mit allen progressiven Kräften unseres Erdballs.

Auch unter den Bedingungen der gefährlichen Zuspitzung der internationalen Lage setzen unsere Staaten und Völker ihr friedliches sozialistisches Aufbauwerk fort, sehen wir doch gerade darin einen entscheidenden Beitrag zur Sicherung des Friedens. Auf dem vom X. Parteitag der Sozialistischen Einheitspartei Deutschlands vorgezeichneten Kurs unternehmen die Werktätigen der

Deutschen Demokratischen Republik mit Elan und Schöpferkraft erfolgreiche Anstrengungen, um durch gesteigerte Leistungen, durch eine höhere Arbeitsproduktivität den komplizierter gewordenen außenwirtschaftlichen Bedingungen offensiv zu begegnen, die Leistungskraft der Volkswirtschaft entschieden zu stärken sowie die sozialistischen Errungenschaften des Volkes zu sichern und zu mehren. Mit großer Aufmerksamkeit und der Sympathie von Freunden und Kampfgefährten haben die Kommunisten und Bürger unseres Landes den Verlauf des XII. Parteitages des Bundes der Kommunisten verfolgt. Sie sind gewiß, daß die Verwirklichung seiner Beschlüsse zum weiteren Voranschreiten des sozialistischen Jugoslawien führen wird und wünschen den Wektätigen der SFRJ von ganzem Herzen neue Erfolge auf diesem Weg.

Hochverehrter Genosse Vorsitzender!

Seien Sie versichert, daß ich als Botschafter der Deutschen Demokratischen Republik in der Sozialistischen Föderativen Republik Jugoslawien es als höchste kommunistische Pflicht betrachte, mit allen meinen Kräften für die Erweiterung und Festigung der freundschaftlichen Beziehungen zwischen unseren Parteien, Staaten und Völkern zu wirken. Zugleich bitte ich, mir, wie meinem Vorgänger, bei der Erfüllung dieses verpflichtenden Auftrages Ihre Unterstützung, die des Bundes der Kommunisten, des Präsidiums und Bundesexekutivrates der Sozialistischen Föderativen Republik Jugoslawien zuteil werden zu lassen.

Gestatten Sie mir bitte, Ihnen meine aufrichtigen Wünsche für weitere Erfolge in Ihrem hohen Amt, für persönliches Wohlergehen und gute Gesundheit auszusprechen.

Die Lage ist ernst, doch nicht hoffnungslos

Rede auf der Versammlung der SED-Grundorganisation in Belgrad am 25. September 1982

Liebe Genossinnen und Genossen!
Laßt mich bitte mit einer persönlichen Bemerkung beginnen und mich – und das auch im Namen meiner Frau – herzlich für die

kameradschaftliche Wiederaufnahme in Eurem Kollektiv bedanken. Sicherlich wäre es fehl am Platze, an diesen Dank eine mehr oder minder feierliche umfassende Absichtserklärung für die bevorstehende Arbeit anzuschließen. Versichern möchte ich jedoch vor der Parteiorganisation, daß ich bemüht sein werde, gemeinsam mit der Leitung der Grundorganisation, den Leitern und allen Mitarbeitern der einzelnen Bereiche an den Arbeitsergebnissen anzuschließen, die der Botschaft in den letzten Jahren Anerkennung gebracht haben.

Wenn ich im folgenden auch über einige Aufgaben im bevorstehenden Zeitraum und über erhöhte Anforderungen an uns alle sprechen werde, dann geschieht das nicht etwa, weil neue Besen gut kehren wollen – so ein neuer Besen bin ich ja hier nun auch wieder nicht –, sondern aus drei objektiven Gründen:

– erstens, wie stets sind wir mit dem Monat September in eine neue Arbeitsetappe eingetreten, in eine wichtige Phase bei der Erfüllung der Arbeitspläne auf politischem und ökonomischem Gebiet;

– zweitens, setzen wir unsere Arbeit in einer Periode fort, in der sich besonders komplizierte Aufgaben ergeben;

– drittens, hat Ende August in Berlin eine sogenannte Botschafterkonferenz stattgefunden, deren wichtigste Aufgabenstellungen vermittelt werden müssen.

Im folgenden habe ich jedoch nicht die Absicht, alle Aufgaben auf politischem, militärischem, ökonomischem, auslandsinformatorischem und auslandskulturellem Gebiet im Detail darzulegen, auf einige Fragen bin ich ja auch schon auf einer Dienstberatung eingegangen. Mein Ziel kann es nur sein, die Bedingungen zu verdeutlichen, unter denen wir unsere Arbeit leisten müssen, und daraus einige Schwerpunktaufgaben abzuleiten.

Zur internationalen Lage: Es ist wiederholt festgestellt worden, daß wir in einer komplizierten, gefahrvollen Zeit leben und arbeiten. In den letzten Jahren haben die internationalen Spannungen einen solchen Grad erreicht, daß der Ausbruch eines weltweiten Krieges keine in der Zukunft bestehende theoretische Möglichkeit, sondern eine unmittelbar in der Gegenwart drohende Gefahr ist. Natürlich kann man in dieser Situation nicht ständig und überall wie gebannt auf die Gefahren blicken und darüber gramgebeugt die Freude an der Arbeit und am Leben vergessen oder gar den Glauben an die Zukunft verlieren. Auch unter Gefahren kann man aufrecht und zukunftsfroh arbeiten, das liegt in der menschlichen Natur, und das ist gut so.

Aber ebenso wichtig ist es, die harten Realitäten unserer Gegenwart nicht aus den Augen zu verlieren, uns nicht an die Gefahren so zu gewöhnen, daß unsere Wachsamkeit durch die ständige Wiederholung bestimmter Einschätzungen der zugespitzten internationalen Lage eingeschläfert wird.

Die Einschätzung unserer Partei, daß der Weltfrieden seit dem Zweiten Weltkrieg noch nie so bedroht war wie gegenwärtig, ist so ernst, daß sie auch durch Wiederholung nichts an ihrer mahnenden und aufrüttelnden Wirkung verlieren darf. Leider hat auch die jüngste Vergangenheit die Richtigkeit dieser Einschätzung bestätigt.

Obwohl der Imperialismus und selbst solche Vertreter wie Reagan ihre Absichten nunmehr nicht selten hinter einem Schwall von Friedensbeteuerungen verbergen, setzen sie den Kurs der Konfrontation fort. Die zurückliegenden Monate haben dafür ständig neue Beweise erbracht. Erinnert sei an dieser Stelle nur an

– die fortgesetzte Sanktions- und Boykott-Politik gegen die sozialistischen Staaten, die sich der »Ereignisse in Polen« als Vorwand bedient;

– die eingesetzten praktischen Vorbereitungen zur Realisierung des Brüsseler Raketenbeschlusses, d. h. zur Installierung von 572 neuen USA-Mittelstreckenraketen, die in 5 bis 6 Minuten – also praktisch ohne Vorwarnzeit – z. B. Moskau treffen können;

– die nunmehr erfolgte Aufnahme der Produktion von Neutronenwaffen und das in Kraft gesetzte Programm zur intensiven Vorbereitung der chemischen Kriegsführung;

– die Politik der militärischen Bedrohung gegenüber Kuba, Afghanistan, Vietnam und die Schürung gefährlicher Konfliktherde rund um den Erdball – von El Salvador über Angola, Südafrika, Libanon, Irak und Iran bis zum fernen Kampuchea.

Diese Liste ließe sich fortsetzen. Ich verzichte darauf, weil allein das bereits Gesagte beweist, daß der Imperialismus seine Konfrontationspolitik fortsetzt, deren Wesen in dem Versuch besteht, den Sozialismus unter Einsatz aller Mittel zurückzudrängen, zu liquidieren und die absolute Weltherrschaft des Kapitals wiederherzustellen. Diese Politik bleibt natürlich nicht wirkungslos. Die Erhöhung der Kriegsgefahr und zahlreiche neue Erschwernisse für den Aufbau in den sozialistischen Ländern beweisen das. Niemand sollte davor die Augen verschließen.

Und unser Leben wird auch durch die jüngste Entwicklung in der Bundesrepublik nicht leichter werden. Offensichtlich geht hier die 13jährige Periode der SPD/FDP-Politik zu Ende und mit großer Wahrscheinlichkeit ist damit zu rechnen, daß die Schwarzen über kurz oder lang an die Schalthebel des Staates gelangen. Eine Regierung, in der Strauß und Kohl das Sagen haben, wird unser Eintreten für eine Normalisierung der Beziehungen zwischen beiden deutschen Staaten erschweren. Dabei wollen wir nicht vergessen, daß es mit Schmidt/Genscher auch schon schwer genug war. Jetzt aber dürfte die Möglichkeit, eine Stationierung der USA-Mittelstreckenraketen zu verhindern, noch geringer werden.

Trotz dieser bedrohlichen Entwicklung, und damit meine ich keineswegs nur die Ereignisse in der Bundesrepublik, zeigt das internationale Geschehen, daß die Bäume der Reagan-Administration, der Kohl und Strauß nicht in den Himmel wachsen können. Nicht sie, sondern wir haben Grund zum Optimismus. Flapsig ausgedrückt: Die Lage ist ernst, jedoch nicht hoffnungslos.

Worauf sind unser Optimismus, unsere Überzeugung von der Sieghaftigkeit der Sache des Friedens auch in der Gegenwart begründet?

Erstens, im Ergebnis der objektiven Gesetzmäßigkeiten der gesellschaftlichen Entwicklung setzt sich die Veränderung des internationalen Kräfteverhältnisses zugunsten des Sozialismus und des gesellschaftlichen Fortschritts überhaupt fort. Zu Beginn der 80er Jahre ist der Sozialismus politisch, militärisch und ökonomisch stärker, die nationale Befreiungsbewegung breiter und der Imperialismus krisengeschwächter als zu Beginn der 70er Jahre.

Zweitens, im Gegensatz zu allen Prognosen der Gegner haben sich die UdSSR und die anderen Bruderstaaten durch die Konfrontationspolitik nicht provozieren lassen. Ruhig und beherrscht haben sie, auch wenn es manchmal schwer fiel, ihre konstruktive Friedenspolitik fortgesetzt. Damit blieben die sozialistischen

Staaten außenpolitisch in der Offensive. Nicht die amerikanischen Thesen von der Führung eines begrenzten Atomkrieges oder der Gewinnbarkeit eines Nuklearkrieges bestimmen – um nur ein Beispiel zu nennen – die internationale Diskussion, den Verlauf der jetzigen UN-Vollversammlung, sondern die sowjetische Forderung nach einem Verbot der Erstanwendung von Kernwaffen.

Drittens, trotz der von gemeinsamen Klasseninteressen diktierten prinzipiellen Unterstützung aller imperialistischen Mächte für den Konfrontationskurs der Reagan-Administration wachsen die Widersprüche zwischen den westlichen Staaten und auch ihre Meinungsverschiedenheiten über die einzuschlagende Taktik zur Erreichung des strategischen Zieles im Kampf gegen den Sozialismus. Die Auseinandersetzungen um die Fortführung der Sanktionen und um die Erdgasleitung Westsibirien/Westeuropa, der Verlauf des sogenannten Wirtschaftsgipfels in Versailles und nicht zuletzt auch der Falklandkonflikt – ein offener Krieg zwischen zwei kapitalistischen Staaten – illustrieren das zur Genüge.

Viertens, das Verständnis für die Gefährlichkeit der Aktionen des Imperialismus ist in vielen Ländern gewachsen. Ein Umdenkungsprozeß ist in Gang gekommen und hat die machtvollste Friedensbewegung in der europäischen Nachkriegsgeschichte entstehen lassen.

Fünftens, die Politik zur Schwächung des realen Sozialismus, zur Herauslösung der VR Polen aus der sozialistischen Staatengemeinschaft ist vorerst gescheitert, der Ost-West-Dialog wurde auf höchster Ebene wieder aufgenommen, die USA wurden an den Tisch der Genfer Verhandlungen über die Mittelstreckenwaffen in Europa sowie über die Begrenzung und Reduzierung strategischer Rüstungen gezwungen.

Es zeigt sich: Es bestehen durchaus reale Voraussetzungen, der verhängnisvollen Entwicklung in den letzten Jahren Einhalt zu gebieten und der Entspannung neuen Atem und Raum zu geben.

Liebe Genossinnen und Genossen!

An unserem Arbeitsabschnitt in Jugoslawien stehen wir natürlich nicht am Rande der Weltereignisse, sondern auf einem wichtigem Schauplatz. Wir alle wissen um die internationale Bedeutung Jugoslawiens als einem der führenden Länder der Politik der

Nichtpaktgebundenheit, als einem sozialistischem Staat in einem wichtigen, traditionell konfliktreichen geostrategischen Raum. Wir kennen die Versuche des Gegners, unser Gastland, seine Innen- und Außenpolitik in Widerspruch zur Politik anderer sozialistischer Länder zu bringen, seine Versuche, seine politischen und ökonomischen Positionen in Jugoslawien auszubauen und dem Land Schaden zuzufügen.

Es ist eine erwiesene Tatsache, daß eines der Hauptziele der Konfrontationspolitik darin besteht, die Front der sozialistischen Staaten, in die die SFRJ durch ihr Eintreten gegen Imperialismus und Kolonialismus, gegen Hochrüstung und Krieg, für Abrüstung und Frieden objektiv einbezogen ist, zu zerschlagen. Deshalb ist es im Umkehrschluß sehr wichtig zu wissen, daß unser Kurs auf den Ausbau der Beziehungen mit Jugoslawien ein Beitrag zur Abwehr der Konfrontationspolitik und zur Friedensicherung ist. Gerade auch diese Erkenntnis bestimmt die uns übertragene Verantwortung, das Gewicht unseres Einsatzes zur stabilen Gestaltung unserer Beziehungen zur SFRJ.

Worin bestehen in der bevorstehenden Periode die Hauptaufgaben zur Entwicklung dieser Beziehungen?

Sie bestehen vor allem darin,

– alle Kräfte, alle Mittel und Methoden dafür einzusetzen, den Kampf für Sicherheit und gesellschaftlichen Fortschritt ungeachtet von Meinungsverschiedenheiten auch gemeinsam mit der SFRJ zu führen;

– die bilateralen Beziehungen auf politischem, militärischem und kulturell-wissenschaftlichem Gebiet zum beiderseitigen Nutzen planmäßig weiter auszubauen und langfristig stabil zu gestalten;

– die ökonomische Zusammenarbeit so zu gestalten, daß sich aus ihr ein maximaler Nutzen für die Volkswirtschaft unseres Landes ergibt.

Wie eingangs gesagt, habe ich nicht vor, auf alle diese Aufgaben im Detail einzugehen. Gestattet mir Bemerkungen zu einigen Aspekten:

Der von uns angestrebte Ausbau der Beziehungen wird aller Voraussicht nach in der bevorstehenden Periode zu einer Intensivierung des Delegationsaustausches auf hoher, ja sehr hoher Ebene führen. Ich verrate kein Geheimnis, wenn ich darauf verweise, daß seit dem letzten offiziellen bilateralen Gipfeltreffen – also seit dem offiziellen Freundschaftsbesuch der Partei- und Staatsdelegation unter der Leitung des Genossen Honecker in Jugoslawien – fast 6 Jahre vergangen sind. Auch der Besuch des jugoslawischen Ministerpräsidenten in unserer Republik liegt mehr als zweieinhalb Jahre zurück. Die Antwortbesuche werden, wenn auch zu einem gegenwärtig noch nicht exakt zu nennenden Zeitpunkt, stattfinden. Damit stehen uns neue Bewährungssituationen ins Haus, die hohe Anforderungen an unsere politische Einschätzung und an unser organisatorisches Geschick stellen. Je rechtzeitiger wir uns darauf einstellen, desto besser ist es.

Ein Kernstück unserer Tätigkeit ist unsere Informationsarbeit. Schnelle und präzise Informationen und Einschätzungen zur Politik des Gastlandes sind die entscheidenden Voraussetzungen für kurz- und langfristige Führungsentscheidungen. Die leitenden Genossen im Außenministerium, im Apparat des Zentralkomitees und in den wirtschaftsleitenden Organen fordern von uns Informationen, die über Ereignisse und sich abzeichnende Entwicklungen schnellstmöglich unterrichten, in Inhalt und Formulierungen führungsgerecht sind und die einen komplexen Charakter tragen. Diese Forderungen sind nicht neu, sie werden jedoch mit großem Nachdruck gestellt und müssen von uns um jeden Preis erfüllt werden.

Noch ein Wort zum Inhalt der Informationsarbeit: Selbstverständlich müssen wir die Beziehungen zu Jugoslawien fördern. Das darf uns aber nicht dazu verleiten, die Politik unseres Gastlandes durch eine rosa-rote Brille zu betrachten. Gerade weil wir Jugoslawien brauchen, müssen wir seine Politik und innere Lage sachlich, nüchtern und realistisch beurteilen und dürfen in unseren Einschätzungen auf keinen Fall behutsamer sein, als es die jugoslawischen Genossen selbst sind.

Nicht weniger bedeutsam sind die uns auf ökonomischem Gebiet gestellten Aufgaben. Wir überschätzen den Platz Jugoslawiens in der Außenwirtschaft unserer Republik nicht, auf das Land entfallen 2,3 Prozent des Gesamtwarenaustausches der DDR mit dem Ausland, womit die SFRJ auf dem 7. Platz unter unseren Außenhandelspartnern steht. Aber die absolute Höhe des Warenaustausches von über 800 Millionen Dollar im Jahre 1981 und insbesondere seine Struktur geben der ökonomischen Zusammenarbeit mit Jugoslawien hohes volkswirtschaftliches Gewicht. Daraus resultiert auch die besondere Bedeutung unserer Anstrengungen zur vertragsgerechten Realisierung der Rohstoffabkommen, zur zügigen Entwicklung des DDR-Exportes und zur Durchführung der volkswirtschaftlich dringend benötigten Importe an Grundstoffen, Produktionsverbrauchs- und Konsumgütern.

Was das Gebiet der auslandsinformatorischen und auslandskulturellen Arbeit anbelangt, so möchte ich aus diesem breiten Gebiet nur zwei Aufgaben nennen. Begonnen hat die Vorbereitung des Abschlusses eines neuen Kulturarbeitsplanes für den Zeitraum bis 1985, eine Arbeit, die unmittelbar und vollverantwortlich der Botschaft übertragen wurde. Nach Jahreszahlen gerechnet noch relativ entfernt – nämlich 1984 – sind die Olympischen Winterspiele in Sarajewo. Realistisch betrachtet hat die Arbeit aus diesem Anlaß, von dem uns eigentlich nur noch anderthalb Jahre trennen, bereits begonnen. Die der Botschaft im Zusammenhang mit der Olympiade gestellten Aufgaben können selbstverständlich nicht allein vom Kultur- bzw. Olympia-Attaché gelöst werden, in ihre Lösung wird ein ständig größerer Kreis von Mitarbeitern einbezogen werden. Auch hier gilt es alles zu tun, was unsere sozialistische Heimat stärkt.

Erlaubt mir bitte, liebe Genossinnen und Genossen, noch einmal auf die Bedingungen zurückzukommen, unter denen wir unsere Aufgaben zu erfüllen haben, und zwar auf jene Aspekte, die insbesondere unsere Tätigkeit auf ökonomischem Gebiet, aber nicht nur diese, beeinflussen. Gemeint sind die Außenwirtschaftsbedingungen für die DDR, von deren Verschlechterung wir seit geraumer Zeit reden.

Es kann nicht Sinn und Zweck dieser Ausführungen sein, die Bedingungen für unsere Außenwirtschaftstätigkeit in Jugoslawien bis in die letzte Einzelheit zu erläutern. Das könnten der Handelsrat und die Mehrheit von Euch besser als ich. Aber angesichts der Bedeutung der Außenwirtschaft für die Gesamtentwicklung unserer Republik sowie auch für die Gestaltung unserer Beziehungen zu Jugoslawien werde ich versuchen, die eingetretenen Veränderungen noch einmal kurz zusammenzufassen.

Was hat sich für die DDR auf den äußeren Märkten konkret verändert?

1. Seit 1972 haben wir ein schnelleres Ansteigen der Rohstoffpreise auf dem kapitalistischen Weltmarkt zu verzeichnen. Das bekannteste Beispiel ist der Erdölpreis pro Tonne, der 1972 58 Valutamark betrug und jetzt bei 500 Valutamark liegt. Im RGW erfolgt bekanntlich mit einer gewissen Phasenverschiebung ebenfalls eine Preiskorrektur nach oben.

2. Im Unterschied dazu stiegen die Preise für unsere Produkte, für Fertigerzeugnisse nur langsam, durchschnittlich um das Doppelte gegenüber den Rohstoffpreisen, die sich um das Achtfache erhöhten.

3. Die Wachstumsraten in den sozialistischen Staaten weisen eine sinkende Tendenz auf, was sich erschwerend auf die ökonomische Zusammenarbeit auswirkt. In den kapitalistischen Ländern haben sich die Konkurrenzbedingungen infolge der anhaltenden Krise enorm verschärft. Und schließlich fordern die Entwicklungsländer im Zuge ihrer Industrialisierung immer mehr die Abnahme ihrer Industrieerzeugnisse.

In ihrer Gesamtheit schufen diese Faktoren außerordentlich angespannte, höchst komplizierte Bedingungen für unsere gesamte Volkswirtschaft. Dessenungeachtet wollen wir die vom X. Parteitag beschlossene Wirtschafts- und Sozialpolitik fortsetzen. Allerdings können wir die Augen nicht davor verschließen, daß seit dem Parteitag weitere erschwerende Momente aufgetreten sind. Dazu gehören:

1. das gewachsene Zinsniveau auf den internationalen Devisenmärkten auf eine Höhe von durchschnittlich 18 Prozent, was neue Kreditaufnahmen im Prinzip unmöglich macht;

2. die seitens des Imperialismus fortgeführte und unter dem Vorwand der Ereignisse in Polen verschärfte Sanktionspolitik, die durch die Einschränkung des Technologietransfers und den Kreditboykott zusätzliche Schwierigkeiten schafft;

3. die aus zwingenden Gründen erforderlich gewordene Reduzierung der Erdöllieferungen aus der Sowjetunion und die Notwendigkeit, den Warenaustausch auch mit der UdSSR auf bilanzierter Grundlage, d. h. ohne Kredite, abzuwickeln.

Sicherlich bedarf es keiner großen zusätzlichen Erläuterungen, um die Auswirkungen all dieser Veränderungen, die außerhalb der Einwirkungsmöglichkeiten unserer Politik vor sich gegangen sind, auf unsere Volkswirtschaft deutlich zu machen. Uns steht eine komplizierte Zeit voller Herausforderungen bevor, wir werden sie meistern, wenn wir neben der Beharrlichkeit auch Mut zu Veränderungen und kurzfristigen Entscheidungen haben.

Angesichts der für die Außenwirtschaft der DDR entstandenen Lage wurden auch von der Botschaft Belgrad Schlußfolgerungen für die eigen Tätigkeit gezogen. Diese sind bekannt. Sie reduzieren sich selbstverständlich nicht auf Überlegungen zur Durchsetzung eines Systems strenger sozialistischer Sparsamkeit. Die Regionalkonferenz in Berlin hat kategorisch auf sparsamsten Umgang mit finanziellen und materiellen Mitteln orientiert, kategorisch deshalb, weil es gar keinen anderen Weg gibt. Wir werden uns jedoch hüten müssen, das Kind mit dem Bade auszuschütten und solche Einsparungen vorzunehmen, die uns an anderer Stelle größere ökonomische oder politische Verluste bringen. Aber fest steht bereits jetzt, daß auch ganz neue Überlegungen erforderlich sind, um unsere Ausgaben, so insbesondere bei Mieten, Heizungskosten und im Fahrbetrieb, zu reduzieren. Einschränkungen sind unausbleiblich. Wir, die Parteiorganisation, alle Leiter und Mitarbeiter müssen dafür die entsprechende Atmosphäre gewährleisten.

Natürlich gehen die zu ziehenden Schlußfolgerungen, ich wiederhole mich, über die Einsparungen weit hinaus. Sie betreffen in erster Linie unsere außenwirtschaftliche Tätigkeit auf dem jugoslawischen Markt, auf dem ein maximaler Beitrag zur Erhöhung des Nationaleinkommens der DDR zu erwirtschaften ist. Diese Schlußfolgerungen sind im Prinzip simpel:

Erstens, die DDR hat auch in der ökonomischen Zusammenarbeit mit Jugoslawien nichts zu verschenken, Preis geht vor Vertragsabschluß!

Zweitens, die Durchsetzung der volkswirtschaftlichen Interessen der DDR, insbesondere zur Sicherung der Importe von Rohstoffen, hat absoluten Vorrang.

Drittens, die Erfüllung der geplanten Exportaufgaben ist die Voraussetzung für die Durchführung der geplanten Importe.

Viertens, der geplante Zahlungsbilanzsaldo ist um jeden Preis einzuhalten, da bei einer Überschreitung der bekannten Höhe des technischen Kredits konvertible Währung aufgebracht werden muß. Wir waren in dieser Lage nicht pingelig, unser Partner würde es jetzt auch nicht sein.

Auf ökonomischem Gebiet wie in allen anderen Bereichen ist die Botschaft aufgefordert, die Effektivität ihrer Arbeit zu erhöhen. Wir sind gut beraten, diese Forderung ernst zu nehmen und die dazu von uns selbst zu setzenden Kriterien einzuhalten. Die Effektivität unserer Auslandsvertretung wird zu messen sein

– am Stand und der Qualität der Gesamtbeziehungen der DDR zu Jugoslawien,

– an der Deckung des Informationsbedarfes der Partei- und Staatsführung, des Außenministeriums, des Außenhandelsministeriums und der anderen an den außenpolitischen Beziehungen beteiligten Organe,

– am Beitrag zur Erfüllung der Außenwirtschaftsaufgaben und damit zur Erzielung eines möglichs hohen wirtschaftlichen Leistungsanstieges,

– an der Treue zu unserer Republik, an der unbedingten Einhaltung aller Prinzipien der Ordnung und Sicherheit.

Das und nichts anderes ist die Elle, nach der wir vor allem gemessen werden. Diese Kriterien stellen einen hohen Anspruch dar. Ihm gerecht zu werden, dazu verfügen wir über alle Voraussetzungen:

Wir haben einen klar formulierten Auftrag und exakt umrissene Ziele und Aufgaben.

Wir bilden eine Parteiorganisation, deren Stärke sowohl in der akkumulierten Erfahrung als auch in ihrer ständigen Erneuerung liegt.

Wir bilden ein großes Kollektiv bewährter Leiter und Mitarbeiter, die fähig sind, auch unter komplizierteren Bedingungen erfolgreich zu arbeiten.

Und schließlich verfügen wir in Gestalt unserer Republik über ein stabiles Hinterland, zu dessen Stärkung wir beitragen.

Ich habe keinen Zweifel daran, daß wir auch die deutlich höheren Aufgaben erfüllen werden.

Friedliches Fest der Jugend in Sarajewo

*Begrüßungsworte auf dem DDR-Emfang anläßlich der
Winterolympiade in Sarajewo am 17. Februar 1984*

Verehrte Gäste!

Liebe Freunde und Genossen!

Gestatten Sie mir bitte, Sie noch einmal auf das Herzlichste auf diesem Empfang zu Ehren der Nationalmannschaft der Deutschen Demokratischen Republik zu den XIV. Olympischen Winterspielen in Sarajewo willkommen zu heißen.

Mein besonderer Gruß gilt

dem Präsidenten des Organisationskomitees der XIV. Winterspiele, Genossen Ministerpräsident Branko Mikulić,

dem Präsidenten des Internationalen Olympischen Komitees, Herrn Juan Antonio Samaranch,

den hohen Repräsentanten der Sozialistischen Republik Bosnien und Herzegowina, den Genossen Milenko Renovica, Hamdia Pozderac und Seid Maglajlija.

Herzliche Grüße entbiete ich

den Mitgliedern der Nationalmannschaft der DDR und ihrem Leiter, dem Mitglied des ZK der SED und Präsidenten des Nationalen Olympischen Komitees der DDR, Genossen Manfred Ewald,

dem Staatssekretär für Körperkultur und Sport, Genossen Prof. Dr. Günter Erbach.

Mit Ihrer aller Erlaubnis möchte ich zunächst einige wenige Worte an Sie, verehrter Herr IOC-Präsident, richten.

Es ist für mich eine große Ehre, Sie hier begrüßen zu können und Ihnen dafür zu danken, daß Sie unserer Einladung gefolgt sind. Mit Freude möchte ich diese Gelegenheit nutzen, um Ihnen zu dem großen Erfolg der Spiele in Sarajewo zu gratulieren, der einen neuen Triumph der Olympischen Idee darstellt. Sie, Herr Präsident, haben hier in der Hauptstadt der Sozialistischen Republik Bosnien-Herzegowina im Herbst des vergangenen Jahres erklärt, daß man die Spiele in Sarajewo als ein Fest der Jugend betrachten soll, als einen Beweis dafür, daß die Welt in Frieden, Verständigung und Freundschaft leben kann. Dieser Beweis wurde erbracht. Dazu beglückwünsche ich das Olympische Komitee im Namen aller meiner hier anwesenden Landsleute.

Liebe jugoslawische Freunde und Genossen!

Meinen Willkommensgruß an Sie verbinde ich mit dem aufrichtigem Dank dafür, daß Sie unserer Einladung nachgekommen sind. Noch sind die Winterspiele in Sarajewo in vollem Gange, noch immer wird auf den hervorragenden olympischen Kampfstätten um jedes Hundertstel einer Sekunde, jeden Zentimeter, jeden Wertungspunkt erbittert gerungen, aber bereits heute kann man feststellen: Die Olympischen Winterspiele im sozialistischen Jugoslawien, mit dem die Deutsche Demokratische Republik enge freundschaftliche Beziehungen verbindet, verlaufen überaus erfolgreich, sie bestätigen die Vitalität, die sich erneuernde Stärke und die Lebenskraft der Olympischen Idee. Der Erfolg von »Sarajewo 84« ist vor allem das Ergebnis Ihrer jahrelangen Vorbereitungen, Ihrer Organisation, der fleißigen und aufopferungsvollen Arbeit von Tausenden Organisatoren, Sportlern und Helfern der SR Bosnien und Herzegowina und ganz Jugoslawiens, der erneut bewiesenen Gastfreundschaft und des Enthusiasmus der Bürger der Sozialistischen Föderativen Republik Jugoslawien.

Wir danken Ihnen, liebe jugoslawische Freunde und Genossen, für Ihre wahrlich große Arbeit und beglückwünschen Sie zum erfolgreichen Verlauf der Spiele.

Gestatten Sie mir bitte, verehrte Anwesende, noch einige Worte in meiner Muttersprache an die Mitglieder der Nationalmannschaft der DDR.

Liebe Freunde!

Es ist für mich eine besondere Freude, Euch, die Vertreter der Deutschen Demokratischen Republik, hier in Sarajewo, der Stadt der XIV. Olympischen Winterspiele, herzlich begrüßen zu können.

So wie man den Tag nicht vor dem Abend loben soll, wäre es auch verfrüht, ein abschließendes Fazit Eurer Teilnahme an den Spielen zu ziehen. Aber eines kann man sicherlich zu dieser Stunde mit gutem Grund sagen: Die Nationalmannschaft der DDR hat sich im fairen olympischen Wettkampf großartig geschlagen und unser fernes, uns aber so nahes sozialistisches Vaterland würdig vertreten. Dazu beglückwünschen wir Euch von ganzem Herzen. Glückwünsche und Dank gelten den hervorragenden Olympiasiegern und den Gewinnern anderer Medaillen, ebenso wie denen von Euch, denen trotz Kampfgeist und großem Einsatz Sieg oder vordere Plätze versagt blieben. Nicht zuletzt gelten herzliche Gratulation und Dank der Leitung Eurer Mannschaft, den Trainern und Betreuern. Ihr habt erfolgreich dazu beigetragen, daß die Olympische Idee in Sarajewo einen neuen Sieg erringen konnte.

Wir alle sind uns der tiefen Wahrheit der Worte des Vorsitzenden des Staatsrates der DDR, Genossen Erich Honecker, bewußt, daß nur im Streben nach einer friedlichen Welt für den Sport, die olympische Bewegung der Weg in eine gesicherte Zukunft liegt. Eure Teilnahme an den ersten Olympischen Winterspielen in einem sozialistischen Land ist von diesem Streben getragen. Sie ist auch eine Absage an völkertrennende und friedensbedrohende Konfrontation. Sie ist ein erneutes Bekenntnis zu den völkerverbindenden Idealen des Sportes und zur friedlichen Kooperation.

Ich bitte Sie, verehrte Anwesende, liebe Gäste, das Glas zu erheben und zu trinken auf
die Erhaltung des Friedens, die erste und unabdingbare Voraussetzung für olympische Spiele,
das Wohl unserer jugoslawischen Freunde und Genossen,
der verehrten Vertreter des internationalen Sportes und
der Mitglieder der Nationalmannschaft der DDR,
auf das Glück und die Gesundheit aller Anwesenden.

Die DDR – Teil unseres eigenen Leben

Begrüßungsworte auf der festlichen Veranstaltung der Botschaftsmitarbeiter zum 35. DDR-Jubiläum

Liebe Kolleginnen und Kollegen!
Liebe Genossinnen und Genossen!
Ungezählte Male ist in diesem Jahr die Zahl »35« genannt worden, die Zahl, die das Alter unserer Republik bestimmt. Morgen begeht unser Land diesen Jubiläumsgeburtstag. Mit 35 Jahren ist diese erste sozialistische Republik auf deutschem Boden beinahe halb so alt wie das unter Blut und Eisen zusammengezimmerte

ehemalige einheitliche Deutsche Reich, dreimal so alt wie das vom Hitlerfaschismus geschaffene sogenannte Tausendjährige Reich und tausendmal älter als die Frist, die ihr böse Propheten 1949 bei ihrer Gründung gaben. Mit 35 Jahren ist sie noch immer ein junger, aufwärtsstrebender Staat, der im wahrsten Sinne des Wortes uns Heimat ist, der uns Geborgenheit gibt. Das spürt man in der Ferne noch stärker als zu Hause. 35 Jahre – das ist in etwa das Durchschnittsalter unseres Kollektivs, der Bürger der DDR in Jugoslawien. Die Geschichte der DDR ist Teil unseres eigenen Lebens, wir haben sie erlebt und mitgestaltet. Und an einem Geburtstag erinnert man sich an die vergangene Zeit, die zurückliegenden Lebensjahre, an die miterlebte Geschichte.

Unsere FDJler haben uns die Erinnerung mit ihrem Geburtstagslied leicht gemacht, denn sie haben recht – alles, was sie besungen haben, ist unsere Republik, steht exemplarisch für ihre Geschichte: die Befreiungstat durch die Sowjetunion, der Händedruck von Wilhelm Pieck und Otto Grotewohl, Adolf Hennecke, Igelit, Trabant, der Sonntag im August, der 21. 1961, der Sandmann und das Wunder unseres Sports. Und an viel, viel mehr denkt man an einem solchen Geburtstag, das in einem Lied und auch in einer kurzen Rede bei weitem nicht alles genannt werden kann.

35 Jahre DDR, das ist die Summe vieler Taten, Begriffe, Namen, Geschehnisse. 35 Jahre DDR – das sind

– Stalins Worte vom Wendepunkt in der Geschichte Europas und die Unterschrift unseres Staatsratsvorsitzenden unter das Dokument von Helsinki, mit dem diese Wende völkerrechtlich besiegelt wurde;

– das Wirken und der Verlust von Wilhelm Pieck, Otto Grotewohl, Walter Ulbricht, Heinrich Rau, Friedrich Ebert und vieler anderer bedeutender Persönlichkeiten;

– die Besuche von Nikita Chruschtschow, Leonid Breshnew und das millionenfache Zusammenwirken von Kommunisten und Bürgern der DDR und der UdSSR;

– das Würgeeisen der Hallstein-Doktrin, der diskriminierende Katzentisch für unsere Delegation auf der Genfer Außenministerkonferenz 1959 und das jetzt schon traditionelle Gerangel der weit mehr als 100 Botschafter um einen vorderen Platz auf den Neujahrsempfängen im Amtssitz des Staatsrates;

– die Pressekonferenzen von Albert Norden gegen Globke, Nazirichter und -henker, die scharfen Kommentare von Karl Eduard von Schnitzler und die zu keiner Minute nachlassende Wachsamkeit gegen den Revanchismus der BRD;

– die Gründung der kasernierten Volkspolizei, die Aufmärsche der Kampfgruppen der Arbeiterklasse und die jährliche Vereidigung der jungen Soldaten der Nationalen Volksarmee in der Nationalen Mahn- und Gedenkstätte in Buchenwald.

35 Jahre DDR – das sind

– die Gerüste für den Bau der Stalinallee, die Steine für den Rostocker Überseehafen und die Fertigteile für die vielen Neubauwohnungen mit den zu vielen Innenküchen;

- die erste Bockwurst 1952 in der HO und der Rekordfleischverzehr der 80er Jahre beim Grillen auf den Wochenendgrundstücken, der erste Koks aus Braunkohle in Lauchhammer und die letzte Grubenfahrt im Zwickauer Steinkohlebergbau;

– die 5-Pfennigsemmel, der 20-Pfennigfahrschein und das teure Meißner Porzellan Unter den Linden, das 1969 so gesuchte, geschätzte und 1984 verschmähte »Präsent 20«, der explosionsartige Fehlschlag des Mix-Kaffees und der Dauererfolg der Multispektralkamera;

– Quermanns Weihnachtsgruß »Zwischen Frühstück und Gänsebraten«, Schwabes Rumpelkammer, Gerstners sachlich-kritisch-optimistische Wirtschaftsbetrachtungen, Oertels blumenreiche Kommentare zur Friedensfahrt.

35 Jahre DDR – das sind

– die zweite Parteikonferenz der SED und der Beschluß zum Aufbau der Grundlagen des Sozialismus, der VIII. Parteitag und die Annahme des Konzeptes der Einheit von Wirtschafts- und Sozialpolitik;

– die Abschlußrede von Erich Honecker zur nächtlichen Stunde im Lustgarten auf den 3. Weltfestspielen 1951 in Berlin und seine Rede zur Notwendigkeit des Friedenskampfes »Nun erst recht« auf dem 7. Plenum.

35 Jahre der DDR – das sind 35 Jahre Vorwärtsentwicklung und Überwindung von Widersprüchen, unaufhörlicher Kampf für Frieden und Sozialismus, und damit für soziale Gerechtigkeit und Glück unseres Volkes.

Zurecht würdigen wir deshalb aus einem Anlaß wie dem jetzigen die Leistungen, die historischen Errungenschaften dieses, unseres Staates. An Festtagen, wie den gegenwärtigen, gehen wir natürlich weniger auf das ein, was uns noch Sorgen bereitet, wo das Maß unseres Schrittes noch nicht ausreicht, womit wir noch nicht zufrieden sind. Dabei verdrängen wir das nicht. Wir sind uns wohl bewußt, daß unsere gesellschaftliche Arbeitsproduktivität noch nicht die schon von Lenin geforderte Höhe erreicht hat, die Qualität und Konkurrenzfähigkeit nicht weniger Produkte zu wünschen übriglassen, kleinbürgerliche Anschauungen und Verhaltensweisen recht häufig anzutreffen sind, Formalismus und Phrasendrescherei unseren kommunistischen Idealen, dieser natürlichsten, verständlichsten und besten Sache der Welt, den Weg zum Hirn und Herzen zuweilen erschweren. Wir wissen, daß das und anderes unsere Fortschritte geringer erscheinen lassen, ja geringer machen.

Aber, liebe Kolleginnen und Kollegen, liebe Genossinnen und Genossen, wir haben nie erklärt, daß wir makellos sind, daß wir alles schon gewonnen haben, wonach wir streben. Von der entwickelten sozialistischen Gesellschaft, vom Kommunismus sind wir noch weit entfernt. Weit, unendlich weit entfernt haben wir uns aber auch von dem Zeitpunkt, als die Geburtsstunde unserer Republik schlug.

Wir haben Grund stolz zu sein: Aus den Ruinen des Zweiten Weltkrieges ist auferstanden und entwickelt sich stabil die Wirtschaftsmacht DDR. Aus dem ob der Nazigreuel verhaßten und geächteten Teilgebiet Deutschlands ist ein geachteter, hochgeschätzter Staat der Kultur, des Humanismus und des Friedens entstanden.

Aus der okkupierten Ostzone wurde ein gleichberechtigter Partner im internationalen Leben, entwickelte sich unser Land – die Deutsche Demokratische Republik. Auf sie ist jeder Stolz berechtigt!

Ein Künstler unserer Republik hat auf einer vor kurzem stattgefundenen Veranstaltung unsere Republik beschrieben und wiedergebenswerte Worte gefunden. Er erinnerte sich an den schweren Anfang 1949 und sagte: »Meine Phantasie hätte wohl nicht ausgereicht, um zu beschreiben, wie sich unser Land entwickeln würde. Und ich wünschte mir, wir hätten einen hohen Berg, daß man von ihm aus das ganze Land überschauen könnte, und alle müßten hinaufsteigen und verweilen. Schaut auf die weiten, fruchtbaren Felder, auf die Fabriken, die neuen Städte. Schaut auf das Meer, wo unsere Handelsschiffe in alle Welt fahren, bemerkt die Achtung, die unser Land und unser Volk bei anderen Völkern errungen haben, und begreift, welch einmalig historische Errungenschaft die DDR in Europa und auf deutschem Boden ist. Schaut auf den Frieden in unserem Land.«

Ja, Freude und Stolz sind berechtigt. Stolz ist nicht Selbstzufriedenheit. Wir wissen um die Größe der bevorstehenden Aufgaben und werden sie erfüllen – geführt von unserer Partei, im Bündnis mit der Sowjetunion, verbunden mit allen progressiven Kräften dieser Erde.

So, wie die historische Höherentwicklung der menschlichen Gesellschaft nicht aufzuhalten ist, so gehört der DDR, unserem sozialistischem Vaterland, die Zukunft. Wir, die wir hier versammelt sind, werden diese Zukunft mitgestalten, so wie wir das auch in der Vergangenheit getan haben, mit herausragenden Leistungen und mit der Summe der Alltagstaten.

Gemeinsames verbindet, Unterschiede können nicht trennen

Rede auf einem Treffen mit jugoslawischen Kultur- und Geistesschaffenden am 20. Dezember 1984

Hochverehrte jugoslawische Gäste,
liebe Freunde und Genossen!
Diejenigen, die am vorjährigen Treffen in diesem Kreis teilgenommen haben, werden sich vielleicht erinnern, daß ich gewisse Schwierigkeiten hatte, einen Anlaß für diese freundschaftliche Zusammenkunft zu nennen. Gleichzeitig hatte ich damals erklärt, nicht die Absicht zu haben, eine Rede zu halten.

Dieses Jahr ist es ein wenig anders: Wir haben einen Anlaß, der eine Rede rechtfertigt. Der Anlaß ist wichtig und wahrhaft bedeutsam. Die Rede soll Sie nicht erschrecken – sie wird nicht allzu lang sein.

In diesem nun eilig zu Ende gehendem Jahr blicken wir auf 20 Jahre vertraglich geregelter Beziehungen auf kulturellem und wissenschaftlichem Gebiet zurück. Wir Kommunisten und Bürger sozialistischer Länder sollten, so die Regel, bescheidene Menschen sein, die sich vor Superlativen hüten. Das soll uns nicht daran hindern festzustellen: Diese 20 Jahre kulturellen Austausches waren fruchtbar und gegenseitig befruchtend, reich und gegenseitig bereichernd.

In dem 1964 abgeschlossenen Kulturabkommen heißt es in der Präambel, daß sich beide Seiten von dem Wunsch leiten lassen, »die engen freundschaftlichen, dem Frieden und dem Aufbau des Sozialismus dienenden Beziehungen zwischen beiden Ländern weiter zu entwickeln und zu festigen ...«. Dieser Wunsch wurde in den zurückliegenden Jahren lebendige Realität. Die kulturelle und wissenschaftliche Zusammenarbeit trug wesentlich dazu bei, die freundschaftlichen Beziehungen zwischen der DDR und der SFRJ zu vertiefen. Diese Zusammenarbeit konnte sich ihrerseits nur entwickeln dank unserer politischen Gesamtbeziehungen, die sich auf der Grundlage der Vereinbarungen zwischen den höchsten Repräsentanten unserer Parteien und Staaten, vor allem auf der Basis der zwischen den Genossen Erich Honecker und Josip Broz Tito, so glücklich, stabil und kontinuierlich gestalten.

Unsere Beziehungen sind gut, eng und vertrauensvoll. Gemeinsames verbindet uns, Unterschiede können uns nicht trennen. Doch was wären diese Beziehungen ohne die zahllosen persönlichen Kontakte und Freundschaften der Kultur- und Geistesschaffenden, ohne die vielen Höhepunkte und den alltäglichen Austausch auf kulturellem und wissenschaftlichem Gebiet? Sie wären um vieles ärmer, ja undenkbar. Die Vielfalt der kulturellen Zusammenarbeit, vollzogen in 20 Jahren, umfassend und vollständig darzustellen, wäre ein vergebliches Unterfangen. Das Bild dieses Zusammenwirkens besteht aus vielen Segmenten und Farben. Lassen Sie mich bitte stellvertretend für vieles nur nennen:

die regelmäßig stattfindenden gemeinsamen Rektorenkonferenzen und die engen Partnerschaftsbeziehungen zwischen den Akademien und 21 Universitäten;

den Austausch von Theater- und Künstlerensembles, darunter des »Berliner Ensembles« mit der »Mutter Courage«, dargestellt von Helene Weigel, und, um nur ein anders Beispiel zu nennen, des Jugoslowensko Dramsko Pozoriste mit »Dundo Maroje« mit Nikola Simić in der Hauptrolle;

den Austausch vieler Austellungen, darunter in den letzten Jahren der »Dresdner Kunstschätze des Barock«, der Barlach-Austellung in Jugoslawien und der vielbeachteten Ausstellungen »Jugoslawische Malerei« und der Exposition von Gvozdenović in der DDR;

die ungezählten jugoslawischen Filme, die in den Programmen der Kinotheater der DDR einen festen Platz haben;

die Veröffentlichung von vielen Werken des jugoslawischen Gegenwartsliteraturschaffens in der DDR, so u. a. von Ivo Andrić, Branko Ćopić, Oskar Davičo, Antonije Isaković, Ivan Ivanji, Blaže Koneski, Mihajlo Lalić, Desanka Maksimović, Ranko Marinković, Mladen Oljaca, Vasko Popa, Mehmed Selimović, Jara Ribnikar, in einer Gesamtauflage, die nicht in Tausenden oder Zehntausenden, sondern nur in Hunderttausenden von Exemplaren zu zählen ist.

Hier unterbreche ich für eine Sekunde die Schilderung der Vielfalt des Austausches, aber ich wäre ein schlechter Botschafter meines Landes, würde ich nicht auf die nicht wenigen Reserven hinsichtlich der Verbreitung der DDR-Literatur und des DDR-Films in Ihrem kulturell so interessierten Land hinweisen.

Zum reich gestalteten Mosaik der Zusammenarbeit gehören selbstverständlich auch:

die Konzerte bekannter jugoslawischer Klangkörper, so erst unlängst der Zagreber Philharmonie, in unserem Land und die Botschaft der Musik, überbracht von Künstlern der DDR, unter vielen auch von denen des Leipziger Gewandhausorchesters,

die Stabführung des DDR-Dirigenten Prof. Förster in der Belgrader Philharmonie und die Leitung der camerata musica durch Prof. Straka in Berlin.

Dazu gehören: die enge Kooperation der Germanisten, Serbokroatisten, Makedonisten;

die sich vertiefende Zusammenarbeit zwischen Presse, Rundfunk und Fernsehen – denn auch das ist Bestandteil des Kulturabkommens;

und nicht zuletzt die nicht abreißende Kette der harten, aber fairen sportlichen Wettkämpfe, zu denen leider auch der verdiente Sieg der jugoslawischen Fußball-Nationalelf in Leipzig gehört.

Liebe Freunde und Genossen!

Nur einen Bruchteil des Reichtums der kulturellen Zusammenarbeit konnte ich nennen. Aber schon allein danach fühle ich noch stärkere Berechtigung, die Frage zu wiederholen: Was wären unsere Gesamtbeziehungen ohne diese kulturelle Zusammenarbeit? Sie leistet einen unschätzbaren Beitrag zur Verständigung, Annäherung, Freundschaft und damit zur Friedenssicherung. Sie hat ihren Ausgangspunkt im Kulturabkommen, in den Kulturarbeitsplänen. Diese Dokumente blieben jedoch Papier, würden sie nicht durch viel planmäßige Arbeit, Enthusiasmus und perönliches Engagement vieler Bürger beider sozialistischen Staaten lebendige Realität.

Allen Bürgern der SFRJ, die daran Anteil haben, und insbesondere Ihnen, die Sie meiner Einladung gefolgt sind, möchte ich deshalb von Herzen danken. Besonderen Dank möchte ich der Leitung und den Mitarbeitern des Bundesamtes für die internationale Zusammenarbeit auf den Gebieten von Wissenschaft, Bildung, Kultur und Technik sagen, das sich stets als kräftiger Motor und geschickter Koordinator der vielfältigen Aktivitäten erweist. Verzichten muß ich darauf, an dieser Stelle noch weitere Institutionen oder gar Namen zu nennen, denn bei Nennung weniger wäre die Gefahr, ungerecht zu sein, zu groß; bei Nennung aller, die Rede, die so schon Ihre Geduld strapaziert hat, viel, viel zu lang.

Lassen Sie mich bitte diese Gelegenheit nutzen, um Ihnen und Ihren Familien alles, alles Gute, Erfolg und gute Gesundheit für das vor der Tür stehende Jahr 1985 zu wünschen, das ein Jahr des Friedens werden möge.

Rotes Banner über dem Reichstag

*Rede zum 40. Jahrestag des Sieges über
den Hitlerfaschismus und der Befreiung
des deutschen Volkes vom Faschismus*

Liebe Freunde und Genossen!

In diesen Tagen begeht unser Kollektiv gemeinsam mit allen Bürgern unserer Heimat, mit unseren Freunden in den Ländern des Sozialismus, mit Millionen, ja Milliarden von Menschen unseres Erdballs das 40. Jubiläum eines Ereignisses in der Entwicklung der Menschheit, dessen geschichtliche Bedeutung in dem Maße immer stärker hervortritt, je größer der Abstand zu ihm wird: den 40. Jahrestag des Sieges über den Hitlerfaschismus und der Befreiung des deutschen Volkes vom Faschismus.

Es ist für uns eine große Freude, aus diesem Anlaß in unserer Mitte eine Delegation der Botschaft der UdSSR begrüßen zu können, des Landes, das im Kampf gegen die Hitlerbarbarei die Hauptlast trug. Unser herzlicher Gruß gilt dem Mitglied des ZK der KPdSU und Botschafter der UdSSR in der SFRJ, Genossen Nikolai Nikolajewitsch Rodionow, und den anderen Genossen der sowjetischen Botschaft.

Liebe Freunde und Genossen!

Es gibt Ereignisse, Bilder im großen Strom der Zeit, die in die Geschichte eingemeißelt werden – für ewige Zeiten. Dazu gehört das Hissen des roten Siegesbanners auf der Ruine des Reichstages in Berlin.

Das Bild des Serganten Jegorow und des Soldaten Kantarija, der beiden Aufklärer des 756. Schützenregimentes der 150. sowjetischen Division, die am Morgen des 1. Mai 1945 im Auftrag des Kriegsrates der 3. Stoßarmee die rote Fahne auf dem Reichstag aufpflanzten, kündete vom Sieg über den Hitlerfaschismus. Es hat Bestand wie die unvergeßlichen Bilder vom Sturm auf das Winterpalais, mit dem das von den Bolschewiki geführte russische Proletariat im Oktober 1917 eine welthistorische Befreiungstat vollbrachte.

Die rote Fahne über dem zerstörten Berlin ist das Symbol der zweiten welthistorischen Befreiungstat während unseres Jahrhunderts, die – wie es in unserem Aufruf zum 40. Jahrestag heißt – das Sowjetvolk vollbrachte. »Sein Sieg rettete die Weltzivilisation vor der faschistischen Barbarei. Er brachte auch dem deutschen Volk die Befreiung vom Joch der Naziherrschaft. Er öffnete den Weg zur Gründung der Deutschen Demokratischen Republik. Auf ihm beruhen vier Friedensjahrzehnte in Europa.«

Die Siegesfahne über den Ruinen Berlins ist das Symbol des Endes des blutigsten und verheerendsten aller Kriege der Menschheitsgeschichte. Zwischen 1939 und 1945 befanden sich 72 Staaten im Kriegszustand, 110 Millionen ihrer Bürger gehörten den Streitkräften an. Vier Fünftel der Weltbevölkerung wurden von den Kriegsereignissen in Mitleidenschaft gezogen. Der Erste Weltkrieg hat 10 Millionen Menschenleben gekostet, im zweiten kamen 50 Millionen um. 90 Millionen wurden verwundet. Allein das Sowjetvolk verlor mehr als 20 Millionen seiner Söhne und Töchter in diesem Kampf, Polen – 6 Millionen, Jugoslawien – 1,7 Millionen. Vom deutschen Volk forderte der Krieg mehr als 6 Millionen Opfer.

Das sind Zahlen, an deren Wiederholung man sich leicht gewöhnen kann – wie an statistische Angaben. Doch wieviel Qualen, unermeßliches Leid, wieviel Tränen und tränenloser Schmerz sind mit jedem Einzelschicksal verbunden! So unermeßlich das Leid, so grenzenlos war die Grausamkeit des Faschismus, der barbarischen Ausgeburt des deutschen Imperialismus. Anläßlich der Jahrestage der Befreiung der Konzentrationslager wurden auch sie in Erinnerung gerufen, weil sie niemals in Vergessenheit geraten darf. Laßt mich deshalb Worte des Genossen Horst Sindermann zitieren, die dieser zum 40. Jahrestag der Befreiung der Häftlinge des faschistischen Konzentrationslagers Sachsenhausen, zu denen er selbst gehörte, sagte. Den Tag der Befreiung durch Soldaten der Roten Armee schildernd, führte er aus:

»Was fanden die Befreier des Lagers vor? Von den 200.000 Menschen, die im Konzentrationslager Sachsenhausen gefangengehalten wurden, waren am Tag der Befreiung noch 3.000 Häftlinge – Männer, Frauen und Kinder – im Lager. 45.000 Lagerinsassen wurden kurz vorher aus dem Lager getrieben und befanden sich auf dem Todesmarsch. Die Überlebenden wurden im Raum Crivitz bei Schwerin von vorwärtsstürmenden Panzerkräften der Sowjetarmee befreit. Im Lager selbst fanden die sowjetischen und polnischen Befreier in zwei Gruben 27 Kubikmeter Menschenknochen und Menschenasche. Acht Fässer mit 560 kg Menschenhaaren, 300.000 Metall- und Porzellanzähne, Zahnkronen und Zahnprothesen fanden die Befreier als Reste der über 100.000 hier ermordeten Menschen – der ermordeten Bürger der Sowjetunion, Polens, der Tschechoslowakei, Bulgariens, Jugoslawiens, Frankreichs, Hollands, Norwegens, Belgiens, Luxemburgs, Großbritanniens und Deutschlands.

Das ist ein kleiner Ausschnitt der Grausamkeiten des faschistischen Systems. Wer da noch davon spricht, daß der 8. Mai 1945 nur ein Tag der Kapitulation der deutschen Armee gewesen sei und nicht eine Befreiung vom Faschismus, der will das Grausame der faschistischen Herrschaft aus dem Gedächtnis der Völker auslöschen, der hat niemals den Todesschrei der unschuldigen Opfer vernommen, der hat nie mit den Millionen Frauen und Kindern getrauert, die den Tod ihrer Lieben niemals verwinden können.«

Das von Sowjetsoldaten gehißte Siegesbanner ist ein von der Geschichte gesetztes Wahrzeichen dafür, daß die Sowjetarmee die Hauptlast des Kampfes gegen die faschistische Wehrmacht trug und an den von ihr geschaffenen Fronten die Entscheidung fiel. Der Sieg über den Hitlerfaschismus war das Werk vieler Völker, der Amerikaner, Briten, Franzosen und anderer – auch und keinesfalls zuletzt – das der Völker Jugoslawiens und seiner von den Kommunisten geführten Volksbefreiungsarmee. In der Antihitlerkoalition schlug die Sowjetarmee jedoch die entscheidenden Schlachten. Die sowjetisch-deutsche Front war im Verlauf des gesamten Zweiten Weltkrieges die Hauptfront. Hier erlitten Hitlers Generale eine schwere Niederlage nach der anderen, hier wurden 607 faschistische Divisionen vernichtet, in Westeuropa und in Afrika waren es 176. Die Verluste der Wehrmacht an Soldaten und Offizieren waren an der sowjetisch-deutschen Front viermal größer als auf den Kriegsschauplätzen in Westeuropa und im Mittelmeer. An der sowjetisch-deutschen Front wurde der größte Teil der Waffen und Technik der Wehrmacht, drei Viertel des Gesamtbestandes, vernichtet.

Trotz dieser Tatsachen gibt es auch heute, und heute vielleicht noch mehr als früher, Versuche der Geschichtsschreiber und Propagandisten der Bourgeoisie, die die entscheidende Rolle der Sowjetunion und ihrer Armee an der Niederwerfung des Faschismus schmälern, ja sogar leugnen wollen. Doch geschichtliche Tatsachen sind nicht wegzulügen, ebensowenig wie die aus den Kriegstagen stammenden Erklärungen der höchsten Repräsentanten der westlichen Hauptmächte.

Der britische Premierminister, Winston Churchill, schrieb in seiner Botschaft an J. W. Stalin am 27. September 1944: »Ich werde morgen im Unterhaus die Gelegenheit benutzen zu wiederholen, was ich schon früher gesagt habe, daß es nämlich die russische Armee ist, die die Kraft der deutschen Kriegsmaschine gebrochen hat und gegenwärtig den bei weitem größeren Teil der feindlichen Streitmacht an ihrer Front bindet.«

Die entscheidende Rolle der Sowjetarmee im Krieg gegen den Faschismus bestätigend, schrieb der Präsident der USA, Franklin Roosevelt: »Im Namen des Volkes der Vereinigten Staaten möchte ich der Roten Armee zu ihrem 25. Jahrestag unsere tiefe Bewunderung für ihre glanzvollen, in der ganzen Geschichte unübertroffenen Siege zum Ausdruck bringen ... Gleichzeitig möchte ich dem russischen Volk, aus dem die Rote Armee hervorgegangen ist ... meinen Tribut zollen. Auch das Volk stellt alle seine Kräfte in den Dienst des Krieges und bringt die größten Opfer. Die Rote Armee und das russische Volk haben mit Gewißheit die Streitkräfte Hitlers auf den Weg der endgültigen Niederlage gebracht ...«

Diesen gerechten Einschätzungen von Roosevelt und Churchill braucht wenig hinzugefügt werden, aber leider haben, wie zu erwarten war, ihre heutigen Nachfolger im Amt – Reagan und Thatcher – sich ihrer während des jetzigen Aufenthaltes in Bonn nicht erinnert.

Das rote Banner auf dem Reichstag ist das Symbol des Sieges des Sozialismus über den faschistischen deutschen Imperialismus, der neuen über die alte Gesellschaftsordnung.

Als der deutsche Monopolkapitalismus im Juni 1941 mit seiner gewaltigen Kriegsmaschinerie heimtückisch in die Sowjetunion einfiel, ging es ihm nicht nur um einen weiteren, den, wie er glaubte, wichtigsten Schritt zur Verwirklichung seiner Eroberungs- und Weltherrschaftspläne. Sein Ziel war die Beseitigung des ersten sozialistischen Staates. Das wurde öffentlich erklärt, dafür gibt es jedoch auch unzählige noch klarere Beweise aus den geheimsten Beratungen der faschistischen Kommandozentralen. Eines ihrer Mitglieder, der damalige Chef des Generalstabes des faschistischen Heeres, Generaloberst Halder, notierte einige davon in seinem Kriegstagebuch; lakonisch kurz, aber sorgfältig. Am 30. März 1941 hielt er folgende Erklärung Hitlers auf einer Geheimberatung der faschistischen Generalität zur Behandlung der Kriegspläne und -ziele gegenüber der UdSSR fest: »Unsere Aufgaben gegenüber Rußland: Wehrmacht zerschlagen, Staat auflösen ... Kampf zweier Weltanschauungen gegeneinander ... Es handelt sich um einen Vernichtungskampf.«

Mit diesem Ziel war der deutsche Imperialismus angetreten, das Rad der Geschichte zurückzudrehen, den Sozialismus zu vernichten. Aber nach dem Taumel der ersten Erfolge stieß der Hitlerfaschismus auf die materiellen, politischen und moralischen Potenzen der ausbeutungsfreien sozialistischen Ordnung. Der Zweite Weltkrieg wurde zu einem erbitterten Kräftemessen zweier entgegengesetzter Gesellschaftssysteme, aus dem der Sozialismus als Sieger hervorging. Das Rad der Geschichte wurde nicht zurück – sondern vorangedreht, der revolutionäre Weltprozeß nicht aufgehalten, sondern machtvoll beschleunigt.

Mit dem Sieg über das Nazi-Regime eröffnete sich auch dem deutschen Volk die Chance eines demokratischen, antifaschistischen und sozialistischen Neubeginns. Wir haben diese Chance genutzt – unter der Führung der Partei der geeinten Arbeiterklasse und von im Kampf gestählten Kommunisten und Antifaschisten, die in der Illegalität, in Zuchthäusern und Konzentrationslagern, den Interbrigaden und im Exil den Widerstand nie aufgegeben hatten. Im Ergebnis tiefgehender revolutionärer Umgestaltungen entstand unser Staat, die Deutsche Demokratische Republik, ein festes Glied der sozialistischen Gemeinschaft.

Als die Rote Armee im Frühjahr 1945 immer mehr in Richtung Berlin, der Hauptstadt des »Großdeutschen Reiches« vordrang, erließ Hitler den sogenannten Nero-Befehl: Verkehrs-, Nachrichten-, Industrie- und Versorgungsanlagen und alle Sachwerte sollten zerstört werden. Das eigene Ende vor Augen erklärte er zynisch: Das deutsche Volk verdiene nichts anderes als zugrunde zu gehen. Zugrunde gegangen ist in den Flammen des Krieges jedoch nicht das Volk, sondern das ehemalige Deutsche Reich, das dem eigenen und den anderen Völkern so viel Leid brachte. Diese Entscheidung der Geschichte ist unwiderruflich.

Daran können auch die im anderen, im imperialistischen deutschen Staat schrill tönenden revanchistischen Sprüche vom »Fortbestand des Deutschen Reiches in den Grenzen von 1937« nichts ändern. Aber sie schärfen unsere Wachsamkeit.

Liebe Freunde und Genossen!

Noch nie war die Betrachtung eines Jubiläums des Sieges über den Hitlerfaschismus so vielen Verfälschungen, Diskussionen und Kontroversen ausgesetzt wie die des 40. Jahrestages. Das ist alles andere als ein Zufall. Gerade in der gegenwärtigen internationalen Situation, da imperialistische Konfrontationspolitik die Völker aufs neue den Gefahren eines Weltenbrandes aussetzt, ist es unvermeidlich und höchst aktuell, sich des Zweiten Weltkrieges und seiner Lehren zu erinnern. Die Hauptlehre dieses Krieges aber heißt: alle Kräfte zusammenzuführen, um eine nukleare Katastrophe, mit der selbst der furchtbare Zweite Weltkrieg nicht einmal annähernd verglichen werden könnte, zu verhindern. Die Kräfte des Friedens, der Vernunft, des Realismus zu stärken und die des Krieges zu zähmen, das vor allem gebietet die Erinnerunmg an den 8. Mai 1945.

Als der Sergant Jegorow und der Soldat Kantarija vor 40 Jahren das Siegesbanner auf dem Reichstag hißten, da ging ihr Blick über ein unendliches Feld von Ruinen, Trümmern, Schutt und Asche. Die wenigsten von uns haben dieses Panorama mit eigenen Augen gesehen. Wir kennen das Bild der Hauptstadt unserer Republik, die aus diesen Ruinen auferstanden ist. Wir wollen, daß dieses friedliche Bild bleibt, immer vollkommmener und schöner wird. Wir wollen, daß die rote Fahne der siegreichen Arbeiterklasse auch weiterhin über unserer Hauptstadt weht. Dafür leben und kämpfen wir – gemeinsam mit unseren Befreiern und Bündnisgenossen.

Jugoslawischer Beitrag zu historischer Befreiungstat bleibt unvergessen

Kurzansprache auf demTreffen mit dem Präsidium der Organisation der jugoslawischen Volksbefreiungskämpfer anläßlich des 40. Jahrestages der Befreiung vom Faschismus

Hochverehrter Genosse Vorsitzender,
verehrte und liebe jugoslawische Genossen!
Gestatten Sie mir bitte, Sie noch einmal ganz herzlich willkommen zu heißen. Es ist für uns nicht nur eine Freude, sondern zu-

gleich eine große Ehre, Sie, die Vertreter des Bundes der Vereinigung der Kämpfer des Volksbefreiungskrieges Jugoslawiens, der SR Serbien und Belgrads, in der Botschaft der Deutschen Demokratischen Republik begrüßen zu können. Ich danke Ihnen aufrichtig, daß Sie meiner Einladung gefolgt sind.

Unser Treffen findet wenige Tage vor dem 40. Jahrestag des Sieges über den Hitlerfaschismus und der Befreiung des deutschen Volkes vom Faschismus statt, am Vorabend des Jubiläums, an dem sich zum 40. Male die Wiederkehr des Tages jährt, an dem der verheerendste aller Kriege der Menschheitsgeschichte zu Ende ging. Er war ausgegangen vom deutschen Imperialismus und seiner barbarischen Ausgeburt, dem Hitlerfaschismus, und endete dank des opferreichen Kampfes der Völker und Armeen der Sowjetunion, Jugoslawiens und der anderen Länder der Antihitlerkoalition mit der bedingungslosen Kapitulation der Hitlerwehrmacht und der Zerschlagung der Naziherrschaft.

Wir Kommunisten und Bürger der Deutschen Demokratischen Republik wissen um den hervorragenden Beitrag, den die jugoslawische Volksbefreiungsarmee unter der Führung der Kommunistischen Partei Jugoslawiens und ihres Oberkommandierenden Genossen Josip Broz Tito zu dieser welthistorischen Befreiungstat geleistet hat. Dieser heroische Kampf, begonnen unmittelbar nach dem faschistischen Überfall auf Jugoslawien im April 1941 und endend am 15. Mai 1945, ist unvergessen und wird niemals vergessen werden.

Es ist mir ein Bedürfnis, Ihnen, den Teilnehmern dieses heldenhaften Kampfes, zu erklären: Wenn unser Volk, das Volk der Deutschen Demokratischen Republik, den 40. Jahrestag begeht, dann verneigen wir uns auch tief vor den unermeßlichen Opfern, die die Völker Jugoslawiens für die nationale und soziale Freiheit, die Unabhängigkeit ihrer Heimat und damit auch für die Befreiung Europas vom faschistischen Joch gebracht haben. Wenn wir in diesen Tagen der Befreiungstat der Sowjetunion und der anderen Länder der Antihitlerkoalition gedenken, dann gilt unser Dank ebenfalls in einem besonderen Maße den Helden der jugoslawischen Volksbefreiungsarmee im Kampf für die Befreiung auch des deutschen Volkes. Für die Kommunisten und Bürger der DDR war es im Gegensatz zu anderen Orte zu keiner Stunde eine

Frage, ob der 8. Mai als Tag der »Kapitulation«, des »Zusammenbruchs« oder gar einer »Katastrophe« zu begehen sei. Uns hat der Sieg über den Hitlerfaschismus und die Befreiung vom Faschismus die Chance eines antifaschistischen, demokratischen und sozialistischen Neubeginns eröffnet. Diese Chance haben wir mit der Errichtung unseres sozialistischen Staates genutzt. Geführt von den Überlebenden jener deutschen Antifaschisten, die in der Illegalität, in Zuchthäusern und Konzentrationslagern, den Interbrigaden und im Exil kämpften, sind wir dem Schwur treu geblieben, alles zu tun, damit vom deutschen Boden nie wieder ein Krieg ausgeht. Mit unserem Eintreten für eine weltweite Koalition der Vernunft und des Realismus befinden wir uns inmitten jener Kräfte, die danach trachten, den an der Wolga, an der Neretva und an der Elbe so schwer errungenen, den so kostbaren Frieden zu bewahren.

Wir sind nicht so vermessen, den Kampf der deutschen Antifaschisten, die die Ehre unseres werktätigen Volkes retteten, mit dem wahrhaft großen Beitrag der jugoslawischen Volksbefreiungsarmee zum Sieg über den Hitlerfaschismus vergleichen zu wollen. Zutiefst aber sind wir vom Wahrheitsgehalt der von den Genossen Erich Honecker und Josip Broz Tito getroffenen Feststellung überzeugt, daß die Traditionen des gemeinsamen Kampfes deutscher und jugoslawischer Kommunisten und Patrioten gegen Faschismus, Krieg und imperialistische Ausbeutung eine feste Grundlage der sich allseitig vertiefenden freundschaftlichen Beziehungen zwischen unseren beiden sozialistischen Staaten darstellen. Für die Pflege dieser Traditionen werden sich die Botschaft und jeder ihrer Mitarbeiter auch zukünftig einsetzen.

Zur Jahrtausendwende immer noch so wunderbar, beneidenswert jung

Rede zur Jugendweihe 1986

Liebe Heidrun! Lieber Helge! Lieber Ingo! lieber Holger!
Liebe Eltern und Erzieher! Liebe Freunde und Genossen!
Nun ist der Tag gekommen, der Tag der Jugendweihe, die wir – einem Brauch unserer Vorfahren und einer Tradition der Arbei-

terbewegung folgend – auch in diesem Jahr in unserem Kollektiv begehen.

Viele von uns, die an der festlichen Zusammenkunft aus gleichem Anlaß im Vorjahr zusammengekommen waren, werden sich fragen, wie es denn möglich ist, daß seitdem schon wieder ein Jahr vergangen ist? Ja, an einem solchen Tag wie heute wird es einem besonders bewußt, wie schnell ein Jahr vergeht, mit seinen 12 Monaten, 365 Tagen, 252.600 Minuten.

Die Schnellebigkeit und Vergänglichkeit der Zeit wird besonders Euch, liebe Eltern, zu einem Festtag wie dem heutigen bewußt. Ihr schaut auf Eure großen Kinder und fragt, wo sind nur die Jahre geblieben? War es nicht erst kürzlich, daß sie erstmals den Kopf von allein hoben, aufrechtstanden, die ersten noch unsicheren, aber selbständigen Schritte machten? War es nicht erst unlängst, daß Ihr ihnen die Zahlen von eins bis zehn beigebracht und sie später mit einer großen Zuckertüte ausgerüstet habt? Ihr erinnert Euch an die Freude und an das Glück, daß sie Euch in den vergangenen 14 Jahren gebracht haben, aber auch an manche Stunde des Kummers und der Sorge um ihre Gesundheit, Entwicklung und ihr Wohlergehen. Nun könnt Ihr mit Freude und Stolz auf sie blicken. Sie sind zu tatkräftigen, gesunden jungen Persönlichkeiten herangereift. Sie sitzen in der ersten Reihe, denn sie sind die Hauptpersonen dieses Tages.

Ja, liebe Heidrun, lieber Helge, lieber Ingo, lieber Holger, der heutige Tag ist vor allem Euer Tag. Er ist für Euch einmalig und unwiederholbar. Ihr habt den Tag der Jugendweihe, die jetzige Stunde herbeigewünscht, als den Augenblick, in dem man das Kindsein mit all seinen Vorschriften und auch Verboten abstreifen kann und endlich eintritt in die Welt der Erwachsenen. Dieser Augenblick ist nun gekommen, und Eure Freude ist verständlich. Für Euch sind die fast acht Jahre Schulzeit – im Unterschied zu den Empfindungen Eurer Eltern – keine schnell verflogene Zeit, sondern eine lange Periode; zu Recht, denn wie seid Ihr doch vorangekommen!

Vergleicht nur Eure Lehrbücher, die, die Ihr 1978 als ABC-Schützen im Ranzen trugt, mit jenen, aus denen Ihr heute immer größeres Wissen schöpft. Die ersten Worte, die Ihr damals in Eurer buntbebilderten Fibel buchstabiert habt, waren »Oma« und »Mama«, »Mimi« und »Mia«, und die ersten kompletten Sätze, vielleicht erinnert Ihr Euch, lauteten: »Mimi, Nina, Leo lesen, so nun soll Susi lesen, nun sollen alle lesen!« Und heute lest Ihr im Lehrbuch für Literatur die »Historia von D. Johann Fausten« und analysiert Brechts »Die Gewehre der Frau Carrar«.

Und im Mathematik-Lehrbuch für die Klasse 1 habt Ihr als erstes gelernt, daß zwei Zuckertüten mehr als eine sind, und die erste richtige Textaufgabe war so formuliert: »4 Pioniere singen ein Lied. 3 andere tragen Gedichte vor. Wieviele Pioniere treten auf?« Heute lernt Ihr nach dem Algebra-Lehrbuch der sowjetischen Mittelschule und müßt beweisen, daß $(x + a) (x + b)$ gleich $x^2 + (a + b) x + ab$ ist. Und die Textaufgaben entsprechen diesem Schwierigkeitsgrad, nur daß Ihr sie auf russisch verstehen und beantworten müßt.

Es ist wahr, Ihr habt Eure bisherige Schulzeit gut genutzt und seid vorangekommen. Und das Lernen hört nicht auf. Unser Land, unsere Sache, unsere Zukunft brauchen allseitig gebildete Menschen – mit hellem Verstand und großem Wissen. Eure eigene Zukunft beruht auf festgefügten Fundamenten, sie ist gesichert durch unsere Gesellschaftsordnung, durch unser sozialistisches Vaterland.

Unser Staat, in den Ihr kurz nach dem VIII. Parteitag hineingeboren worden seid, ist im wahrsten Sinne des Wortes aus Trümmern und Ruinen geschaffen worden. Ihre nicht endenwollenden Berge haben wir uns im vergangenen Monat während der letzten Jugendweihestunde in dem Film über Karl-Marx-Stadt angesehen. Für Euch, ja schon für die Mehrzahl Eurer Eltern sind diese Bilder etwas, auf das Ihr blickt wie die Angehörigen unserer Generation auf die filmdokumentarischen Zeugnisse der Schrecken des Ersten Weltkrieges. Er liegt inzwischen weit zurück. Doch wir wollen nicht, daß dieses Grauen uns wieder einholt. Wir wollen nicht, daß die Jugendlichen von heute eines Tages ihren Kindern oder Enkeln das Inferno eines dritten Weltkrieges vor Augen führen müssen, wenn dazu überhaupt noch jemand in der Lage wäre. Wir wollen, daß unser wiederauferstandenes Karl-Marx-Stadt, unser Berlin wie alle Städte diese Erde, wie Moskau und Belgrad, London und New York, Kairo und Havanna, sich unter friedlichen Bedingungen entwickeln und allen ihren Einwohnern ein gesichertes Zuhause bieten können.

Wenn die Menschheit die Jahrtausendwende feiern wird, dann seid Ihr, deren Jugendweihe wir hier begehen, doppelt so alt wie heute, aber immer noch so wunderbar, beneidenswert jung. Wir wollen, daß Ihr dann frei und glücklich leben könnt, zu einem Himmel schaut, der voller Sterne und Weltraumstationen, aber frei von kosmischen Waffen ist – wie unsere schöne Erde bis dahin frei sein möge von Massenvernichtungswaffen aller Art. Dafür kämpfen wir gemeinsam mit Euch, dazu brauchen wir Euch, Eure Hilfe, Eure junge unverbrauchte Kraft. Und wir sind gewiß, daß wir es schaffen werden, den Frieden für Euch, für uns, für alle zu bewahren.

Noch immer wollten Eltern zu allen Zeiten, daß es ihre Kinder einmal besser als sie selbst haben sollen. Für Euch ist gesichert, wovon in früheren Jahrhunderten nur die utopischen Sozialisten zu träumen wagten: gleiche Rechte und Chancen für alle, frei die eigenen Fähigkeiten und Talente entfalten zu können, ohne Furcht vor Arbeitslosigkeit, sozialen Abstieg, Not und Armut zu leben. Diese Sicherheit bietet nur der Sozialismus. Deshalb kann sich unsere Gesellschaftsordnung mit vollem Recht als die bessere, die überlegenere bezeichnen, denn sie gibt dem Menschen die Möglichkeit, seine Zukunft selbst zu gestalten. Und auch Ihr, liebe Heidrun, lieber Holger, lieber Ingo, lieber Helge, habt schon begonnen, diese Möglickeiten ungehinderter Selbstverwirklichung zu nutzen.

Ihr alle strengt Euch an, bestmögliche Lernergebnisse zu erzielen. Eure Lehrer bescheinigen Euch, daß Ihr dabei aufgeschlossen, fleißig und gewissenhaft seid. Das Leben und Lernen in der sowjetischen Schule bereitet Euch Freude; auch wenn es manchmal nicht leicht ist und zusätzliche Anstrengungen und Kraft erfordert, vor allem für die, die noch gar nicht solange in Belgrad sind, wie Heidrun, die erst seit August hier ist und für die das 8. Schuljahr in der DDR noch immer das 1. Jahr in der sowjetischen Schule ist, in der sie doch schon gute und sehr gute Leistungen erreicht. Noch jünger in der sowjetischen Schule ist Holger, der älteste unter Euch, der gerade erst zur Freude seiner Eltern und zu seiner eigenen zu uns gestoßen ist. Wir wünschen ihm, daß er den eingeschlagenen Weg fortsetzt und weiter mit Selbstvertrauen und Ehrgeiz gut vorankommt. Helge und Ingo, der Alteingesessene, immerhin ist er seit Sommer 1980 bei uns, setzen mit Fleiß und Freude am Lernen die guten Traditionen unserer Schüler an der sowjetischen Schule fort. Ihre guten und sehr guten Leistungen beweisen es. Und auch in einer anderen Hinsicht werden alle vier den Erwartungen, die man gegenüber jungen Bürgern gerade unseres Staates hegt, gerecht: Sie lieben den Sport und bezeichnen ihn übereinstimmend als eine ihrer Lieblingsbeschäftigungen. Neben dieser und vielen anderen haben sie während unserer letzten Jugendweihestunde noch eine gemeinsame Eigenschaft gezeigt, nämlich die, daß sie gerne lachen.

Auch und gerade dafür arbeiten wir, die Älteren; dafür, daß unsere Kinder, unsere Töchter und Söhne mit Frohsinn und unbeschwert aufwachsen und leben, daß die gesellschaftlichen Verhältnisse so gestaltet werden, daß sie stets Grund zu Freude und Optimismus haben.

Auch hier wirkt Ihr bereits aktiv mit – Helge als Mitglied der FDJ-Leitung, Ingo als Verantwortlicher für die Bibliothek im Wohnhochhaus, Heidrun bei der Gestaltung der Wandzeitung im gleichen Objekt. Bedenkt bitte, daß Ihr heute noch zu den jüngsten Mitgliedern unserer Jugendorganisation gehört, in kurzer Zeit aber schon auf Euren Schultern die Hauptlast und damit auch die Verantwortung für die FDJ-Arbeit in unserem Kollektiv liegen wird. Wir rechnen mit Euch.

Mit Eurer gesellschaftlichen Tätigkeit und Eurem Lernen bereitet Ihr Euch auch auf Euren zukünftigen Beruf vor, für den Ihr Euch entscheiden werdet. Auch diese Frage steht ab dem heutigen Tag sichtbar näher vor Euch, es ist eine Frage, die für Euer weiteres Leben von großer Bedeutung ist und die vor allem Eurer eigenen Entscheidung bedarf. Noch bedrängt sie Euch nicht. Heute zum Zeitpunkt der Jugendweihe habt Ihr, Heidrun und Helge, noch Zeit, entsprechend Euren Wünschen und Fähigkeiten einen Berufswunsch auszuprägen. Und auch Ihr beiden anderen habt alle Möglichkeiten, Eure Wünsche – sich der Elektronik und später der Forschung auf diesem Gebiet zuzuwenden, wie Du, Ingo, es bisher beabsichtigst, oder unter der Flagge der Handelsflotte unserer Republik die Meere zu befahren, wie Du, Holger, es Dir erträumst, noch weiter abzuwägen. Eure Berufsträume und -wünsche können sich, wie bei allen, die hier schon in den vergangenen Jahren ihre Jugendweihe begingen, noch entwickeln und verändern. Nicht verändern wird sich – und dafür sorgen unsere Partei, unser Staat – die Euch garantierte Sicherheit, einen Beruf zu ergreifen, der Euren Neigungen und Fähigkeiten entspricht. Wie sehr unterscheidet sich Eure gesicherte Zukunft von der Unsicherheit Eurer Altersgenossen westlich der Grenzen unseres Heimatlandes!

Dabei versprechen wir Euch kein Schlaraffenland, in dem einen die gebratenen Tauben ins Maul fliegen, keine Zukunft, in der nur Milch und Honig fließen, kein bequemes Leben. Dererlei Versprechungen wären Demagogie und Lüge. Ihr aber wollt die Wahrheit und Ihr kennt sie schon. Ihr wißt, daß wir angetreten sind, eine Welt zu errichten, in der Armut, Ausbeutung und Krieg für immer der Vergangenheit angehören, in der Frieden, wahre Gleichberechtigung und soziale Gechtigkeit herrschen. Die Errichtung dieser Welt vollzieht sich in harter Arbeit, im schweren Kampf, voller Widersprüche, zuweilen mit Irrtümern und auf Umwegen. Aber ausgerüstet mit unserer Weltanschauung, geführt von unserer Partei haben wir uns schon lange auf diesen Weg begeben, und wir werden unser Ziel erreichen.

Beim Aufbau des Sozialismus sind wir vorangekommen, und doch stehen wir erst am Anfang. Unser Staat entwickelt sich gut, aber noch gibt es viel zu tun. Noch immer müssen wir die Produktivität der Arbeit kräftiger steigern, alte Städte dauerhafter restaurieren, neue noch schneller bauen, die Fürsorge für die Alten erhöhen, Gleichgültigkeit, Dünkel und Trägheit überwinden, den Sozialismus anziehender, stärker machen und damit den Frieden wehrhafter, sicherer. Und Ihr, deren Jugendweihe wir begehen, seid ab heute noch nachdrücklicher aufgerufen, daran mitzuwirken, mit all Euren Fähigkeiten, Eurer jungen Kraft.

Doch gerade in den bevorstehenden Jahren könnt Ihr in Situationen geraten, die Fragen aufwerfen, auf die man nicht gleich eine Antwort parat hat, die Euch vor Kreuzwege stellen, an denen Ihr Euch für die weitere Richtung Eures Vorwärtsgehens entscheiden müßt, in Situationen, wo es einem nicht leicht ist, Gerechtes vom Ungerechten, Falsches vom Wahren zu unterscheiden. Niemand kann, wenn er ehrlich ist, von sich sagen, er habe sich noch nie in einer solchen Lage befunden!

Aber stets gibt es im Leben auch einen Kompaß, den jeder besitzen und gebrauchen kann. Wir bezeichnen ihn mit dem häufig benutzten und deshalb zuweilen fast abgedroschen klingenden Wort »Klassenstandpunkt«. Wo willst du stehen, in der historischen Auseinandersetzung der Klassen – auf der Seite derer, die die Produktionsmittel, die Fabriken, die Maschinen, den Boden besitzen und mit ihrer Hilfe die große Mehrheit des Volkes ausbeuten, oder auf der Seite derer, die entweder noch immer allein ihre Arbeitskraft haben und sie zu Markte tragen müssen oder die auf einem Drittel unserer Erde bereits das zum Eigentum des Volkes gemacht haben, was des Volkes ist?

Laßt mich noch einen Moment abschweifen. Westlich von Elbe und Werra behauptet man oft, der Kapitalismus, die Klassengesellschaft hätten aufgehört zu existieren. Hinter äußerem Glanz und Glimmer versucht man die tiefen Klassenunterschiede zu verdecken, aber so dicht der Schleier auch gewebt wird, immer wieder zerreißt er und gibt den Blick frei auf die unveränderte Kluft, die die Ausbeuter in die Gesellschaft gerissen haben. Zu Beginn dieses Jahres hat einer von ihnen, Friedrich Karl Flick, sein Privatunternehmen verkauft – für knapp 5 Milliarden DM. Daraufhin hat die Presse dieses Landes darüber orakelt, wie Flick künftig wohl leben werde. Behält er seine wie eine Festung gesicherte Münchener Residenz, die 30-Zimmer-Villa in Düsseldorf, das Anwesen am Sternberger See, den Hof Sauersberg bei Bad Tölz, das 1.400 ha große Jagdareal in der Steiermark, das Schloß bei Paris, das Nobel-Domizil an der französischen Riviera, das Penthouse in New York, den Landsitz in den USA, die zahllosen Autos, die 20 Millionen teure Jacht »Diana«, die nach Hunderten zählenden Dienstboten, Chauffeure, Leibwächter? Welch ein Vermögen! Was für eine Gesellschaft, die es solchen Leuten wie Flick, und sein Name steht für andere, erlaubt, jahrzehntelang die Arbeitskraft von Millionen Menschen auszubeuten und einen Reichtum anzuhäufen, für dessen Ansammlung ein normaler Bundesbürger 50 Jahre lang jede Woche im Lotto alle Richtigen haben müßte.

Eine Gesellschaft, die ein derartiges Ausbeutungssystem zuläßt, hat einfach das Recht verwirkt, sich gerecht, sozial oder freiheitlich-demokratisch zu nennen, sie gehört schon heute ihrem

Wesen nach der Vergangenheit an. Die Zukunft gehört der Gesellschaftsordnung, die das werktätige Volk von der Ausbeutung befreit; sie gehört dem Sozialismus, der die Losung früherer Revolutionen – Freiheit, Gleichheit, Brüderlichkeit – in gesellschaftliche Realität verwandelt. Euch, liebe Heidrun, lieber Helge, lieber Ingo, lieber Holger, gehört die Zukunft, ab heute sollt und werdet Ihr sie mit größeren Rechten, aber auch mit verantwortungsvolleren Pflichten mitgestalten.

Laßt uns – unserer Tradition folgend – Eure Jugendweihe zum Anlaß nehmen, um denen Dank zu sagen, die sich um Eure bisherige Entwicklung, um Eure Kindheit und Schulzeit besondere Verdienste erworben haben. Laßt uns danken Euren Lehrern und Erziehern, die Euch von Jahr zu Jahr mit immer größerem Wissen und umfassenderen Kenntnissen ausgerüstet haben und Euch weiter auf Eurem Weg begleiten werden. In diesen Dank wollen wir auch in diesem Jahr mit besonderer Wärme die Lehrer der sowjetischen Botschaftsschule einschließen, die Euch mit dem umgeben, was sowjetische Pädagogen in einem besonderen Maße auszeichnet: Strenge und Warmherzigkeit, Liebe und Begeisterungsfähigkeit.

Laßt uns vor allem danken denen, die Euch am nächsten stehen – Euren Müttern und Vätern, die Euch das Leben geschenkt, beschützt und bewahrt haben, die Eure Kümmernisse und Eure Freuden stets als die eigenen empfunden haben und weiter empfinden werden.

Eure Eltern und Lehrer hoffen und wünschen wie wir alle, daß Ihr Euch als gute Mitglieder unserer sozialistischen Gesellschaft freier und gleichberechtigter Menschen erweist, in die wir Euch heute aufnehmen.

Für Euren weiteren Lebensweg in der Schule, im Beruf und in der Familie wünsche ich Euch im Namen des gesamten Kollektivs der Botschaft und in meinem eigenen viel Glück, Gesundheit, Ausdauer und Erfolg.

DDR-Staatsflaggen auf Münchens Straßen

Rede auf dem festlichen Beisammensein in Belgrad
zum 38. Jahrestag der DDR

Liebe Kolleginnen und Kollegen,
liebe Genossinnen und Genossen!
Wir haben uns heute zusammengefunden, um, einer guten Tradition folgend, im Kollektiv der Botschaft den Jahrestag der Gründung unseres Staates zu begehen. Wir stehen am Vorabend des
38. Jubiläums der Republik, die BGL ist unser Gastgeber, wir
sind gewissermaßen unter uns.

Am kommenden Dienstag, auf unserem Empfang zum Natio-
nalfeiertag, werden wir alle Gastgeber sein und viele Glückwünsche entgegennehmen, von jugoslawischen Freunden und Genossen, von Botschaftern vieler Länder, sozialistischer, nichtpakt-
gebundener, kapitalistischer.

Glückwünsche wurden mir bereits von vielen Partnern vor
wenigen Wochen ausgesprochen. Das war die Zeit kurz nach den
Leichtathletikweltmeisterschaften in Rom und während des Besuches des Genossen Erich Honeckers in der BRD. Die Gratulationen galten vor allem dem Besuch und seinen Ergebnissen. Solche
Gratulationen und Sympathiebekundungen sind auf dem diplomatischen Parkett recht selten, aber in diesem Falle waren sie kein
Zufall. Sie galten einem außenpolitischen Sieg der DDR mit weit-
reichender Wirkung für die Gestaltung der Beziehungen zwischen
beiden deutschen Staaten und für die Friedenssicherung in Europa.

Nichts macht die in den vergangenen Jahrzehnten vollzogene
Entwicklung unserer Republik so deutlich, wie die Reise des Generalsekretärs in den Nachbarstaat, der sie diese Jahrzehnte lang
mit Haß, Wut und Störaktionen aller Art befeindet hat. Zum ersten Mal besuchte ein Staatchef der DDR die Bundesrepublik
und wurde mit allen protokollarischen Ehren, die dem Oberhaupt
eines souveränen Staates nach internationalen Gepflogenheiten
zustehen, empfangen.

Es hat lange gedauert, fast 38 Jahre. Um die Strecke zu ermes-
sen, die wir durchschritten, die Veränderungen, die sich vollzogen haben, muß man sich erinnern an das, was 1949 westlich unseres jungen Staates erklärt wurde. Fast zu jedem Jahrestag der

DDR, und wer länger hier ist, weiß das, zitiere ich sie, diese hämischen, großkotzigen, haßerfüllten Stimmen. Die Erinnerung an sie, vor dem Hintergrund des BRD-Besuches Erich Honeckers, kann beredter sein als lange wissenschaftliche Abhandlungen.

Jakob Kaiser, Minister für sogenannte gesamtdeutsche Fragen in der BRD, erklärte 1949 auf einer Pressekonferenz: »Für das ostzonale Staatsgebilde sehe ich keine Entwicklungsmöglichkeiten.« Und die »Ruhrnachrichten« prophezeiten: »Diese sogenannte DDR ... wird das Jahr 1950 kaum er-, geschweige denn überleben.«

Fast 38 Jahre später betritt der höchste Repräsentant des seinerzeit fast schon totgesagten deutschen Staates den ausgerollten roten Teppich auf dem Boden der BRD, begrüßt von den offiziellen Vertretern der Regierung und den Staatsflaggen der DDR und der BRD, schreitet die Ehrenformation des Wachbataillons Bonn der Bundeswehr, angetreten mit präsentiertem Gewehr, ab und begibt sich zum Mercedes 600, der den Stander der DDR führt. Die Staatshymne erklang später, bei der offiziellen Begrüßung durch den Bundeskanzler, angehört von Kohl mit deutlichem Unbehagen, von Honecker mit verständlicher innerer Bewegung. Wie oft waren doch in der BRD in den vergangenen Jahrzehnten das Abspielen der Hymne bundespolizeilich untersagt, die Staatsflagge gewaltsam vom Mast geholt worden.

1987 war es doch schon ein wenig anders. Die bundesdeutsche Prominenz überbot sich förmlich in den protokollarischen Ehrenbezeugungen. Den Vogel schoß kein anderer als Franz Joseph Strauß ab, der die meisten Kräder, 15 an der Zahl, zur Begleitung des Wagens Erich Honeckers aufgeboten hatte, und nicht nur auf dem Flughafen und vor der Residenz des Gastes, sondern entlang aller Straßen zur bayrischen Staatskanzlei die Staatsflagge der DDR hissen ließ. Wie haben sich die Zeiten doch geändert!

Der ehemalige BRD-Außenminister Brentano erklärte zu Beginn der 50er Jahre: »Wir werden alles und das letzte unternehmen, ich sage ausdrücklich: alles und das letzte, um die sowjetische Besatzungszone wieder zurückzuholen.« Sein Nachfolger Genscher verhandelte während des Honecker-Besuches erstmals auf dem Boden der BRD mit unserem Außenminister Fischer. Bundespräsident Weizsäcker erklärte in seiner Rede: »Fehl am

Platze wären Streit und Vorwürfe unter uns über die Vergangenheit. Wir leben in zwei Staaten, die voneinander unabhängig sind.« Und im Gemeinsamen Kommunique heißt es ausdrücklich, daß beide Seiten die Unabhängigkeit und Selbständigkeit jedes der beiden Staaten in seinen inneren und äußeren Angelegenheiten respektieren. Es hat nicht so recht geklappt mit dem Zurückholen der sowjetischen Besatzungszone!

Ein letztes Zitat: 1952 behauptete der BRD-Kanzler Adenauer, daß »17 Millionen deutscher Brüder und Schwestern verurteilt sind ... ihr kärgliches Leben zu fristen ... das Land wird ausgepowert, so daß das gesamte Gebiet immer mehr verödet und verelendet«. Heute spricht sein Nachfolger Kohl vom gegenseitigen Nutzen der ökonomischen Zusammenarbeit mit der DDR. Und einer der führenden Vertreter des BRD-Monopolkapitals, der Präsident des Deutschen Industrie- und Handelstages, heißt den Vorsitzenden des Staatsrates der DDR nicht nur sehr herzlich willkommen, sondern dankt ihm aufrichtig, daß er sich im Rahmen seines dicht gedrängten Programms Zeit für eine Begegnung mit der BRD-Wirtschaft genommen hat. Und namhaft war die Wirtschaft der BRD schon vertreten, aber natürlich auch die Kombinate der DDR, die allen bösen Voraussagen zum Trotz alles andere als »verödet und verelendet« sind.

Die Zeiten haben sich geändert, die Realitäten haben sich durchgesetzt. Gerade zum Jahrestag der Republik tut es gut, sich daran zu erinnern. Aber not tut auch, nicht zu vergessen, daß die Kohl und Strauß und die Mehrheit derer, die sich in der »Villa Hügel« versammelten, nicht unsere Freunde geworden sind. Die Krupps mögen die Krauses noch immer nicht. Wenn sie könnten, würden sie unserer sozialistischen Ordnung lieber heute als morgen das Lebenslicht ausblasen, die DDR einverleiben.

Daraus haben sie auch während des Besuches von Erich Honecker keinen Hehl gemacht. Wie seine Vorgänger berief sich Kohl auf das westdeutsche Grundgesetz und rief dazu auf, »die Einheit und Freiheit Deutschlands zu vollenden«. »Das ist unser Ziel«, sagte er wörtlich. Und Strauß, obwohl in nicht wenigen Fragen Realpolitiker, erklärte an allen Realitäten vorbei, daß das »Deutsche Reich ... juristisch nicht untergegangen« sei. Honecker hat sich durch solche, gelinde gesagt, unvernünftigen Äußerungen nicht aus dem Friedenskonzept bringen lassen. Sachlich und sehr bestimmt hat er jedoch festgestellt: »Dauerhafte gute Nachbarschaft verlangt, die Realitäten zu respektieren ... Es ist sinnlos und gefährlich, dem schmachvoll untergegangenen ›Deutschen Reich‹ nachzutrauern. Beide deutsche Staaten müssen miteinander friedlich leben, so wie es zwischen souveränen Staaten üblich ist.«

Diese Position hat weltweit, und gerade auch in unserem Gastland, Anerkennung und Zustimmung gefunden; im Gegensatz zu der von Kohl strapazierten Formel von der noch offenen deutschen Frage, deren Lösung, wie er deutlich bedauernd hinzufügte, zur Zeit nicht auf der Tagesordnung stehe. Dahinter verbirgt sich im Kern nichts anderes als die Wiederholung einer Erklärung der »Frankfurter Allgemeinen« zu Beginn der 70er Jahre. Das Sprachrohr des BRD Großkapitals hatte damals erklärt, daß »die Beseitigung der ... sozialistischen Gesellschaft in der DDR eine aufgeschobene, aber nicht aufgehobene Sache ist«. Das sollten wir nie aus dem Auge verlieren. Wir empfinden Freude über den Erfolg des BRD-Besuches unseres Generalsekretärs. Doch zu keiner Stunde werden wir außer Acht lassen, mit wem wir es zu tun haben. Niemals, und schon gar nicht an einem Jahrestag unseres Staates, vergessen wir die Taten unserer Gegner in der Vergangenheit und ihre nicht wenigen bösen Absichten für die Zukunft.

Die DDR lebt mit kräftigem Pulsschlag. Ihr Ansehen ist von Jahr zu Jahr gewachsen. Auch in Jugoslawien, was nicht immer so war. Aber wir sind nicht nachtragend, zumal auch wir in unseren Beurteilungen nicht immer fehlerfrei waren. Ein sehr namhafter führender Staatsfunktionär der SFRJ hat ganz unlängst in einem Gespräch über die Entwicklung der DDR zu mir gesagt: »Was ihr in den letzten Jahrzehnten erreicht habt, da kann man nur den Hut ziehen.« Wenn unserer Republik sehr freundlich gesonnene Partner das sagen, dann ist man fast geneigt, ein wenig abzuwiegeln. Bei allem Stolz über das Vollbrachte verlieren wir doch das noch zu Vollbringende nicht aus den Augen. Bei aller Freude über die erfolgreiche Bilanz unseres Staates übersehen wir doch nicht, daß in der Produktionssphäre und in dem Bereich, den man den ideologischen nennt, noch viel zu tun bleibt, daß noch viel Mühe und Schweiß erforderlich sind, um unsere Ideale voll zu verwirklichen.

Wenn also uns Wohlgesonnene ihren Hut vor den großen Leistungen unserer 38jährigen Republik ziehen, verfallen wir nicht in Selbstzufriedenheit; dann grüßen wir freundlich zurück und ziehen weiter auf unserer Straße, wissend, daß noch so mancher Stein aus dem Wege geräumt werden muß, fest überzeugt, daß sie weiter bergan, nach oben führt.

Unser Kollektiv, das Kollektiv der Bürger und Kommunisten der DDR in Jugoslawien, zieht mit, mit Leistungen, die auch zukünftig unserer guten Sache dienen.

Gute Wünsche und trügerische Hoffnungen

Abschiedsworte auf dem Cocktail für das CD
am 7. März 1988

Liebe Kollegen, Damen und Freunde!
Liebe Violetta, lieber Stefan Staikov!
Im Namen von Evelyn und in meinem eigenen Namen Ihnen allen noch einmal ein herzliches Willkommen in der Botschaft der DDR und herzlichen Dank für Ihr Erscheinen.

Dir, lieber Stefan, herzlichen Dank für Deine kameradschaftlichen Abschiedsworte, die uns stark berühren. Ich bin vor Dir nach Belgrad gekommen, und so ist es nur richtig, daß ich vor Dir gehe und Dir die Möglichkeit gebe, von mir das in letzter Zeit heiß begehrte Amt des Doyen des CD in Belgrad zu übernehmen.

Freunde!
Obwohl ich heute ein Papier in Englich vorbereitet habe, habe ich nicht die Absicht, eine längere zusammenhängende Abschiedsrede zu halten, in der man in der Regel Originelles, aber zwangsläufig auch Genormtes sagt, etwa im Stile: »Die Welt ist klein, und wir werden uns sicherlich wiedersehen«, oder »Kommt in die oder die Stadt, unsere Wohnung ist stets offen.«

Nein, heute heißt es, Abschied zu nehmen von guten Kollegen, engen Freunden, die man, von Ausnahmen abgesehen, nicht mehr wiedersehen wird. Das ist die Realität, über die man sich nicht hinwegtäuschen sollte.

Hier also keine Rede, sondern nur wenige Bemerkungen:

Die Doyens und Vizedoyens kommen und gehen, aber das Diplomatische Korps in Belgrad bleibt bestehen. Evelyn und ich werden dieses CD in guter Erinnerung behalten, in vielerlei Hinsicht war es unsere Belgrader Großfamilie. Das CD ist geteilt in viele Gruppen – in die der Botschafter der afrikanischen, der asiatischen, der lateinamerikanischen, der westeuropäischen, der sozialistischen, der arabischen und vieler anderer Länder und Gruppierungen, und, wie Sie wissen, haben sie alle ihre eigenen inoffiziellen Doyens und Vizedoyens. Aber ungeachtet aller Teilungen herrscht eine Atmossphäre des gegenseitigen Respektes, der freundschaftlichen Gemeinsamkeit und des gemeinsamen Strebens, die Zusammenarbeit mit Jugoslawien zu entwickeln und zur Friedenssicherung beizutragen.

Zweitens, Evelyn und ich, wir freuen uns auf die Rückkehr in unsere Heimat, und wir verlassen Jugoslawien schweren Herzens. Ursache für Freude und Abschiedsschmerz liegen in der Zahl »14«, denn mit dem jetzt zu Ende gehenden Einsatz sind es insgesamt 14 Jahre, die wir in Belgrad verbracht haben. Nebenbei bemerkt: Wir sind insgesamt inzwischen so lange in Jugoslawien, daß ein hoher jugoslawischer Funktionär, den ich seit mehr als einem Jahrzehnt kenne – auch als ich in früherer Funktion noch Geschäftsträger a. i. war – mich kürzlich fragte, ob ich denn in Jugoslawien Botschafter auf Lebenszeit (»doživotni ambasador«, wie er sagte) sei? Also, es wurde schon Zeit, die Koffer zu packen.

Drittens, Evelyn und ich, wir verlassen das Belgrader CD mit einem Gefühl des aufrichtigen Dankes, und natürlich nicht nur für das Abschiedsgeschenk – ein Bild von Gvozdenović, das leider schon verpackt werden mußte –, sondern für die Kollegialität und Freundschaft, die uns stets und von allen Seiten entgegengebracht wurden.

Liebe Kollegen, Freunde!

Wir leben in einer schnellebigen Zeit. Sie vergeht wahrlich wie im Fluge, aber Erinnerungen bleiben. Am Ende einer diplomatischen Mission denkt man unwillkürlich häufig an die Zeit ihres Beginns. Dabei erinnere ich mich auch gern des damaligen Doyens, den viele von Ihnen nicht kennen. Er war der Botschafter eines kleinen europäischen Landes mit weltweiten, nicht nur religiösen Aktivitäten. Er sprach viele Sprachen, seine Abschiedsreden für scheidende Botschafter waren geistreich, geschliffen, sehr, sehr lang und für so manchen keineswegs langweilig. Für mich hatten sie nur einen Fehler: Sie wurden ausgerechnet in einer Sprache gehalten, die ich so gut wie nicht verstand. Wenn die verstehenden Kollegen lachten, habe ich mitgelacht, und wenn sie Beifall spendeten, habe ich selbstverständlich mit applaudiert. Aber schon damals hatte ich den Wunsch, daß möglichst viele Abschiedsworte, Dank und gute Wünsche verstehen.

Deshalb noch einmal kurz, auch im Namen Evelyns:

Herzlichen Dank für die Freundschaft und Zusammenarbeit auf dem Boden Jugoslawiens, das wir achten und lieben, dem wir die schnelle Überwindung seiner Probleme wünschen und von dessem weiteren Erblühen wir überzeugt sind.

Herzlichen Dank an die große Gruppe der Botschafter und ihrer Frauen aus Lateinamerika und aus den vielen Ländern, mit denen wir Spanisch sprechen konnten. Wir wünschen Ihnen Glück und Gesundheit, Erfolg in Ihrer Arbeit für Frieden, Fortschritt und nationale Würde.

Wenn wir uns auf russisch bedanken, dann richte ich diese Worte nicht nur an die Vertreter der sozialistischen Staaten. Russisch ist eine Weltsprache, und mit ihrer Hilfe haben wir den Kontakt zu vielen Freunden im CD unterhalten. Freunde, Genossen, noch einmal herzlichen Dank für die Unterstützung und Zusammenarbeit, Euch allen alles, alles Gute für die Zukunft.

Sehr herzlich danken wir den Freunden und Kollegen, mit denen wir in unserer Muttersprache sprechen konnten. Leider ist diese Gruppe im CD nicht die größte. Aber unsere guten Wünsche kommen deshalb nicht weniger von ganzem Herzen. Gerade mit ihnen, die vor allem in Mitteleuropa beheimatet sind, wollen wir dazu beitragen, das viel zitierte europäische Haus stabil zu gestalten, damit in ihm Frieden und Zusammenarbeit gedeihen.

Euch allen, liebe Freunde, noch einmal herzlichen Dank. Wir wünschen Euch Glück, Erfolg und Gesundheit. Wir sind sicher, daß das CD in Belgrad, eine der Metropolen der Bewegung der Nichtpaktgebundenheit, auch zukünftig für internationale Verständigung und Kooperation wirken wird.

KAPITEL 4

Fragen über Fragen

In einer seiner wunderbaren Reden hat Altpräsident Roman Herzog erklärt, daß niemand den demokratischen Reifetest bestanden hat, der der DDR-Diktatur noch etwas Positives abgewinnt. Ginge es nach ihm, dann müßte ich mich folglich, um meine Reife als Demokrat unter Beweis zu stellen, schnell und unwiderruflich von all dem distanzieren, was ich einst an Positiven über mein dahingegangenes Land, über seine Politik nach innen und außen gesagt und geschrieben habe. Mehr noch: Eigentlich müßte ich mich schämen, die DDR vertreten zu haben.

Natürlich, wenn ich die damaligen Reden mit dem zeitlichen Abstand von 10 bis 15 Jahren, mit dem Wissen und den Erkenntnissen von heute betrachte, dann kann selbst ich mir ein Lächeln über so manche pathetische Formulierung, über naive Siegesgewißheit, rituelle Sprachformeln nicht verkneifen. Und selbst das Lächeln vergeht mir, wenn ich darüber nachdenke, was ich in meinen Lobreden über die DDR nicht gesagt, weil nicht oder nicht bis zum Ende gedacht habe. Jetzt aber geht es erst einmal um das Gesagte, weil so Gedachte.

Soll ich mir also reumütig an die Brust schlagen, weil ich seiner Zeit über die DDR gesagt habe, daß »aus dem ob der Nazigreuel verhaßten und geächteten Teilgebiet Deutschlands ein geachteter, hochgeschätzter Staat der Kultur, des Humanismus und des Friedens entstanden (ist)?«

Muß ich nachträglich davon abrücken, daß ich im Mai 1985 nicht, wie in der Bundesrepublik üblich, vom 40. Jahrestag der Kapitulation der deutschen Armee, sondern von dem »des Sieges über den Hitlerfaschismus und der Befreiung des deutschen Volkes vom Faschismus« gesprochen habe?

Habe ich zu bereuen, daß ich einigen Jugendweihlingen 1986 – heute muß ich sagen fälschlicherweise – verhieß, ihnen sei »gesichert, wovon in früheren Jahrhunderten nur die utopischen Sozialisten zu träumen wagten: gleiche Rechte und Chancen für alle, frei die eigenen Fähigkeiten und Talente entfalten zu können, ohne Furcht vor Arbeitslosigkeit, sozialem Abstieg, Not und Armut zu leben?«

Soll ich mich dafür schämen, daß ich versucht habe, am Beispiel des Friedrich Karl Flick den jungen Menschen das »fast abgedroschen klingende Wort ›Klassenstandpunkt‹« nahezubringen?

Hat es mir heute etwa genierlich zu sein, nach dem Besuch Erich Honeckers in Bonn daran erinnert zu haben, daß die »bundesdeutsche Prominenz sich förmlich in den protokollarischen Ehrenbezeugungen überbot« und Franz Joseph Strauß und der Freistaat Bayern dabei den Vogel abschossen?

Soll ich etwa Reue zeigen, daß ich auf dem Höhepunkt des deutsch-deutschen Normalisierungsjubels an die Worte der »Frankfurter Allgemeinen« zu Beginn der 70er Jahre erinnerte, wonach »die Beseitigung der ... sozialistischen Gesellschaft in der DDR eine aufgeschobene, aber nicht aufgehobene Sache ist«, und hinzufügte, daß wir »die Taten unserer Gegner in der Vergangenheit und ihrer nicht weniger bösen Absichten für die Zukunft« niemals vergessen?

Ist eine Entschuldigung dafür fällig, daß ich auf einem Empfang während der Winterolympiade in Sarajewo in Anwesenheit des IOC-Präsidenten, hoher Repräsentanten Jugoslawiens und der Sportführung aus Berlin die großartigen Leistungen der DDR-Nationalmannschaft gewürdigt habe, da heutzutage in der Bundesrepublik versucht wird, erlittene sportliche Niederlagen mit sogenannten Dopingprozessen im nachhinein in politische Siege zu verkehren?

Muß ich Abbitte dafür tun, daß ich vor den Mitgliedern des Präsidiums der jugoslawischen Vereinigung der Kämpfer des Volksbefreiungskrieges erklärt habe, daß sich das Volk der DDR »tief vor den unvergeßlichen Opfern, die die Völker Jugoslawiens für die nationale und soziale Freiheit, die Unabhängigkeit ihrer Heimat und damit auch für die Befreiung Europas vom faschistischen Joch gebracht haben, verneigt?«

Die halbe Wahrheit

Weder ein Ex-Präsident noch die vielen anderen, die mich und meinesgleichen im Büßerhemd, in Sack und Asche gehen sehen möchten, können mich dazu zwingen, meine eigene Biographie umzuschreiben, der DDR, die 41 Jahre meine Heimat war nur Schlechtes und nichts Gutes zuzuschreiben. Gern will ich so auch in Kauf nehmen, daß ich mit einer solchen Haltung von Herzog und den Seinigen nicht die hohen Weihen eines geläuterten Ostdeutschen erhalten kann.

Sei's drum! Ein Trost ist mir, daß ich nicht allein bin. Es gibt auch andere Ostdeutsche, neue Bundesbürger, die trotz aller Bemühungen von Roman Herzog und Theodor Waigel, Arnold Vaatz und Richard Schröder, Rainer Eppelmann und Joachim Gauck, Wolfgang Schäuble und Angela Merkel, trotz unbestreitbarem Vereinigungszugewinn an politischen und individuellen Freiheiten und Rechten, an langentbehrten freien Reisemöglichkeiten sowie überreichem Angebot an Waren und Dienstleistungen, trotz rekonstruierter Stadtzentren, vieler leuchtender Häuserfassaden, geschmackvoll sanierter Plattenbauten, eleganter Wohnparks, schmucker Einfamilienhäuser, empfangsbereiter Hotels und einladender Gaststätten, instandgesetzter und ausgebauter Autobahnen und des modernsten Telekommunikationssystems in Europa der DDR noch immer Positives abgewinnen. All diese hat Herzog, der sich so gern ob seiner Bürgernähe und Volkstümlichkeit rühmen ließ, mit seinem großen und gelassen ausgesprochenen Wort durch die demokratische Reifeprüfung fallen lassen. Und es sind nicht wenige.

Immerhin meinten schon 1992 zwischen 70 und 80 Prozent befragter Ostdeutscher, daß die sozialen Leistungen in der DDR in vielem besser als jene in der Bundesrepublik gewesen seien und es verdient hätten, ins neue System übernommen zu werden. Drei Jahre später war das Ergebnis noch aufschlußreicher. Eine überwiegende Mehrheit der Ostdeutschen hielt die DDR auf sieben von neun Gebieten – bei der Gewährleistung von sozialer Sicherheit und der Gleichberechtigung der Frau, in der Schulbildung, Berufsausbildung und im Gesundheitswesen, bei der Versorgung mit Wohnungen und beim Schutz vor Verbrechen –

für überlegen. Mit großem Abstand unterlegen war sie dagegen im Hinblick auf die Entwicklung von Wissenschaft und Technik sowie auf den materiellen Lebensstandard. Nach Kultur und Sport wurde nicht gefragt. 79 Prozent hielten die Idee des Sozialismus für gut, 89 Prozent schätzten ein, daß der Zusammenhalt der Menschen untereinander stärker war als in der Bundesrepublik, und 97 Prozent waren der Überzeugung, daß über das Leben in der DDR nur der urteilen kann, der selbst dort gelebt hat.

Als der Altpräsident seine Prüfungskriterien aufstellte, waren diese Angaben bereits veröffentlicht. Inzwischen haben sie sich noch verfestigt. Je hämischer und giftiger die gesellschaftliche Wirklichkeit des untergegangenen Staates entstellt wird, desto klarer erkennen viele Ostdeutsche, daß damit auch ihr eigenes Leben verzerrt und ihre Leistungen entwertet werden. Je kategorischer die Aufforderung, sich endgültig von der DDR loszusagen, sie ein für alle Mal als politischen Unrechts- und ökonomischen Bankrottstaat zu betrachten, desto stärker der Widerstand gegen diese Art geistiger Bevormundung. Tatsachen, zudem im eigenen Leben selbst erfahrene, sind nicht wegzuleugnen. Nichts kann sie aus der Welt schaffen – weder präsidiale Weisung und Auftragsgeschichtsschreibung durch parlamentarische Kommissionen noch Nostalgievorwürfe aus unterschiedlichsten Richtungen. Es bleibt nun einmal eine geschichtliche Tatsache, daß die DDR aufgrund ihrer wirtschaftlichen, sozialen und kulturellen Leistungen, ihrer verläßlichen Friedenspolitik und Mitwirkung an der Gestaltung des europäischen Vertragswerkes der 70er Jahre, an der Eindämmung internationaler Spannungen und der Abrüstungsbemühungen weit über Europas Grenzen hinaus Sympathien und Ansehen genoß. Mehr noch: Hinsichtlich verwirklichter sozialer Grundrechte, des Rechtes auf Arbeit und soziale Sicherheit, Bildung und berufliche Ausbildung, Wohnraum und Gesundheitsfürsorge, Gleichberechtigung der Frau, des Rechtes auf ein Leben in Frieden und Sicherheit nahm sie im Vergleich zu allen anderen Staaten der Erde einen vorderen Platz ein.

Leider ist das nur die halbe Wahrheit. Sie läßt die Frage unbeantwortet, weshalb denn die DDR, wenn ihre Leistungen auf nicht wenigen Gebieten, so ansehnlich waren, so rasend schnell das Zeitliche gesegnet hat? Antworten darauf gibt es wie Sand am Meer.

Ursachenforschung

Einige, allerdings bilden sie eine verschwindende Minderheit, zu der auch Erich Honecker zählte, sehen eine der Ursachen für den schnellen Untergang im Verrat in den eigenen Reihen, im Wirken der »Drahtzieher der Wende«, im Ruf nach mehr Demokratie von Seiten der demokratischen Sozialisten , die »dazu beitrugen, die DDR in den Abgrund zu stürzen«,[12] in den Beschlüssen des 10. Plenums des ZK der SED, mit denen der »bewährte Steuermann« und einige seiner engsten Mitstreiter im Herbst 1989 abgelöst wurden. Daß das blanker Unsinn ist, braucht nicht einmal näher erläutert zu werden. Jeder weiß, daß das Staatsschiff in aufgewühlter See auf felsiges Ufer zutrieb und zu zerschellen drohte, wenn auf der Kommandobrücke nicht schleunigst ein Wechsel vollzogen und eine Kursänderung versucht worden wäre.

Andere gar meinen, wenn der Staatsratsvorsitzende und Generalsekretär im Juli des schicksalhaften Jahres in Bukarest während der Tagung des Politischen Beratenden Ausschusses des Warschauer Vertrages keine Gallenkolik bekommen und anschließend nicht so schwer und lange krank daniedergelegen hätte, so daß er die Partei- und Staatsgeschäfte auch nach seiner Genesung kurz vor dem 40. Republiks-Jubiläum nicht mehr mit voller Kraft wieder aufnehmen konnte, wäre vieles anders gekommen. Die so denken, wollen die DDR und den Chef der Partei- und Staatsführung entlasten, vergessen aber dabei, daß das politische System eines Landes schon ziemlich morsch sein muß, wenn die Erkrankung einer Person, und sei es der ersten, zum Staatsinfarkt führt.

Was die einen an einer Person festmachen wollen, versuchen andere ökonomisch zu erklären. Nach ihrer Überzeugung besteht die Hauptursache für den Untergang der DDR darin, daß sie total überschuldet, schlicht und einfach pleite gewesen sei. Aus dieser Sicht betrachtet, war es vom Staatsbankrott zur Staatsliquidation nur noch ein kurzer Schritt. Würde diese Betrachtungsweise stimmen, dann müßten bei der UNO am East River in New York in vielen Länderbüros die Lichter ausgehen, mindestens vier Fünftel aller Staaten der Erde sind hoffnungslos verschuldet.

---

12   Siehe Erich Honecker: Zu dramatischen Ereignissen, Hamburg 1992, S. 9

Ganz abgesehen davon, daß der untergegangene ostdeutsche Staat zu keiner Stunde zahlungunfähig war.

Weit verbreitet ist noch immer die These, daß der Verrat Gorbatschows an den teuren deutschen Freunden und Genossen dem westlichen Vorposten des Sozialismus den Todesstoß versetzt hat. Natürlich ist die DDR von Michail Sergejewitsch Gorbatschow und Eduard Schewardnadse und einigen ihrer Beratern im Außenministerium für ein Linsengericht von einigen Milliarden DM verkauft worden; der Märchenerzähler aus dem Kaukasus, Eduard Schewardnadse, der einst Leonid Breshnew in den Himmel hob und später zum schärfsten Kritiker der Breshnewschen Stagnationsperiode wurde, hat sich Jahre danach wiederholt öffentlich mit der planmäßigen Aufgabe des ostdeutschen Bundesgenossen gebrüstet. Wenn Hans Modrow in seinem »Perestroika«-Buch meint, es sei »billig von Verrat zu reden« und »die DDR und die anderen sozialistischen Länder sind von Moskau nicht schlechthin verraten oder verkauft worden«, die »Führungsmacht hat es lediglich unterlassen, sich konsequent und beharrlich hinter sie zu stellen und mit Nachdruck deren Interessen – die letztlich auch ihre eigenen waren – zu vertreten«[13], so ehrt das den (vor)letzten Ministerpräsidenten der DDR, einen wesentlichen Unterschied macht es nicht.

Schmählicher Verrat oder sträfliche Unterlassung – ausschlaggebend für den Untergang des realsozialistischen deutschen Staates waren weder das eine noch das andere. Auch seine zeitweilige Fortexistenz hätte den Niedergang und Zerfall der Sowjetunion nicht aufgehalten, was wiederum fatale Auswirkungen auf die DDR haben mußte. Nicht zu Unrecht hatte die SED in all ihren wichtigen außenpolitischen Konzeptionen und Beschlüssen bis zum Überdruß unterstrichen, daß »die feste Verankerung in der sozialistischen Staatengemeinschaft« eine unabdingbare Existenzbedingung des sozialistischen Staates auf deutschem Boden sei. Als die Gemeinschaft zusammenfiel, wozu auch die Fehlentwicklungen zwischen Oder und Elbe beitrugen, und der Anker brach, war auch das Schicksal der DDR besiegelt, unabhängig davon, ob mit oder ohne Moskauer Verrat.

---

13   Hans Modrow: Die Perestroika – wie ich sie sehe, Berlin 1998, S. 121

Unter einigen von denen, die den Verratsvorwur[f] [dem]
Kreml rigoros zurückweisen, ist die Meinung anzutreffer[n]
DDR deshalb implodierte, weil sie es Mitte der 80er Jah[re]
säumte, sich der Politik der Perestroika und Glasnost anzuschließen. So zu spät gekommen, sei sie vom Leben, wie Michail Sergejewitsch so treffend prophezeite, bestraft worden, gewissermaßen mit der Höchst- also der Todesstrafe. Offenkundig handelt
es sich hierbei um einen besonders irrigen Erklärungsversuch,
denn unter den spezifischen deutschen Bedingungen der Existenz
eines bereits stark geschwächten realsozialistischen und eines
starken imperialistischen deutschen Staates hätte die Übernahme
der »Katastroika«, wie Alexander Sinowjew die Politik der Glasnost und der Umgestaltung à la Gorbatschow bezeichnete[14], Niedergang und Agonie der DDR nur noch beschleunigt. Unter diesen Umständen wäre der Bonner Kanzler sehr wahrscheinlich
noch viel früher nach Dresden gefahren, um sich die »Wir-sind
ein Volk«-Rufe der sächsisch-bayrischen Demonstranten anzuhö-
ren. Zu guter Letzt hätten wir konstatieren müssen: Wer früher zu
spät kommt, kommt immer noch zu spät. Die Krankheit der DDR
und aller osteuropäischen Länder hatte tiefer gehende Ursachen
und war weiter fortgeschritten, als daß sie mit einer hektischen
Notbehandlung, die eher Kurpfuscherei denn solide Therapie war,
Mitte der 80er Jahre noch hätte geheilt werden können.

Schließlich, und nicht zuletzt, wird der Untergang des sozialistischen deutschen Staates auf das Wirken der inneren und äußeren Konterrevolution – ein Wort, das zur Wendezeit mit einem
strikten Tabu belegt war – zurückgeführt. Einige Momente scheinen für diese Erklärung zu sprechen: Die DDR war in der zweiten
Hälfte der 80er Jahre in eine schwere gesellschaftliche Krise geraten. Schritt für Schritt bildete sich eine Situation heraus, die
man, ganz abhängig vom jeweiligen Standpunkt, als eine
»revolutionäre« oder als eine »konterrevolutionäre« bewerten
konnte. Die bekannte Leninsche Definition, für erstere gedacht,
traf auch für die zweite zu: »Damit es zur Revolution kommt, ge-
nügt es in der Regel nicht, daß die ›unteren Schichten‹ in der al-

14 Siehe Alexander Sinowjew: Katastroika, Gorbatschows Potemkinsche
Dörfer, Frankfurt/Main/Berlin 1988

en Weise ›nicht leben wollen‹, es ist noch erforderlich, daß die ›oberen Schichten‹ in der alten Weise ›nicht leben können‹.«[15]

Zunutze machten sich diese Situation die Herrschenden in der Bundesrepublik Deutschland, die den ungeliebten Nachbarn schon immer den Garaus machen wollten, und die Kräfte in der DDR, die innerhalb der vielschichtigen Bürgerrechtsbewegungen auf den Sturz des realsozialistischen Systems hinarbeiteten. Es ist gewiß kein Zufall, daß sich ein Teil der sogenannten Bürgerrechtler, der angeblich für eine bessere DDR angetreten war, noch 1990 (Wolfgang Schnur, Hans-Wilhelm Ebeling, Rainer Eppelmann u. a.) und später (Vera Wollenberger geb. Lengsfeld, jetzt wieder Lengsfeld, Günter Nooke, Angelika Barbe u. a.) in die Arme der CDU stürzte und sich in seinem Antikommunismus und Haß auf die DDR von niemand übertreffen ließ. Die Rolle von bundesdeutschen Parteien und Medien, insbesondere des Fernsehens, in der Wendezeit ist bekannt, die der bundesdeutschen Geheimdienste wird man erst dann zur Gänze beurteilen können, wenn eines Tages ihre Akten, falls sie nicht vorher vernichtet werden, geöffnet sind.

Wie dem auch sei: Das unrühmliche Ende des ostdeutschen Staates ist nicht auf ein Zusammenspiel konterrevolutionärer innerer und äußerer Kräfte zurückzuführen. Die Konterrevolution hat die DDR nicht zum Einsturz gebracht, gesiegt hat sie allerdings – der in Ostdeutschland nach dem Anschluß vollzogene Wechsel der Eigentumsordnung, die Ausmerzung der Elemente und Ansätze einer sozialistischen Entwicklung und die Restauration privatkapitalistischer Produktionsverhältnisse lassen daran keinen Zweifel.

Letztlich ist die DDR nicht an den in den verschiedenen Erklärungsmustern genannten Faktoren zugrunde gegangen, obwohl einige von ihnen daran mehr oder weniger großen Anteil hatten und zumindest beschleunigend wirkten.

Gescheitert ist sie vor allem an ihren eigenen Fehlern, Irrwegen, Versäumnissen und Deformationen, die – auch wenn sie mit den in den anderen ost- und mitteleuropäischen Ländern wesensgleich waren – eigenständigen Charakter und selbstzerstörerische Kraft hatten.

---

15   W. I. Lenin: Werke, Berlin 1968, Bd. 21, S. 206

Schwerwiegende Systemdefekte

Gescheitert ist die DDR an zwei eng miteinander verflochtenen, sich gegenseitig beeinflussenden Grundübeln: an der Unfähigkeit, wahrhaft sozialistische Gesellschaftsverhältnisse bei der Verfügung über das vergesellschaftete Eigentum zu schaffen sowie an unterentwickelter Demokratie. Es ist uns nicht gelungen, das Eigentum an Produktionsmitteln so zu vergesellschaften, daß sich die Produzenten als wahrhafte Eigentümer fühlten und solche modernen Produktionsverhältnisse entstanden, die ein materielles und geistiges Leben gemäß den selbstgestellten sozialistischen Maßstäben und eine ökonomische und ökologische Überlegenheit über die westlichen kapitalistischen Industriestaaten gesichert hätten. Wir vermochten es nicht, umfassende demokratische Strukturen und Mechanismen zu entwickeln und Sozialismus und Demokratie dauerhaft miteinander zu verbinden. Das Fehlen demokratischer Schutzmechanismen gegen Unfähigkeit und Ignoranz, Lebensferne und Illusionismus, Unrecht und Arroganz der Macht unterhöhlte das Gefüge von Staat und Gesellschaft und ließ es letztlich wie ein Kartenhaus zusammenbrechen.

Daß es mit der Vergesellschaftung des Eigentums an Produktionsmitteln und dem Eigentümerbewußtsein der Produzenten im Sozialismus, die wir mit Vorliebe als Werktätige bezeichneten, nicht zum besten stand, war mir und meinen Kommilitonen schon während des Studiums am Moskauer Institut für internationale Beziehungen in der zweiten Hälfte der 50er Jahre aufgefallen. Der Unterschied zwischen der im Fach »Geschichte der KPdSU« gelehrten und gelernten Theorie und dem häufig laxen, ja verantwortungslosen Umgang mit dem Volkseigentum seitens der Eigentümer war schlechthin nicht zu übersehen. Voll zum Bewußtsein kam er mir Jahrzehnte danach, als es längst zu spät war.

Im Februar 1991 führte die noch junge Abgeordnetengruppe der PDS/Linke Liste im Deutschen Bundestag eine Aussprache mit ostdeutschen Betriebsratsvorsitzenden durch, an der ich als wissenschaftlicher Mitarbeiter von Hans Modrow teilnahm. Nicht alle, die zugesagt hatten, fanden den Weg in die 23. Etage des direkt am Rhein-Ufer gelegenen Bundeshauses. Bernd Henn, unser in Gewerkschaftsfragen erfahrener Abgeordneter, bedauerte, daß einige, z. B. vom Elektrokombinat Ost (EKO) und von Leuna, unter Druck der Treuhandanstalt abgesagt hatten. Doch eine ganze Reihe von Betriebsratsvorsitzenden bzw. Stellvertretern konnte er begrüßen, u. a. von der Interflug, von Bergmann-Borsig und Sternradio Berlin, vom KKW Stendal, von der Filmfabrik Wolfen und der Bau GmbH Eilenburg. Ihre Berichte ließen niemanden unberührt. Der Vertreter aus Wolfen teilte mit, daß von den 11.000 Werksangehörigen 9.200 auf »Kurzarbeit Null« gesetzt worden waren. Einzelne Betriebsteile sollten privatisiert werden, für den Stammbetrieb gab es keinerlei Konzept. Der Betriebsratsvorsitzende der Sächsischen Schrankenwerke Chemnitz schilderte, daß das Werk 1945 ein einziger Trümmerhaufen war. Die Arbeiter haben es wieder aufgebaut, jetzt verkaufe es die Treuhand, ohne es zu kennen und ohne die Belegschaft zu befragen. Noch 1989 hätten 1.070 Mitarbeiter vom Export in das NSW gelebt, jetzt seien sie perspektivlos. Zur Zeit würde eine Unmenge Geld für Nichtstun bezahlt, deshalb herrsche im Werk noch Ruhe. Der Betriebsrat sei sogar dafür, der SAAR AG den Betrieb zu schenken, wenn sie ihn nur am Leben erhalte. Die Berichte der anderen waren ähnlich. Alle wünschten sich wenigstens eine erfolgreiche Privatisierung.

Was für ein Wahnsinn, dachte ich. Noch nicht einmal ein Jahr war nach der Währungsunion vergangen, und schon waren die Arbeiter und Angestellten der ehemals volkseigenen Betriebe in solche existenzielle Not getrieben, daß sie händeringend nach einem rettenden Kapitalisten schrien. Alle Illusionen, auch meine eigenen, zerplatzen wie die berühmten Seifenblasen. Auch ich war jahrzehntelang davon überzeugt gewesen, daß die Arbeiter der DDR bei aller Kritik an Mißständen nie und nimmer bereit sein würden, ihre Betriebe den früheren Herren zurückzugeben. Es war mir unvorstellbar erschienen, daß sie sich nahezu widerstandslos alter Ausbeutung unterwerfen könnten. Schlagartig und endgültig wurde mir in dieser Aussprache klar, daß diese Überzeugung ein fundamentaler Irrtum, eigener politischer Blindheit geschuldet, gewesen war.

Wie in allen realsozialistischen Ländern hatten wir zwar, wie es schien, die politische Macht-, nicht aber die Eigentumsfrage gelöst. Zwar definierten Verfassung und zahlreiche Rechtsakte den Charakter des gesamtgesellschaftlichen Eigentums als Volkseigentum, als Eigentum aller Bürgerinnen und Bürger der DDR. Doch die gesellschaftliche Praxis entsprach nicht diesen Verfassungsnormen. Über das Volkseigentum verfügte nicht das Volk, sondern der Staat, die Plankommission, das Politbüro und am Schluß faktisch ein einziges Mitglied dieses Gremiums. Versuche, wie in Jugoslawien unternommen, dieses Verfügungsrecht durch Formen der Selbstverwaltung zumindest teilweise den unmittelbaren Produzenten zu übertragen, wurden verketzert.

Und ich selbst muß mir heute eingestehen, daß ich während meiner langen Zeit in Jugoslawien den scharfen kritischen Blick vor allem auf die Mängel der Selbstverwaltung – die Verletzung von ehernen Gesetzen zentraler Planung und Leitung der Volkswirtschaft, Gruppeneigentum und daraus resultierende ungerechte soziale Unterschiede, illoyale Konkurrenz zwischen einzelnen Betrieben und Regionen sowie Desintegrationserscheinungen – richtete, statt selbst tiefer und nicht nur oberflächlich über das Wesen der Selbstverwaltung, die Übergabe der nationalisierten Betriebe und Einrichtungen an die darin Beschäftigten, nachzudenken und mich einmal gründlich mit jenen Abschnitten im »Kapital« zu beschäftigen, in denen sich Karl Marx mit der künftigen »Assoziierung unmittelbarer Produzenten« als einer Übergangsform zu einer höheren Gesellschaftsformation auseinandersetzte.

Im Unterschied zu Jugoslawien fühlten sich die Arbeiter und Angestellten in den volkseigenen Betrieben der DDR nicht als Eigentümer, sie blieben vom Eigentum entfremdet wie eh und je, und schließlich war es ihnen ziemlich gleichgültig, ob sie, und so mußte es sich ihnen darstellen, für Dr. Mittag oder für Krupp arbeiteten. Daß es uns in 40 Jahren nicht gelungen war, wahre sozialistische Eigentumsbeziehungen herzustellen, daran ist der sozialistische Versuch gescheitert. Das ist die Ursache aller Ursachen, und die ungenügende wirtschaftliche Effizienz und selbst die großen Demokratiedefizite sind nur eine abgeleitete Folge dieses entscheidenden Versagens.

Bei der Suche nach einer neuen, besseren Sozialismuskonzeption, die immer noch in den Anfängen steckt, wird man nicht umhinkommen, den jugoslawischen Erfahrungen mit der Selbstverwaltung, auch wenn sie unter den spezifischen Bedingungen dieses Landes und eigener Unvollkommenheit letztlich nicht zu den gewünschten Ergebnissen führte, gebührende Aufmerksamkeit zu schenken.

Nie ist mir diese Tatsache so deutlich geworden, wie auf der Beratung mit den Betriebsratsvorsitzenden. Wir selbst haben eine geschichtliche Chance vertan und folglich kein Recht, unseren damaligen Gesprächspartnern in Bonn den historischen Rückmarsch vorzuwerfen.

Zugrunde ging die DDR an einem weiteren schwerwiegenden, mit dem bereits genannten eng verbundenen Systemdefekt, den niemand so gründlich, so anschaulich und so prophetisch wie Rosa Luxemburg formuliert hat: Sie war eine glühende Verteidigerin der Oktoberrevolution in Rußland. Auf die ersten Nachrichten über die Ereignisse in Petersburg reagierte sie so: »...Die herrlichen Dinge in Rußland wirken auf mich auch wie ein Lebenselexier. Das ist ja für uns alle eine Heilsbotschaft ... Unsere eigene Sache ist es, die dort siegt.«[16] Die Mitbegründerin der Spartakusgruppe und der Kommunistischen Partei Deutschlands hatte größtes Verständnis für die riesigen Schwierigkeiten, mit denen die im Entstehen begriffene Sowjetmacht unter den Bedingungen der Okkupation großer Teile Rußlands durch den deutschen Imperialismus konfrontiert war, was sie nicht daran hinderte, vor schwerwiegenden Fehlentwicklungen zu warnen: »Es hieße von Lenin und Genossen Übermenschliches verlangen, wollte man ihnen auch noch zumuten, unter solchen Umständen die schönste Demokratie, die vorbildlichste Diktatur des Proletariats und eine blühende sozialistische Wirtschaft hervorzuzaubern. Sie haben durch ihre entschlossene revolutionäre Haltung, ihre vorbildliche Tatkraft und ihre unverbrüchliche Treue dem internationalen Sozialismus wahrhaftig genug geleistet, was unter so verteufelt schwierigen Verhältnissen zu leisten war. Das Gefährliche beginnt dort, wo sie aus der Not die Tugend machen, ihre von diesen fatalen Bedingungen aufgezwungene Taktik nunmehr theoretisch in allen Stücken fixieren und dem internationalen (Proletariat) als das Muster der sozialistischen Taktik zur Nach-

---

16   Zit. nach Dokumentation: Bekenntnisse zum Roten Oktober, Einheit 10/11 1987, S. 1038

ahmung empfehlen wollen. Wie sie sich damit völlig unnötig im Lichte stehen und ihr wirkliches unbestreitbares historisches Verdienst unter den Scheffel notgedrungener Fehltritte stellen, so erweisen sie dem internationalen Sozialismus, dem zuliebe und um dessentwillen sie gestritten und gelitten, einen schlechten Dienst, wenn sie in seine Rüstkammer als neue Erkenntnisse all die von Not und Zwang in Rußland eingegebenen Schiefheiten eintragen wollen ...«[17]

Zu diesen »Schiefheiten« rechnete Rosa Luxemburg die Ersetzung der aus allgemeinen Volkswahlen hervorgegangenen Vertretungskörperschaften durch die Sowjets und die Abschaffung »der wichtigsten demokratischen Garantien eines gesunden öffentlichen Lebens«, um zu schreiben: »Ohne allgemeine Wahlen, ungehemmte Presse- und Versammlungsfreiheit, freien Meinungskampf erstirbt das Leben in jeder öffentlichen Institution, wird zum Scheinleben, in der die Bürokratie allein das tätige Element bleibt. Das öffentliche Leben schläft allmählich ein. Einige Dutzend Parteiführer von unerschöpflicher Energie und grenzenlosem Idealismus dirigieren und regieren, unter ihnen leitet in Wirklichkeit ein Dutzend hervorragender Köpfe, und eine Elite der Arbeiterschaft wird von Zeit zu Zeit zu Versammlungen aufgeboten, um den Reden der Führer Beifall zu klatschen, vorgelegten Resolutionen einstimmig zuzustimmen, im Grunde also eine Cliquenwirtschaft – eine Diktatur allerdings, aber nicht die Diktatur des Proletariats, sondern die Diktatur einer Handvoll Politiker, d. h. Diktatur im rein bürgerlichen Sinne ...«[18]

Mißachteter Anschauungsunterricht

Rosa Luxemburgs Warnung stammte aus dem Jahre 1918, fast 70 Jahre später nahm ich wie fast alle DDR-Botschafter als Gast am letzten ordentlichen Parteitag der SED teil. Zu dieser Zeit war mir die zitierte Passage aus den Aufzeichnungen über die russische Revolution nicht bekannt – diese Schrift, die Rosa Luxemburg im

---

17   Rosa Luxemburg: Gesammelte Werke, Berlin 1974, Bd. 4, S. 364
18   Ebd., S. 362

August/September 1918 im Breslauer Gefängnis schrieb, gehörte weder zur Pflichtliteratur beim Studium des Marxismus-Leninismus an der Universität noch war sie unter den Literaturhinweisen im Parteilehrjahr zu finden. Ein Freibrief für eigenes Nichtwissen ist das nicht, denn die gesammelten Luxemburg-Werke waren u. a. 1972 im Berliner Dietz Verlag erschienen und nahmen in meinen Bücherregalen einen sichtbaren, wenn auch leider wenig beachteten Platz ein. Um so mehr kannte ich die Schriften Lenins und dessen fundamentale Einschätzung, daß »die proletarische Demokratie ... gerade für die gigantische Mehrheit der Bevölkerung, für die Ausgebeuteten und Werktätigen eine in der Welt noch nie dagewesene Entwicklung und Erweiterung der Demokratie gebracht (hat)«[19] und »millionenfach demokratischer als jede bürgerliche Demokratie« ist.[20]

Im Verlauf des angeführten, des XI. Parteitages der SED hatte ich Gelegenheit, die »Dutzend hervorragenden Köpfe«, den Generalsekretär Erich Honecker, die Mitglieder des Politbüros Willi Stoph, Horst Sindermann, Günter Mittag, Horst Dohlus, Günter Schabowski, Werner Krolikowski, Hermann Axen u. a., deren »unerschöpfliche Energie und grenzenlosen Idealismus« ich während ihrer Besuche an meinem Arbeitsort, Belgrad, kennengelernt hatte, ebenso wie die »von Zeit zu Zeit aufgebotene Elite der Arbeiterschaft« zu beobachten und zu hören und zu sehen, wie sie sich entsprechend den vorher in den Zusammenkünften der sogenannten Bezirksdelegationen gegebenen Hinweisen diszipliniert und auch begeistert mühte, »den Reden der Führer Beifall zu klatschen, vorgelegten Resolutionen einstimmig zuzustimmen«.

Als Gast hatte ich kein Stimm- sondern nur Beifallsrecht, und vom letzteren machte ich wie alle meine Kolleginnen und Kollegen ausgiebig Gebrauch. Insgesamt hatte der Parteitag sehr zwiespältige Gefühle hinterlassen, aber – und das muß zur eigenen Schande gestanden werden – erst Jahre später wurde mir bewußt, daß ich Augen- und Ohrenzeuge einer der letzten Großveranstaltungen der SED geworden war, auf der das von Rosa Luxemburg, von unserer Rosa, wie auch die führenden Genossen so gerne be-

19 W. I. Lenin: Werke, Bd. 28, S. 245
20 Ebd. S. 247

tonten, in ihrer Warnung gewählte Bild in praxi zu besichtigen war.

Da hilft nichts, weder starre Scholastik noch biegsame Dialektik, eine Demokratie, ganz zu schweigen von sozialistischer Demokratie, war das System der DDR nicht; und natürlich auch keine Diktatur des Proletariates, sondern eben, wie es die Luxemburg befürchtet hatte, die »Diktatur einer Handvoll Politiker«. Eine Gewaltenteilung zwischen Exekutive, Legislative und unabhängiger Gerichtsbarkeit existierte faktisch nicht. Von den Grundprinzipien des vielgepriesenen Zentralismus wurden die zentralistischen – die Leitung von oben nach unten, die straffe Parteidisziplin und unbedingte Verbindlichkeit der Beschlüsse der höheren Organe für die unteren und die Mitglieder – strikt eingehalten, die demokratischen – die Kontrolle von unten nach oben, volle Rechenschaftspflicht der Leitungen gegenüber den Parteigliederungen – wurden zu bloßen Ritualien. »Der demokratische Zentralismus sicherte die Herrschaft eines einzelnen über die ganze Partei«[21], schrieb Hans Modrow. Auch wenn dieser einzelne meist wie ein aufgeklärter Monarch regierte, konnte das nicht gut gehen.

Auf Dauer konnten die ausgeprägten und realisierten sozialen Rechte die Beschneidung und Verletzung politischer Grundrechte nicht kompensieren. Letztere waren der Maxime »Die zentrale Frage jeder Revolution ist die Erhaltung der Macht« untergeordnet. Gewissens- und Meinungsfreiheit, Freizügigkeit, Assoziations-, Versammlungs- und Pressefreiheit, Post- und Telefongeheimnis waren von der Verfassung der DDR garantiert, in der Praxis wurden sie beschnitten und verletzt.

Dieses Demokratiedefizit, diese von Rosa Luxemburg kritisierte »Schiefheit«, nachgeahmt und übernommen in die »Rüstkammer des internationalen Sozialismus«, und das Unvermögen, wahre sozialistische Eigentumsbeziehungen herzustellen, waren die Grundübel, aus ihnen resultierten nahezu alle anderen gesellschaftlichen Deformationen und Fehlentwicklungen, an ihnen ging der sozialistische Staat deutscher Nation zugrunde. Geschichte wiederholt sich nicht, aber sie erteilt Lehren, zumeist harte und bittere.

---

21   Hans Modrow: Die Perestroika – wie ich sie sehe, Berlin 1998, S. 12

Keineswegs will ich mit dieser Weisheit, die sich heutzutage schon recht leicht dahinschreibt, den Eindruck erwecken, schon damals, als ich noch in Botschafteramt und -würden war, hätte ich das Defizit an Demokratie und seine zwangsläufigen Folgen so wie heute gesehen – davon war ich weit entfernt. Auch kann ich nicht behaupten, Deformationen und Privilegien, stupide politische Rituale und Mißstände seien mir erst nach der Wende bewußt bzw. bekannt geworden.

Durch eine rosa-rote Brille habe ich den »Sozialismus in den Farben der DDR« nicht betrachtet. Doch was mich irritiert und auch zornig gemacht hat, waren meist Erscheinungen an der Oberfläche: darunter die unendlich vielen und häufig sinnentleerten Losungen auf riesigen Papptafeln und Transparenten, die Ikonennachbildungen mit den Porträts der Politbüromitglieder, die die Werktätigen auf Demonstrationen an den Porträtierten, den Mitgliedern der versammelten Partei- und Staatsführung, vorbeitrugen; die häufig jegliche Regeln politischer Propaganda verletzende rituelle Informationspolitik, zu der die vorgeschriebene Nennung aller Titel des Generalsekretärs des Zentralkomitees der Sozialistischen Einheitspartei Deutschlands und Vorsitzenden des Staatsrates der Deutschen Demokratischen Republik ebenso gehörte wie die Kommentare zu nie veröffentlichten Nachrichten und das an Langeweile nicht zu überbietende Verlesen der statistischen Angaben über die monatliche Entwicklung der Volkswirtschaft im sonst geschätzten Adlershofer Fernsehen; die ständig wiederkehrenden Initiativ- und Kampfprogramme, deren Ausarbeitung, Zwischenbilanzierung und Endabrechnung nur Kraft kosteten und nichts brachten; die sozialistische Gemeinschaftsarbeit in den Ministerien, die die Obrigkeit verlangte und vor allem von denen begrüßt wurde, die dahinter eigene Trägheit und Unvermögen verbergen konnten; die unablässige Vergeudung von Zeit, neben der Gesundheit das wichtigste im menschlichen Leben, für dauernde und lang andauernde Beratungen und Sitzungen aller möglichen und unmöglichen staatlichen und gesellschaftlichen Gremien, für Versammlungen der Parteigruppe, der Abteilungsparteiorganisation, der Parteigrundorganisation,

des Parteiaktivs, der Gewerkschaftsgruppe und der Vertrauens-
leute und nicht zu vergessen für das regelmäßige Parteilehrjahr;
die Kluft zwischen den schönen gestanzten Worten, so von der
»führenden Rolle der Arbeiterklasse«, der »politisch-moralischen
Einheit des Volkes« oder der »planmäßigen Entwicklung der sozialistischen Lebensweise« und den vielen Taten und Erscheinungen, die das nicht einmal annähernd bestätigten.

Als die politischen Herbststürme andere, bis dahin nicht bekannte Deformationen und Auswüchse an das Tageslicht beför-
derten, da war auch ich über einiges überrascht und bestürzt.
Überrascht von der Dreistigkeit und Dummheit des Politbüros,
sich im abgeschotteten Wandlitz einen DDR-Mark-Intershop ein-
richten zu lassen. Welcher Teufel hatte seine Mitglieder geritten,
sich auf diese primitive Art selbst zu korrumpieren? Warum haben sie sich nicht ihr Gehalt um ein/zwei Tausender aufgebessert
– dann erst hätte es etwa ein Siebentel der Höhe eines bundesdeutschen Ministersalärs erreicht – um sich all das für DDR-Mark
im Überfluß leisten zu können, was es auch für den Rest der Bevölkerung zu kaufen gab? So aber predigten sie Ostwasser und
tranken heimlich Westwein. Nichts hat das Vertrauen des Volkes
zu den DDR-Oberen schwerer erschüttert, nichts hat die Partei-
und Staatsführung und mit ihr das gesamte politische System
schneller in den Abgrund gerissen als diese Kluft zwischen Wort
und Tat. Bestürzt war ich über das Ausmaß der geheimdienstli-
chen Überwachung der Bevölkerung durch einige Bereiche des
Ministeriums für Staatssicherheit und deren Aktensammelleiden-
schaft. Mußte das verständliche Sicherheitsbedürfnis des Staates
dazu führen, daß das ganze Land mit einem anscheinend lücken-
losen Personenkontrollsystem überzogen und von der Verfassung
geschützte Grundrechte der Bürger willkürlich außer Kraft gesetzt
wurden?

Mitschuld

Die Empörung der Mehrheit der DDR-Bevölkerung über die Ent-
hüllungen war berechtigt und groß, seitens der Bundesrepublik
wurde sie nach Kräften geschürt. Von Anfang an war jedoch klar,

daß die DDR-Gegner und -Hasser, die alle Register einer riesigen Propagandamaschine, vor allem der elektronischen Medien, zogen, nicht aus edlen, rechtschaffenen Motiven und schon gar nicht aus aufrichtiger Empörung handelten. Im Vergleich zu den eigenen Sonderrechten waren die meisten Wandlitzprivilegien lächerlich, peanuts, wie man heute zu sagen pflegt; und die Archive der eigenen Geheimdienste waren und bleiben mit sieben Schlössern verschlossen. Man hätte blind sein müssen, um nicht zu sehen, daß es den West-Empörten ausschließlich darum ging, auf dem Feuer des Volkszorns ihre eigene Suppe zu kochen.

War es allein diese Erkenntnis, daß sich meine Überraschung und Bestürzung in Grenzen hielten? Oder hatte ich bereits vor diesen Wendezeit-Enthüllungen von anderen Privilegien der Führung und Erscheinungen des Machtmißbrauches gewußt, sie hingenommen und stets eilig verdrängt?

Doch, so unwissend, um plötzlich aus allen Wolken zu fallen, war ich nicht gewesen. Auch vor der Wende kannte ich die Praxis, daß Mitglieder des Politbüros für ihre privaten Urlaubsreisen ins Ausland Flugzeuge der Sonderstaffel der Regierung benutzten, daß ihnen, gewissermaßen vom Landesherrn, Privatjagdreviere zugewiesen waren; und mehrfach hatte ich Gelegenheit, die in den 80er Jahren aufgekommenen höfischen Sitten im Dunstkreis des Generalsekretärs mit ihren »Sprich nicht, wenn du nicht gefragt wirst« und »Widersprich nicht, wenn du keinen Ärger willst« zu genießen. Und was das System der Sonderpolikliniken, des Regierungskrankenhauses und der Kureinrichtungen, die nach den Stufen der Nomenklatur zugewiesen wurden, anbetraf, so profitierte ich selbst davon, mit ziemlich schlechtem Gewissen, aber eben doch. Und schließlich kann ich auch nicht so tun, als sei es mir völlig unbekannt gewesen, daß politisch Aufmüpfige und Andersdenkende verschiedenen Repressionen unterlagen, auch inhaftiert und verurteilt wurden. Spätestens die wiederkehrenden Meldungen der Westmedien über den Freikauf von Häftlingen offenbarten, daß es in der DDR politische Gefangene gab, mit denen zudem ein schäbiges Geschäft gemacht wurde. Nein, es sah in der Endphase der DDR, die auch weiterhin unverdrossen zu der angeblich mit dem VIII. SED-Parteitag eingeleiteten »erfolgreichsten Periode in der Geschichte der DDR« gerechnet wurde, nicht gut aus mit der sozialistischen Demokratie und der sozialistischen Moral.

Wieso – und diese Frage drängt sich unweigerlich auf – habe ich zu all dem, zur offenkundigen Verletzung sozialistischer Gesetzlichkeit, zur Einengung und Beschneidung politischer Rechte, zu Machtmißbrauch und propagandistischem Popanz geschwiegen oder höchstens im engsten Freundeskreis Kritik geübt? War es Trägheit, Feigheit, Opportunismus, Kurzsichtigkeit oder ein Gemenge aus alledem? Doch wenn es nur diese unappetitliche Mischung gewesen wäre, warum hätte ich dann mitunter auch im gleichen Freundeskreis in langen hitzigen Diskussionen auch manches zu verteidigen versucht, was ich im tiefsten Inneren selbst anzweifelte, als widersprüchlich und kritikwürdig empfand? Warum hätte ich, als die DDR den Bach herunterging und der Opportunismus im Schwange war, versucht, sie nach Kräften zu verteidigen? Warum habe ich auf einer Versammlung im Dezember 1989 im »Großen Haus« scharfe Kritik daran geübt, daß in Dresden beim Treffen Modrow/Kohl unsererseits keinerlei Vorkehrungen getroffen worden waren, dem zu erwartenden nationalistischen Taumel eine Demonstration besonnener Kräfte zur Verteidigung der Eigenstaatlichkeit entgegenzustellen? Warum habe ich später Gregor Gysi in persönlichen Gesprächen bedrängt, entschlossener gegen den Vormarsch deutsch-nationaler, restaurativer Kräfte vorzugehen und diesen nicht die Straße zu überlassen? Warum schließlich bin ich in einer Partei geblieben, deren Mitglieder nach der Wende nicht gerade mit sozialen Wohltaten und lukrativen Beschäftigungsangeboten in der Marktwirtschaft überhäuft wurden? Eine Mischung von Trägheit, Feigheit, Opportunismus, Kurzsichtigkeit allein kann es wohl nicht gewesen sein, die mich, viele meiner Freunde und nicht wenige meiner, nun seit langem »abgewickelten« Berufskollegen bewogen haben, lange Jahre nicht nur Ärgerliches, sondern auch Verurteilungswürdiges hinzunehmen.

Ebensowenig ist die Ursache für dieses Verhalten darin zu suchen, daß wir, die wir nicht selten »Parteiarbeiter an der diplomatischen Front« genannt wurden oder uns selbst so nannten, möglicherweise zu wenig Interesse für die Innenpolitik verspürt hätten. Im Gegenteil, unsere Aufgabe war es, unseren Staat, seine Gesamtpolitik zu vertreten, im Ausland Sympathien und Anerkennung für die DDR zu gewinnen. Wenn das in den 70er und 80er Jahren immer besser gelang, dann war das bei weitem nicht allein das Resultat der emsigen Arbeit der Mitarbeiter des Außenministeriums und der internationalen Abteilung des Zentralkomitees, sondern ein Ergebnis der Gesamtentwicklung des Landes.

Tatsachen sind ein »hartnäckig Ding«, und eine historische Tatsache ist es, daß die DDR nach einem langwierigen und außerordentlich komplizierten Prozeß zu Beginn der 70er Jahre die diplomatische Blockade überwandt und schließlich volle diplomatische Beziehungen zu mehr als 130 Staaten der Erde unterhielt, gleichberechtigtes und sehr aktives Mitglied der Organisation der Vereinten Nationen und zahlloser anderer internationaler Organisationen war.

Unbestritten ist es, daß die Bundesrepublik Deutschland nach dem Scheitern des Alleinvertretungsanspruches die DDR zwar nicht als »Ausland«, so aber doch als souveränen Staat anerkannte und im Grundlagenvertrag die Respektierung seiner Hoheitsgewalt auf seinem Staatsgebiet, seine Unabhängigkeit und Selbständigkeit in seinen inneren und äußeren Angelegenheiten zusicherte.

Zweifellos war auch der außenpolitische Spielraum des selbständigen Staates DDR eingeengt. Die feste Einbindung in das von der UdSSR dominierte Bündnissystem, die durch den Kalten Krieg bestimmten und nicht von uns gewählten Bedingungen, ökonomische Abhängigkeiten und die in den 80er Jahren immer enger werdende Schlinge der Auslandsverschuldung setzten ihm deutliche Grenzen. Aber es bleibt eine geschichtliche Tatsache, daß die DDR aufgrund ihrer Leistungen, ihrer verläßlichen Friedenspolitik sowie aktiven Mitwirkung an der Gestaltung des europäischen Vertragswerkes und an der Eindämmung der Ost-West-Spannungen international angesehen war. Daß dieses Ansehen zum Zeitpunkt des Verlöschens der DDR international weitaus größer war als im Innern des Landes, ist möglicherweise eine Ironie der Geschichte; ein Zufall ist es nicht, sondern Ausdruck der Schere zwischen Innen- und Außenpolitik, die sich in den 80er Jahren immer deutlicher auftat. Von nicht wenigen von uns wurde sie zunehmend wahrgenommen, aber sie schnitt uns nicht so ins eigene Fleisch, daß wir auf die Idee gekommen wären, laut Alarm zu schlagen.

Also noch einmal: Was veranlaßte uns, kanonisierte Lehrsätze nachzubeten, statt darüber nachzudenken, zu schweigen, wo man hätte reden müssen, offenkundige Entstellungen sozialistischer Ideale zu dulden, statt laut und deutlich Nichteinverständnis zu bekunden, durch Schweigen, Duldung und Mittun mitschuldig am Untergang der DDR zu werden?

Mir scheint, es waren eben die sozialistischen Ideale, das Streben nach einer sozial gerechten, solidarischen, humanen und friedlichen Gesellschaft ohne Ausbeutung, Krieg, Armut und Elend, die uns dazu veranlaßten. Oder anders ausgedrückt: Wir nahmen die Beschädigung der sozialistischen Ideale hin, um sie nicht zu beschädigen. Ein auf den ersten Blick widersinniger Satz.

Einer, wenn nicht sogar der wesentlichste Grund für das Schweigen zu offenkundigen Entstellungen sozialistischer Werte in der Praxis war, simpel ausgedrückt, die Befürchtung, mit einem entgegengesetzten Verhalten die eigene Seite zu schwächen und der anderen in die Hände zu spielen.

Die eigene Seite war die Deutsche Demokratische Republik, mit ihr, und hier nehme ich mir erneut die Freiheit, für Gleichgesinnte und damit auch für viele meiner früheren Berufskollegen zu sprechen, identifizierten wir uns. Sie war für uns trotz aller ihrer Schwächen und Unzulänglichkeiten, ihrer Beschränktheit und Mißstände im Vergleich zur kapitalistischen Bundesrepublik das bessere Deutschland.

Unser DDR-Bild wurde geprägt im Jahrzehnt nach dem furchtbarsten aller Kriege, den abscheulichsten Verbrechen in der Menschheitsgeschichte, die der deutsche Imperialismus und Militarismus zu verantworten hatte. Mit Hilfe der Sieger- und Besatzungsmacht Sowjetunion wurden im östlichen Teil Deutschlands die Macht des Großkapitals gebrochen, die Junker enteignet, die Faschisten und die Herren Generale zum Teufel gejagt. Unter der Führung von Männern und Frauen des antifaschistischen Widerstandes verließ der Osten Deutschlands, die spätere DDR, den »deutschen Sonderweg«, den Weg des blutbefleckten und gewalttätigen preußisch-deutschen, imperialistisch-militaristischen

Deutschen Reiches. Die proklamierten Ziele der jungen Republik waren die Beseitigung der Ausbeutung des Menschen durch den Menschen, die Errichtung einer sozial gerechteren Gesellschaft, internationalistische Solidarität und Frieden. Nie wieder sollte von deutschem Boden Krieg ausgehen – das war die Maxime ihrer Außenpolitik.

Die andere Seite war die Bundesrepublik Deutschland. Mit Hilfe der USA und der anderen westlichen Sieger- und Besatzungsmächte war hier der Kapitalismus auch um den Preis der staatlichen Spaltung Deutschlands gerettet worden. Die Macht des Großkapitals blieb ungebrochen, der Großgrundbesitz unangetastet, Junker aus dem Osten und Nazi-Obere fanden Zuflucht und sehr schnell wieder hohe Ämter in Staat und Gesellschaft, die Herren Generale erhielten ein neues Heer. Die Bundesrepublik war nicht antifaschistisch, dafür aber besonders antikommunistisch. Ihre Außenpolitik war vom Alleinvertretungsanspruch und dem Ziel der Wiederherstellung Deutschlands in den Grenzen von 1937 bestimmt.

Der östliche deutsche Staat war der kleinere und schwächere, er mußte sich unter ungleich schwereren Bedingungen entwickeln. Von Anfang an mußte er sich der erbarmungslosen Anfeindung des westdeutschen Großkapitals erwehren, das den Territorial- und Machtverlust nicht hinnehmen wollte. Es war eine erbitterte Auseinandersetzung, eingeordnet in den globalen System- und Blockkonflikt, der auf deutschem Boden mit besonderer Schärfe geführt wurde und alle gesellschaftlichen Bereiche erfaßte.

Sollten wir in dieser erbitterten Auseinandersetzung auf Distanz zu unserem Staat und seiner Führung gehen, mit deren Zielen – Frieden, Volkswohlstand und Sozialismus – wir voll übereinstimmten, sollten wir den Aufstand proben wegen antidemokratischer Erscheinungen, die wir damals keineswegs so scharf wie heute sahen, wegen Führungsprivilegien, die uns mißfielen und die jedoch insgesamt weit unter denen lagen, die sich die politische Elite in kapitalistischen Ländern leistet? Ein solches Verhalten kam uns nicht in den Sinn, zumal wir wußten, daß jede öffentliche Kritik, jede oppositionelle Regung, ganz zu schweigen von offenem Protest, von der anderen, aus unserer Sicht der gegnerischen Seite schonungslos ausgenutzt und im Kampf gegen unseren Staat, unsere eigene Sache instrumentalisiert werden würde? An Beispielen mangelte es nicht. Schon der Gedanke daran, uns ungewollt, aber unvermeidlich in den Dienst fremder Kräfte und Interessen, des Klassengegners zu stellen, lag uns fern. Ein solches Verhalten hätte zudem so oder so einen Bruch mit der Partei bedeutet, ein Schritt, den zu gehen wir nicht bereit waren; selbst dann nicht, als Wirklichkeitsferne und Altersstarrsinn der Partei- und Staatsführung, die bis zum bitteren Ende an die eigene Unfehlbarkeit glaubte, nicht mehr zu übersehen waren.

Die »allseitige Stärkung der DDR« – das war kein leeres Wort, kein weltfremder Parteibeschluß, das war unser Ziel; zu opponieren und öffentlich, coram publico ihre Defekte, deren wir uns in sehr unterschiedlichem Maße bewußt waren, zu kritisieren, lief in unserem damaligen Verständnis auf ihre Schwächung hinaus, obwohl – das allerdings rein theoretisch betrachtet – das Gegenteil der Fall gewesen wäre. Das eherne und nahezu religiöse Prinzip der Einheit und Geschlossenheit der Partei tat ein übriges. Es war ein Instrument der Selbstdisziplinierung und der Unduldsamkeit gegen andere. Mit ihm wurde selbständiges Denken erschwert und oppositionelles nahezu unmöglich gemacht.

Schließlich, und auch das ist eine der Illusionen der damaligen Zeit, betrachteten wir so manche Deformation als vorübergehend, als Kinderkrankheiten des realen Sozialismus, immer hoffend, daß sie suksessive überwunden würden, daß schon alles ins rechte Lot geraten werde. Doch die Hoffnungen trogen, das Pendel schlug immer heftiger aus, die gesellschaftliche Balance ging verloren, die DDR brach wie ein Kartenhaus zusammen.

Das Dilemma

Wir, die wir glaubten, der DDR die Treue gehalten zu haben, standen vor einem Trümmerhaufen unserer Zuversicht und Siegesgewißheit, unserer Hoffnungen und Illusionen. Hans Modrow ist schwerlich zu widersprechen, wenn er mit dem Blick auf seine Biographie schon 1990 von »falsch verstandene(r) Parteidisziplin, verkehrte(r) Treue«[22] schrieb. Auch Gregor Gysi hat nicht unrecht, wenn er sechs Jahre später feststellte: »... Zu lange haben wir Undemokratisches und Antiemanzipatorisches verteidigt, obwohl es nicht zu verteidigen war.«[23] Aber haben beide auch recht, oder war das Dilemma nicht wesentlich größer?

Auch hier zieht die eine Frage eine Kette anderer nach sich, Fragen, die zu stellen legitim, die zu beantworten schier unmöglich sind, denn mit ihnen begibt man sich unwillkürlich ins Reich der Spekulation, und dazu noch über überaus komplizierte gesellschaftliche und politische Ereignisse und Zusammenhänge, über die die Geschichte ihr Wort unwiderruflich gesprochen hat und zu denen in der Zukunft keinerlei zusätzliche Auskunft zu erwarten ist. Und trotzdem muß die Frage gestattet sein, was denn geschehen wäre, wenn die heute als falsch erkannte Politik durch eine bessere ersetzt worden wäre? Mithin Gesellschaftsentwicklung im Osten Deutschlands nicht nach sowjetischem realsozialistischem Modell mit poststalinistischen Zügen und selbstverständlich nicht nach realkapitalistischem Muster, sondern auf dem Wege eines wahrhaft demokratischen Sozialismus. Wäre ein solcher dritter Weg möglich gewesen unter den gegebenen Bedingungen eines Besatzungsregimes und nachfolgender eingeschränkter Souveränität, einer geteilten Nation, eines ausgeprägten überkommenen ökonomischen West-Ost-Gefälles, der Existenz eines starken kapitalistischen Nachbarn, der dem Sozialismus gleich in welcher Variante an die Gurgel wollte?

Dieser dritte Weg des demokratischen Sozialismus hätte zumindest auch verlangt: volle Meinungs- und Pressefreiheit, offene Grenzen und uneingeschränkte Reisefreiheit, Zulassung oppositioneller Parteien, darunter auch konservativer, prokapitalistischer, freie und demokratische Wahlen, keine Staatssicherheit, keinen Nachrichtendienst, Vielfalt an Eigentumsformen, auch privatkapitalistischen. Hätte ein Sozialismus mit diesen demokratischen Attributen eine reale Perspektive im Osten Deutschlands gehabt oder handelt es sich dabei nur um einen statt in die Zu-

---

22   Hans Modrow: Ende und Aufbruch, in Gregor Gysi: Wir brauchen einen dritten Weg, Hamburg 1990, S. 25
23   Gregor Gysi: Erklärung »Zu gegenwärtigen Diskussionen in unserer Partei«, PDS-Pressedienst 34/96

kunft in die Vergangenheit projizierten Weg nach »Utopia«, ins Land »Nirgendwo«?

Wie hätten die antisozialistisch dominierte Bundesrepublik und das internationale Monopolkapital auf den Versuch einer solchen Gesellschaftsentwicklung in Ostdeutschland reagiert? Hätten sie Beifall geklatscht oder alles unternommen, um diesen demokratischen Sozialismus, der für das herrschende System im Falle seines Gelingens auf Dauer zweifellos gefährlicher geworden wäre, ebenfalls schnellstmöglich zu erwürgen? Wie hätte sich diese deutsche Republik des demokratischen Sozialismus gegen den übermächtigen Gegner gewehrt, um die sozialistischen Gesellschafts- und Machtverhältnisse zu bewahren?

Und ein zweiter, nicht ganz unwesenlicher Aspekt: Wie hätten die sowjetische Besatzungsmacht, Stalin, Chruschtschow, Breshnew reagiert? Hätten sie gerufen: Ja, teure deutsche Genossen und Freunde, ihr habt den Stein der Weisen, eine Alternative zum sowjetischen Grundmodell des Sozialismus, gefunden. Wir danken euch brüderlich dafür? Hätten sie ihre Vormundschaft aufgegeben und applaudiert oder hätten sie zu jedem x-beliebigen Zeitpunkt so reagiert, wie sie 1948 gegenüber Jugoslawien, 1956 gegenüber Ungarn und 1968 gegenüber der Tschechoslowakei gehandelt haben? Welche Auswirkungen hätte letzteres Vorgehen im Osten Deutschlands auf die internationale Sicherheit und den Frieden in Europa und in der Welt gehabt? Hätten diejenigen, die Walter Ulbricht wegen geringfügiger Unbotmäßigkeit, darunter einiger eigenständiger theoretischer Ansätze, so zur Definition des Sozialismus als einer relativ selbständigen Gesellschaftsformation, fallen ließen, die noch Mitte der 80er Jahre in Person der nacheinanderfolgenden KPdSU-Generalsekretäre Tschernenko und Gorbatschow es einem ihrer bis dahin treuesten Bundesgenossen, Erich Honecker, untersagten, nach Bonn zu reisen, die Doktrin der beschränkten Souveränität gar nicht erst aufgestellt?

Antworten auf diese und andere Fragen mag sich jeder selbst geben, vor allem die, die heute so gut wissen, was früher besser gewesen wäre. Woher eigentlich nimmt sich so mancher Besserwisser unter den Linken das Recht, mit von keinerlei Zweifel angenagter Sicherheit Urteile über den »Totalitarismus« in der DDR zu fällen, angesichts des Umstandes, daß sie nicht einmal heute, nach Ablauf der Geschichte, mit einem unvergleichlich größerem Wissensstand in der Lage sind zu sagen, so und so hätte gehandelt werden müssen, um den Sozialismus auf deutschem Boden zu errichten und ihm eine sichere Heimstatt zu geben, und sich statt dessen darauf beschränken, erst einiges, dann immer mehr und schließlich alles zu verdammen. Gott behüte uns vor solcher Beckmesserei! Fest steht: Die DDR konnte sich ihre Existenzbedingungen nicht selbst aussuchen. Auch für sie gilt die Marxsche Feststellung: »Die Menschen machen ihre eigene Geschichte, aber sie machen sie nicht aus freien Stücken, nicht unter selbstgewählten, sondern unter unmittelbar vorgefundenen, gegebenen und überlieferten Umständen.«[24]

Die angeführten Fragen und die nicht gegebenen, gleichwohl – der Autor gibt es zu – suggerierten Antworten sollen die von der führenden Partei der DDR begangenen Fehler und Irrtümer, Versäumnisse und Menschenrechtsverletzungen nicht rechtfertigen oder entschuldigen, in Relation zu den »unmittelbar vorgefundenen, gegebenen und überlieferten Umständen« setzen, folglich relativieren – welch garstiges, verpöntes Wort! – sollen sie einige von ihnen schon. Deutlich machen aber sollen sie vor allem ein Dilemma: Der Kurs, der unter dem Druck der Verhältnisse und durch subjektives Versagen eingeschlagen wurde, entstellte den Sozialismus und führte in den Abgrund. Das bedarf keines Beweises mehr, die Geschichte hat ihn erbracht. Eine Politik, die eine wünschenswerte Alternative, einen dritten Weg zwischen Realsozialismus und Realkapitalismus versucht hätte, hätte wenig Aussicht auf Erfolg gehabt, aber große Risiken für das sozialistische Experiment und aller Wahrscheinlichkeit nach größere für den Weltfrieden in sich geborgen.

Legitimer Versuch

Dieses Dilemma legt die Schlußfolgerung nahe, daß jeglicher sozialistischer Versuch im Osten Deutschlands von Anfang an ei-

---

24 Karl Marx: Der achtzehnte Brumaire des Louis Bonaparte, in: MEW, Bd. 8, S. 115

gentlich chancenlos war, so oder so fehlschlagen mußte. Wer allerdings so denkt, der macht die Männer und Frauen aus dem antifaschistischen Widerstand, die Kommunisten und Sozialisten, die progressiven Kräfte aus allen Bevölkerungsschichten, die sich 1945 und in den darauffolgenden Jahren anschickten, auf den Ruinen, die der deutsche Imperialismus und Faschismus hinterlassen hatten, eine bessere, gerechtere Gesellschaft zu errichten, im nachhinein zu politischen Abenteurern und Hasardeuren, der übersieht, daß die Entwicklung spätestens 1945, eigentlich aber schon zu Beginn dieses Jahrhunderts, die Notwendigkeit einer gesellschaftlichen Alternative zum ausbeuterischen, resourcenverschlingenden und kriegsgebärenden Kapitalismus auf die Tagesordnung gesetzt hatte, der vergißt, daß Geschichte nach vorn immer offen ist und niemand ihren exakten Verlauf voraussagen kann. Historiker sind in der Regel schlauer als Politiker.

Nach dem Ende des Zweiten Weltkrieges waren in Deutschland die gesellschaftlichen Bedingungen für die Ablösung des Kapitalismus durch den Sozialismus herangereift. Im ganzen Land, zwischen der Nordsee und den Alpen, zwischen der Ostsee und dem Erzgebirge herrschte eine antifaschistische, antikapitalistische Grundstimmung. Selbst die bürgerlichen Parteien und auch die Sozialdemokratie in Westdeutschland verkündeten in ihren programmatischen Dokumenten antikapitalistische, sozialistische Ziele.

Unter dem Druck des Gewerkschaftsflügels innerhalb der Partei hatte sich, wie inzwischen wieder gut erinnerlich ist, die von Adenauer geführte CDU im »Ahlener Wirtschaftsprogramm« vom 3. Februar 1947 vom Kapitalismus distanziert: »Das kapitalistische Wirtschaftssystem ist den staatlichen und sozialen Lebensinteressen des deutschen Volkes nicht gerecht geworden. Nach dem furchtbaren politischen, wirtschaftlichen und sozialen Zusammenbruch als Folge einer verbrecherischen Machtpolitik kann nur eine Neuordnung von Grund aus erfolgen. Inhalt und Ziel dieser sozialen und wirtschaftlichen Neuordnung kann nicht mehr das kapitalistische Gewinn- und Machtstreben, sondern nur das Wohlergehen unseres Volkes sein. Durch eine gemeinwirtschaftliche Ordnung soll das deutsche Volk eine Wirtschafts- und Sozialverfassung erhalten, die dem Recht und der Würde des

Menschen entspricht, dem geistigen und materiellen Aufbau unseres Volkes dient und den inneren und äußeren Frieden sichert.«[25]

Ein halbes Jahr zuvor war in einem Dortmunder Wahlaufruf der CDU, unter dem auch der Name des führenden Mitgliedes der CDU-Sozialausschüsse und späteren ersten Verteidigungsministers der Bundesrepublik, Theodor Blank, stand, erklärt worden: »Der Kapitalismus ist zusammengebrochen. Wir sind die letzten, die ihm eine Träne nachweinen. Eine neue Zeit bricht an. Sie trägt sozialistisches Gepräge.«[26]

Die SPD war dahinter nicht zurückgeblieben. Auf ihrem Parteitag in Hannover hatte sie bereits am 10. Mai 1945 unter der Leitung von Kurt Schumacher eine »Kundgebung« erlassen, in der es hieß: »Das heutige Deutschland ist nicht mehr in der Lage, eine privatkapitalistische Unternehmerwirtschaft zu ertragen und Unternehmerprofite, Kapitaldividenten und Grundrenten zu zahlen. Die jetzt noch herrschenden Eigentumsverhältnisse entsprechen nicht mehr den sonstigen gesellschaftlichen Zuständen und Bedürfnissen. Sie sind zu dem schwersten Hemmnis der Erholung und des Fortschritts geworden.

Der vorhandene private Großbesitz an Produktionsmitteln, Kapitalien und Rohstoffen und das mögliche Sozialprodukt der deutschen Volkswirtschaft müssen den Bedürfnissen aller zugänglich gemacht werden.

Die von der Sozialdemokratie erstrebte sozialistische Wirtschaft beruht auf einer gelenkten Wirtschaftspolitik. Entscheidend für Umfang, Richtung und Verteilung der Produktion darf nur das Interesse der Allgemeinheit sein ...

Die Sozialisierung hat zu beginnen bei den Bodenschätzen und den Grundstoffindustrien. Alle Betriebe des Bergbaus, der Eisen- und Stahlerzeugung und -bearbeitung bis zum Halbzeug, der größte Teil der chemischen Industrie und die synthetischen Industrien, die Großbetriebe überhaupt, jede Form von Versorgungswirtschaft und alle Teile der verarbeitenden Industrie, die zur

---

25 »Ahlener Wirtschaftsprogramm für Nordrhein-Westfalen«, zit. nach Parteien-Handbuch. Die Parteien der Bundesrepublik Deutschland 1945-1980. Hrsg. von Stöss, Richard, Wiesbaden 1983 f., S. 533
26 Westfalenpost, 11.10.1946

Großunternehmung drängen, sind in das Eigentum der Allgemeinheit zu überführen.«[27]

Doch in Westdeutschland blieben die edlen demokratischen Absichten, die feierlichen Bekundungen Worte, in der weiteren Nachkriegsentwicklung wurden sie zu Schall und Rauch, und heutzutage möchten die Enkel und Urenkel von Adenauer und Schumacher nicht einmal mehr an sie erinnert werden. In dem Maße, wie in Westdeutschland und der späteren Bundesrepublik das Herrschaftssystem der Monopolbourgeoisie restauriert wurde und sich stabilisierte, wurden die antifaschistisch-demokratischen »Kundgebungen« und sozialistischen Programmpunkte stillschweigend beiseite gelegt.

In Ostdeutschland wurde der sozialistische Versuch unternommen. Er war legitim, aber er ist gescheitert. Alle, die wir aktiv daran teilhatten, tragen unseren Teil der Schuld, die einen großen, die anderen einen kleineren. Wir haben mit unseren Fehlern und Irrtümern eine historische Chance – ob sie nun groß oder nur sehr gering war, darüber wird es noch lange Streit geben – vertan. Dafür entschuldigen wir uns bei unseren Kindern und Enkeln, die wieder der Entsolidarisierung, der sozialen Unsicherheit und der zerstörerischen Entwicklungslogik in einer Gesellschaft ausgesetzt sind, in der nicht der Mensch, sondern der Profit das Maß aller Dinge ist und die wir fälschlicherweise für überwunden hielten. Nie und nimmer kann das jedoch bedeuten, daß wir ausgerechnet diejenigen um Verzeihung bitten, die jahrzehntelang alles getan haben, uns Steine in den Weg zu legen, unseren Versuch einer gesellschaftlichen Alternative zum Scheitern zu bringen, die den früheren Bürgerinnen und Bürgern der DDR unverzeihliches Vereinigungsunrecht zugefügt haben und die nicht müde werden, den besiegten Staat zu kriminalisieren. Gerade unseren Kindern und Enkeln, den zukünftighen Generationen sind wir es schuldig, uns dieser Kriminalisierung zu widersetzen, denn mit ihr soll das Selbstbewußtsein und der Widerstandswille der Ostdeutschen gebrochen und in ganz Deutschland jeder neue Versuch, aus der vom Profitprinzip dominierten Gesellschaft auszubrechen, unmöglich gemacht werden.

---

27 Protokoll der Verhandlungen des Parteitages der SPD, Hannover, 10. Mai 1946

Schon allein deshalb darf die kritische und vor allem selbstkritische Betrachtung des fehlgeschlagenen sozialistischen Experimentes nicht dazu führen, daß sich Ostdeutsche immerfort nur rechtfertigen, defensiv verteidigen, Anklagen abwehren müssen. Gerade da, wo ihr untergegangener Staat den lautesten Schmährufen ausgesetzt wird, besteht guter Grund, das Scheinwerferlicht auf die vermeintlichen Sieger der Geschichte zu richten. Drei Begriffe vor allem sind es, mit denen auch weiterhin das »falsch gelebte Leben« in der DDR bewiesen und ostdeutsches Selbstbewußtsein gebrochen werden sollen: Unrechtsstaat, Mauer und marode Wirtschaft.

KAPITEL 5

Der »Unrechtsstaat«, die Mauer und die »marode« Wirtschaft

Der »Unrechtsstaat«

Wer kennt heute eigentlich noch Herrn Otto Hauser? So mancher wird sich erst nach einigem Nachdenken erinnern: Otto Hauser? Das war doch der CDU-Abgeordnete, den Ex-Kanzler Helmut Kohl zu seinem letzten Regierungssprecher und Chefpropagandisten für die Endphase seines Wahlkampfes bestellte und der alsbald wieder in der Versenkung verschwand, und das nicht allein wegen der schließlich verlorenen Wahl. Hauser hatte eitel und arrogant, nur etwas zu grob formuliert, was bei der Charakterisierung der DDR als »Unrechtsstaat« eigentlich so neu nicht war. Er hatte die NSDAP mit der SED gleichgesetzt und erstere auch mit der PDS verglichen: Wenn der SPD-Ministerpräsident Reinhard Höppner sich in Sachsen-Anhalt durch die PDS tolerieren lasse, meinte er an seinem ersten Arbeitstag, sei das genauso schlimm, als »wenn es nach dem Ende des Zweiten Weltkrieges in Bonn eine Zusammenarbeit mit Nazis gegeben hätte«.[28] Auf Nachfragen erklärte er kurz danach auf seiner ersten Pressekonferenz: »Die NSDAP hat während der nationalsozialistischen Zeit Schlimmes gemacht. Aber auf der anderen Seite hat die SED genauso Schlimmes gemacht.«[29] Gegenüber dem Berliner InfoRadio verteidigte er sich gegen den Vorwurf der Geschichtsklitterung, »weil ja immerhin«, so der Interviewer, »die Ideologie des Nationalsozialismus darauf ausgerichtet war, Menschen ganzer Völker und Rassen zu vernichten«, mit den Worten: »Das ist richtig, und das ist auch durch nichts zu entschuldigen, und das will ich auch nicht gutreden – im Gegenteil. Ich will nur darauf aufmerksam

---

28 Die Woche, 12.6.1998
29 Ebd.

machen, daß man mit solchen Extremisten, die für totalitäres Regierungshandeln verantwortlich waren, die Menschen auch umgebracht haben, übrigens auch systematisch, daß man mit denen nicht gemeinsame Sache macht. Darüber soll man mal wieder in Deutschland nachdenken. Man soll nicht nur auf dem einen Auge blind sein, sondern soll auch das andere Auge ganz weit aufmachen und mit beiden Augen auf die Welt schauen.«[30]

Zwar ist Hauser bis zum Ende seiner Regierungssprecherzeit eine Erklärung dafür schuldig geblieben, wie man einäugig mit beiden Augen auf die Welt schaut, aber das empörte Echo auf seine Erklärungen in der deutschen Öffentlichkeit war derart, daß es fortan um ihn stiller und stiller und er schließlich zu dem wurde, was er anfangs lauthals verneint hatte, als er erklärte, kein Regierierungsschweiger, sondern ein Regierungssprecher zu sein. Nur Helmut Kohl und Peter Hintze verteidigten ihn. Der Kanzler meinte, was Hauser über die DDR gesagt habe, sei »absolut in Ordnung« und der CDU-Generalsekretär teilte mit, seine Partei stünde in der Sache zu dem, was Hauser gesagt habe.

Letztere Sache war auch schwerlich zu dementieren, denn die faktische Gleichsetzung der NSDAP und der SED, des Hitlerstaates und der DDR zieht sich wie ein roter Faden durch die lange Geschichte der Verunglimpfung des ostdeutschen Staates. Kein Geringerer als Konrad Adenauer war es, der 1950 auf dem CDU-Parteitag in Goslar erklärte: »Ich wollte die Bewohner der Ostzonen-Republik könnten einmal offen schildern, wie es bei ihnen aussieht. Unsere Leute würden hören, daß der Druck, den der Nationalsozialismus durch Gestapo, durch Konzentrationslager, durch Verurteilungen ausgeübt hat, mäßig war gegenüber dem, was jetzt in der Ostzone geschieht.«[31]

Fast fünfzig Jahre später ist der Blick von Antikommunisten auf die DDR »in der Sache« so ziemlich unverändert geblieben. In der deutschen Ausgabe des Schwarzbuches gegen den Kommunismus sind unter der Überschrift »Die Aufarbeitung des Sozialismus in der DDR« zwei Artikel aus der Feder des Bundesbe-

---

30   Interview mit Otto Hauser, Sprecher der Bundesregierung, InfoRadio, 3.6.1998, 6.10 Uhr
31   Ingeborg Drewitz (Hrsg.): Strauß ohne Kreide, Hamburg 1980, S. 35

auftragten für die MfS-Unterlagen, Joachim Gauck, und seines Mitarbeiters Ehrhart Neubert veröffentlicht. Ganz im Sinne Adenauers zielt der Neubertsche Aufsatz auf den Nachweis ab, daß es in der DDR nichts gegeben habe, was nicht dem Machtgelüst der Regierenden entsprang und nicht auf Unrecht, Gewalt und Verbrechen zu reduzieren wäre, und daß die DDR die schlimmere der »beiden Diktaturen« gewesen sei.

Gemeinsam ist beiden, dem in der Mitte und dem am Ausgang des Jahrhunderts gefällten Urteilen, die Kriminalisierung der DDR. Deren faktische Gleichsetzung mit dem in der Menschheitsgeschichte einmaligen Terrorregime der NS-Diktatur ist jedoch nicht die Geistesfrucht einiger verbohrter Antikommunisten und DDR-Hasser oder irrender Geschichtsprofessoren. Sie gehört zum Gedankengut der Herrschenden und Regierenden, und natürlich auch zu dem des gegenwärtigen Bundeskanzlers Schröder, der im Umzug des Bundestages nach Berlin auch »eine Rückkehr in die deutsche Geschichte« sieht, »an den Ort zweier deutscher Diktaturen, die großes Leid über die Menschen in Deutschland und in Europa gebracht haben«[32]. Sie ist Bestandteil eines offiziellen Dokumentes des Bundestages selbst, der Drucksache 13/11000, die das Parlament am 17. Juni 1998 zur Kenntnis nahm. In diesem Dokument, dem Schlußbericht der Enquête-Kommission »Überwindung der Folgen der SED-Diktatur im Prozeß der deutschen Einheit«, haben die Kommissionsmitglieder aus den Fraktionen der CDU/CSU, der FDP, der SPD und von Bündnis 90/Die Grünen im Abschnitt VI unter der Überschrift »Gesamtdeutsche Formen der Erinnerung an die beiden deutschen Diktaturen« einstimmig u. a. formuliert:

»Am Ende des 20. Jahrhunderts müssen die Deutschen mit der Erinnerung an zwei deutsche Diktaturen und ihre Opfer leben. Die Notwendigkeit von Aufarbeitung und Erinnerung an die beiden Diktaturen ist heute Teil des demokratischen Selbstverständnisses im vereinten Deutschland. Die Erinnerung an die beiden Diktaturen, die die Feindschaft gegen Demokratie und Rechtsstaat verbunden hat, schärft das Bewußtsein für den Wert von Freiheit, Recht und Demokratie. Dies, wie die notwendige Aufklärung

---

32 33. Sitzung des 14. Deutschen Bundestages, Stenographischer Bericht, S. 2669

über die Geschichte der beiden Diktaturen, ist der Kern des anti-totalitären Konsenses und der demokratischen Erinnerungskultur der Deutschen.

Die Erinnerung gilt der nationalsozialistischen Diktatur, die von den Deutschen selbst herbeigeführt, zuerst das eigene Land in Unfreiheit brachte und schließlich ganz Europa mit Vernichtungskrieg und Völkermord überzog. Europa und Deutschland konnten nur durch den entschlossenen Willen und militärischen Sieg der Alliierten vom Nationalsozialismus befreit werden.

Die Erinnerung gilt der kommunistischen Diktatur, die von der sowjetischen Besatzungsmacht nach dem Zweiten Weltkrieg implantiert wurde, um alsbald von den deutschen Kommunisten der SED willig exekutiert zu werden. Die SED-Diktatur bedeutete für die Deutschen in der SBZ und DDR Unfreiheit und Unrecht.

Die Deutschen gedenken des Widerstandes und der Opposition gegen die beiden Diktaturen, der Zivilcourage von Menschen, die sich den Diktaturen widersetzten, für eine andere politische Ordnung kämpften oder Verfolgten beistanden. Ohne die moralische Kraft des deutschen Widerstandes wäre nach der nationalsozialistischen Terrorherrschaft ein demokratischer Neuanfang in Deutschland nicht möglich gewesen. Die friedliche Revolution der Deutschen in der DDR vom Herbst 1989 schuf die Grundlage für die freiheitliche Demokratie im vereinten Deutschland. Widerstand und Opposition gegen die Diktaturen sind wichtiger Teil des demokratischen und freiheitlichen Erbes aller Deutschen ...

Die Kommisssion betont ausdrücklich, daß Erinnern und Gedenken an die beiden deutschen Diktaturen, ihre Opfer und an Opposition und Widerstand eine gesamtgesellschaftliche Aufgabe sind. Die Erinnerung an die Diktaturen gilt es, im vereinten Deutschland von allen Deutschen wachzuhalten.«[33]

Daß diese »gesamtgesellschaftliche Aufgabe« nicht in Vergessenheit gerät, dafür soll eine neugegründete Stiftung, die auf Beschluß des Bundestages ins Leben gerufen wurde, aus Bundesmitteln finanziert wird und die am 2. November 1998 offiziell ihre Arbeit aufnahm, sorgen. Die Stiftung wird sich nur mit einer »der beiden Diktaturen«, der »Aufarbeitung der SED-Diktatur« – so auch ihr Name – beschäftigen und nach dem Willen ihrer

---

33 13. Deutscher Bundestag, Drucksache 13/11000, S. 503/504

Gründer noch lange tätig sein. Dafür bürgt allein schon der allseits bewährte Demokrat und Geschichtsaufarbeiter Rainer Eppelmann. Er ist Vorsitzender des Stiftungsvorstandes und als solcher blickte er weit ins nächste Jahrtausend: »Diese Aufgabe wird uns noch so lange beschäftigen, als es noch Menschen gibt, die die DDR kannten.«[34] Aber was wird mit den Menschen, die die DDR nicht mehr selbst erlebt haben? Offenkundig sollen sie sich nur daran erinnern, daß es im 20. Jahrhundert auf deutschem Boden »zwei Diktaturen« gab.

Wozu die Gleichsetzung von NS-Regime und DDR dient, das hat der ehemalige Justizminister Klaus Kinkel 1991 vor dem 15. Deutschen Richtertag in Köln erläutert. Aus schwer nachvollziehbaren Gründen wird beim gewiß häufigen Hinweis auf diese Rede meist nur an den Ministerauftrag zur Delegitimierung des SED-Systems erinnert. Doch der Minister hat mehr gesagt. Es lohnt sich durchaus, noch einmal nachzulesen: »Sie, meine Damen und Herren, haben als Richter und Staatsanwälte bei dem, was noch auf uns zukommt, eine ganz besondere Aufgabe. Es wird sehr darauf ankommen, wie die in allen Rechtsbereichen auf die Gerichte zukommenden Fragen behandelt werden, ob es vor allem auch gelingen wird, die für die Einheit so wichtige Akzeptanz der gerichtlichen Entscheidungen bei den Menschen zu erreichen. Davon hängt ab, ob der Rechtsstaat in den Augen der Bevölkerung in der Lage ist, mit dem fertig zu werden, was uns das vierzigjährige Unrechtsregime in der früheren DDR hinterlassen hat ... Ich weiß sehr wohl, daß die Gerichte nicht allein leisten können, was aufzuarbeiten ist. Aber einen wesentlichen Teil müssen sie leisten, alternativlos. Ich baue auf die deutsche Justiz. Es muß gelingen, das SED-System zu delegitimieren, das bis zum bitteren Ende seine Rechtfertigung aus antifaschistischer Gesinnung, angeblich höheren Werten und behaupteter absoluter Humanität hergeleitet hat, während es unter dem Deckmantel des Marxismus-Leninismus einen Staat aufbaute, der in weiten Bereichen genauso unmenschlich und schrecklich war wie das faschistische Deutschland ...«[35]

---

34 Das Parlament, Nr. 46-47/1998
35 Deutsche Richterzeitung, 1/1992

Selten hat ein Mitglied der Bundesregierung die enge Verbindung zwischen der Gleichsetzung von NS-Regime und »Unrechtsregime« der DDR sowie Delegitimierung, Kriminalisierung der DDR und politischer Strafverfolgung so offen und so präzise dargelegt wie Kinkel.

Gerade zum 50. Jahrestag der DDR-Gründung werden die Pflöcke tiefer in den Boden gerammt und neue gesucht, um Nazi- und SED-Herrschaft, Hitlerreich und DDR nicht nur zu vergleichen, sondern gleichzusetzen. Mit Akribie und Ausdauer werden die nicht zu bestreitenden Ähnlichkeiten »beider Diktaturen« benannt: der ideologische Absolutheits- und der uneingeschränkte Machtanspruch einer Partei, einer Führungsgruppe oder führenden Person, die Instrumentalisierung des Rechts zur Aufrechterhaltung bestehender Herrschafts- oder Gesellschaftsstrukturen, das Fehlen von demokratischen Strukturen der Machtkontrolle, die Verwandlung des Staates in ein Hilfsinstrument der Partei und ihrer Führung, die Kollektivierung vieler Lebensbereiche, die umfassende ideologische Einflußnahme. Mit Häme wird auf äußerlich ähnliche politische Rituale, auf Fahnenkult und -appelle, Gelöbnisse jeglicher Art, inszenierte Parteitage, lange Ansprachen und donnernde Sprechchöre, Massenveranstaltungen und -aufmärsche, Militärparaden und preußischen Stechschritt, reichen Ordens- und Medaillensegen verwiesen.

Wer wollte diese Ähnlichkeiten leugnen? Daß es die gesellschaftsstrukturellen und antidemokratischen gab, ist unverzeihlich und hat dem Realsozialismus gewaltigen Schaden zugefügt. Dieses schwere Versagen wird auch durch die Feststellung um kein Jota leichter, daß es auch im Realkapitalismus mit der Demokratie nicht gerade zum besten steht. Daß es die Ähnlichkeiten im Brauchtum gab, ist im hohen Maße peinlich. Daran ändert auch die Tatsache nichts, daß es z. B. in der Bundeswehr noch immer eine Traditionspflege gibt, die unmittelbar an braune Vorläufer anschließt.

Die strukturellen und äußerlichen Ähnlichkeiten gereichen der DDR nicht zum Ruhme, ganz im Gegenteil. Aber diejenigen, die nur diese hervorheben, unterlassen es, auf die enormen Unterschiede zwischen dem NS-Regime, der offenen faschistischen Diktatur, und der DDR, die sich ein »Staat der Diktatur des Proletariates« nannte, hinzuweisen – auch heute noch, obwohl sie offen zu Tage liegen und viele Male nachgewiesen wurden. Angeführt sind auch sie in einem offiziellen Dokument des Bundestages, im Sondervotum des Mitglieds der Gruppe der PDS/Linke Liste Dr. Dietmar Keller zum »Bericht der (ersten) Enquête-Kommission ›Aufarbeitung von Geschichte und Folgen der SED-Diktatur in Deutschland‹« vom Mai 1994. In diesem, in der linken Bundestagsgruppe heiß diskutierten Dokument kann nachgelesen werden, was bis heute kaum umfassender formuliert wurde und ein längeres, wenn auch gekürztes Zitat rechtfertigt. Im Votum hieß es:

»a) Besonders gravierend sind die völlig anders gearteten welthistorischen Wirkungen und Ergebnisse des Faschismus einerseits und des Staatssozialismus andererseits – hauptsächlich auf die Lebensrechte der Völker sowie auf die Krieg-Frieden-Problematik ... Der vom deutschen Faschismus ausgelöste Zweite Weltkrieg hat die Menschheit an den Rand des Abgrunds gebracht; die NS-Macht erhob den Völkermord, der im Holocaust gipfelte, zur Staatspolitik. Ungeachtet der gesellschaftlichen Gegensätze oder politischen Meinungsverschiedenheiten mit den westlichen Großmächten wurde die UdSSR Mitglied der Anti-Hitler-Koalition und leistete einen erheblichen Beitrag zur Abwehr der faschistischen Barbarei. Dabei erbrachte sie von allen Ländern die größten Opfer.

Für die DDR war typisch, daß sie eine Friedenspolitik betrieb ... Im Gegensatz zum NS-Regime, dessen Repräsentanten und staatstragende Organisationen und Verbände von internationalen Gremien gebrandmarkt und gerichtlich zur Verantwortung gezogen wurden, gehörte die DDR seit 1973 der UNO an, genoß internationles Ansehen und wurde zu keiner Zeit und von keinem internationalen Gremium völkerrechtlich angeklagt oder verurteilt.

b) Während das NS-Regime antikommunistisch war, war die DDR antifaschistisch. Ein wohl in seiner Bedeutung kaum zu überschätzender Unterschied.

c) Während in der DDR und den anderen staatssozialistischen Ländern zunehmend partiell demokratische Wirkungsräume existierten, wurden diese während des NS-Regimes ... letztlich vollständig beseitigt. Der Nazismus negierte Demokratie absolut, er setzte das Führerprinzip dagegen. Der Staatssozialismus versuchte, wenngleich zumeist in fragwürdiger Weise, den Demokratiegedanken in das Konzept der »sozialistischen Demokratie« zu integrieren. Das hatte in Teilbereichen, namentlich auf betrieblicher und örtlicher Ebene, durchaus positive Wirkungen ...

d) Grundverschieden sind die Herkunft und die Hauptinhalte der jeweiligen Ideologien. Während die faschistische Ideologie von Mystizismus und Irrationalismus, vor allem von der antihumanen Rassenlehre getragen wird, ist die Ideologie des »Marxismus-Leninismus« mit dem Rationalismus und Humanismus der Aufklärung verbunden und wendet sich entschieden gegen Völker- und Rassenhaß.

e) Grundlegend verschieden sind auch die ökonomischen Strukturen. Im Faschismus bleibt es bei der kapitalistischen Produktionsweise mit ihrer Profitwirtschaft, während der Staatssozialismus eine nichtkapitalistische Wirtschaftsform organisierte, in der neben dem dominierenden staatlichen Eigentum auch genossenschaftliches Eigentum und Privateigentum existierten.

f) Völlig verschieden sind Faschismus und Staatssozialismus auch in sozialer Hinsicht. Entgegen seiner vehement betriebenen sozialen Demagogie verfolgte das NS-Regime eine systematische Entrechtung im Sozial- und Arbeitsbereich. Bei aller Kritik an der DDR kann niemand übersehen, daß sehr viel für die Verbesserung der sozialen Lage der arbeitenden Menschen getan wurde. So konnten zum Beispiel eine weitgehende soziale Chancengleichheit in Bildung, Beruf und Kultur, eine soziale Grundsicherung, das Recht auf Arbeit, die Beseitigung von Arbeitslosigkeit und Obdachlosigkeit verwirklicht werden. In anderen wichtigen Lebensbereichen wie in der Wohnraumbereitstellung, der Gleichstellung der Geschlechter, im Familien- und Arbeitsrecht, im Gesundheitswesen, bei Kinderkrippen, Kindergärten und Kinderhorten sowie in der Kinderferiengestaltung und auf vielen anderen Gebieten wurden Ergebnisse erzielt, die nicht einmal einen Vergleich mit den hoch entwickelten kapitalistischen Industriestaaten zu scheuen brauchen. Im Gegenteil ...«[36]

---

36   12. Deutscher Bundestag, Drucksache 12/7820, S. 265

All diese unwiderlegbaren Tatsachen bringt die Gleichsetzer von Nazireich und DDR nicht von der einmal gewählten Spur, wie dem vier Jahre später veröffentlicheten Bericht der Eppelmann-Kommission Nr. 2 zu entnehmen ist. Es stört sie auch nicht, daß mit dieser Gleichsetzung die ungeheuerlichen Verbrechen der faschistischen Diktatur bagatellisiert werden. Dabei verlieren sie allerdings aus dem Auge, daß bei einem Vergleich zwischen Staat und Gesellschaft Hitlerdeutschlands und der beiden deutschen Nachkriegsstaaten nach den Eppelmannschen Kriterien nicht wenige braune Spuren geradewegs in die Bundesrepublik Deutschland führen.

Nach dem Untergang Hitlerdeutschlands und seiner Aufteilung in vier Besatzungszonen erwiesen sich die drei westlichen, wie Stefan Heym einmal formulierte, als ein »trizonales Eldorado«, in das die geschlagenen Nazis aus allen Teilen des ehemals Großdeutschen Reiches in Scharen flüchteten. Als vier Jahre später die Bundesrepublik Deutschland aus der Taufe gehoben wurde, »da gab es unter der Beamtenschaft zahlreicher Behörden des gerade erst entstandenen Bundesstaates und seiner Länder mehr ehemalige Mitglieder und Funktionäre der aufgelösten und verbotenen NSDAP und ihrer diversen Gliederungen, als dort früher, zu Hitlers Triumphzeiten, vorhanden gewesen waren.«[37] In der ersten Adenauer-Regierung selbst waren mehr NSDAP-Mitglieder als in der ersten Nazireichsregierung vom 30. Januar 1933. Hier in Westdeutschland wurden sie geschützt, hier wurden sie gebraucht, denn im Gegensatz zu Ostdeutschland wurden die Beschlüsse der Alliierten zur »Vernichtung der bestehenden übermäßigen Konzentration der Wirtschaftskraft, dargestellt insbesondere durch Kartelle, Syndikate, Trusts und andere Monopolvereinigungen«[38] nicht erfüllt. Die ökonomischen Grundlagen, auf denen der Faschismus ruhte, blieben weitgehend unangetastet. Die Herren der Großindustrie und der Hochfinanz, die Hitler gefördert und gestützt hatten, gaben nach kurzer Schamfrist ohne

---

37   Bernt Engelmann: Rechtsverfall, Justizterror und das schwere Erbe, Köln 1989, Bd. 2, S. 291
38   Mitteilung über Dreimächtekonferenz von Berlin, Amtsblatt des Kontrollrats in Deutschland, Ergänzungsblatt Nr. 1, in: Michael Antoni: Das Potsdamer Abkommen, Berlin 1985, S. 340 ff.

Scham und Umstrukturierung, »Entflechtung« genannt, auch im neuen Staat den Ton an, darunter – um nur einige zu nennen – die ehemaligen Wehrwirtschaftsführer Heinrich Dinkelbach und Heinrich Kost, der Chef des Klöckner-Konzerns, Günter Henle, der Bankier Robert Pferdmenges und ab 1950 – nach Verbüßung einer von den Alliierten verhängten Gefängnisstrafe – Friedrich Flick, im Hitlerreich ebenfalls Wehrwirtschaftsführer, Mitglied des »Freundeskreises des Reichsführers SS Heinrich Himmler« und in der Bundesrepublik Herr eines riesigen Konzernreiches mit Hunderttausenden von Arbeitern und Angestellten. Wenn schon in den letzten Jahren mit immenser Energie nach Ähnlich- und Gleichartigkeiten zwischen Drittem Reich und einem der deutschen Nachkriegsstaaten gefahndet wird, dann gehören die ökonomischen Machtstrukturen zweifellos als erstes und Wichtigstes auf den Prüfstand. Das Ergebnis muß nicht einmal näher erläutert werden.

Die Kontinuität der Machtverhältnisse in der Wirtschaft fand ihre Entsprechung in der Kontinuität des politischen Personals. Bis weit in die 60er Jahre hinein waren ehemalige verdienstvolle Nazis, darunter solche, die barbarische Kriegsverbrechen begangen hatten, in großer Zahl in der Bundesrepublik Deutschland tätig: 21 Minister und Staatssekretäre, 100 Generale und Admirale der Bundeswehr, 828 hohe Justizbeamte, Staatsanwälte und Richter, 245 leitende Beamte des Auswärtigen Amtes und des diplomatischen Dienstes, 297 hohe Beamte der Polizei und des Verfassungsschutzes. Hinter den Zahlen stehen Namen, solche wie Oberländer, Heusinger, Filbinger, Lübke und viele andere politische Prominente der Bundesrepublik. Der am häufigsten genannte ist Dr. Hans Maria Globke. Nicht zu Unrecht, sein Anteil an den Untaten des Hitlerregimes und sein Einfluß in der Bundesrepublik Deutschland sollten auch kommenden Generationen in Erinnerung bleiben, zumal dann, wenn man in der Geschichte der beiden deutschen Staaten nach braunen Spuren Ausschau hält, wenn man nach Verwandtschaften mit dem NS-Regime sucht.

Globke war als Ministerialrat im faschistischen Innenministerium und Spezialist für Rassenfragen Hauptverfasser und richtungsweisender Kommentator der Nürnberger Blutgesetze, mit denen die juristischen Grundlagen für die totale Entrechtung der

Juden, für ihre Verschleppung in die Konzentrations- und Vernichtungslager Auschwitz und Majdanek gelegt wurden. Wiederholt wurden seine »Verdienste« an ihrer Ausarbeitung und praktischen Umsetzung in den von der Wehrmacht eroberten Ländern von den höchsten Naziführern hervorgehoben und gewürdigt. Zeitgleich wirkte er bis zum Untergang des faschistischen Staates als Referent für »Allgemeine Angelegenheiten und Geschäftsführung« des deutschen Innenministers, der sich »Generalbevollmächtigter für Reichsverwaltung« nannte und seit 1943 kein anderer als der Reichsführer SS Heinrich Himmler war.

Dieser Globke stand 1945 mit der Nummer 101 auf der Hauptkriegsverbrecherliste der Alliierten, aber 1950, am 8. Juli, wurde er mit der Unterschrift von Bundespräsident Prof. Heuss als Ministerialdirigent Leiter der Personalabteilung beim Kanzler und drei Jahre später Staatssekretär und Chef des Bundeskanzleramtes. Von der rechten Hand Himmlers wurde er zur rechten Hand Konrad Adenauers, zur »Grauen Eminenz« in Bonn. Über seinen Tisch gingen die für Adenauer bestimmten Schreiben und Vorlagen, er bereitete die Sitzungen des Kabinetts vor, er war der Chef des Staatssekretärs-Ausschusses für Sicherheitsfragen, ihm unterstanden der von Nazi-General Gehlen geleitete Geheimdienst und der Bundespressechef, er war der Koordinator der Schattenregierung der 25 bundesdeutschen Staatssekretäre, von denen mehr als die Hälfte schon im Dritten Reich leitende Positionen eingenommen hatten. Nicht zuletzt entschied er über die Einstellung und Beförderung aller höheren Beamten. »Dr. Globke war damals und blieb bis zum Ende der Ära Adenauer«, so konstatierte Bernt Engelmann, »der mit Abstand einflußreichste und mächtigste Mann in Bonn nach dem Kanzler. Durch seine Personalentscheidungen bis 1962 wirkte er weit über seine eigene Amtszeit hinaus auf die Politik der Bundesregierung ein, die er während seiner Tätigkeit an der Spitze des Kanzleramtes auch noch dadurch enorm beeinflußte, daß er dem – inoffiziellen – ›Staatssekretärskränzchen‹ präsidierte, wo an Ministern und am Kabinett vorbei zahlreiche Weichenstellungen vorgenommen wurden. Es ist nicht zuviel gesagt, wenn man feststellt, daß die Entwicklung der Bundesrepublik Deutschland entscheidend mitgeprägt wurde von diesem Mann, dessen Name unter Hunderten von Gesetzen und Verordnungen, Richtlinien und Kommentaren stand, mit deren Hilfe die furchtbarsten Verbrechen der deutschen Geschichte verübt, ja erst möglich wurden.«[39]

Dieser Einschätzung des langjährigen Vorsitzenden des Verbandes deutscher Schriftsteller bleibt wenig hinzuzufügen. Ein Ergebnis der Personalentscheidungen von Globke und anderen war es, daß Hunderte von Nazi-Juristen als Richter und Staatsanwälte in der Bundesrepublik Karriere machten, ebenso wie ungezählte SS-Haupt- und Obersturmführer als Kriminalräte und Polizeihauptkommissare, was ebenfalls bei Bernt Engelmann im Detail nachzulesen ist.[40] In den 50er und 60er Jahren bekamen diese nach der Annahme der sogenannten Blitzgesetze zur Verschärfung politischer Straftatbestände und dem KPD-Verbot vom 17. August 1956 reichlich Arbeit. Allein von 1954 bis 1964 wurden rund 150.000 Ermittlungsverfahren gegen tatsächliche oder vermeintliche Förderer der KPD und andere linke Staatsschutz-Delinquenten geführt, Tausende von ihnen wurden abgeurteilt und nicht wenige von ihnen mit Zuchthaus- oder Gefängnisstrafen ohne Bewährung belegt. Es galt die Devise: »Wer sich als Kommunist betätigte, kann bestraft werden. Ziel dieser politischen Justiz war es, jeden Versuch eines politischen Kontakts mit ... der DDR im Keim zu ersticken. Bereits das Organisieren von Reisen in die DDR oder die Teilnahme von Bürgern der Bundesrepublik an Veranstaltungen des FDGB ... wurde strafbar beurteilt«, schrieb die der kommunistischen Propaganda wahrlich unverdächtige Frau Prof. Dr. Limbach, heute Präsidentin des Bundesverfassungsgerichtes, 1994 in einer juristischen Fachzeitschrift.[41] Den verurteilten Antifaschisten und Kommunisten, die unter der Nazi-Diktatur inhaftiert, gequält und gefoltert worden waren, wurden die sogenannten Wiedergutmachungsleistungen, die so schon weitaus geringer als die Pensionen ihrer ehemaligen Kerkermeister waren, entzogen. Bis heute weigern sich Bundes-

---

39 Bernt Engelmann: Der Allertüchtigste: Hans Globke, in: Die Skandale der Republik, Hamburg 1990, S. 19/20
40 Siehe Bernt Engelmann: Wie wir wurden, was wir sind, München 1980 und Bernt Engelmann: Rechtsverfall, Justizterror und das schwere Erbe, Köln 1989
41 Neue Justiz, Heft 2/1994, S. 50

regierung und Bundestag die Opfer dieser Strafjustiz zu rehabilitieren. So gibt es noch eine Spur, die vom NS-Staat in die Bundesrepublik führt: Der Antikommunismus, unterschiedlich in seinen Methoden und Folgen, gleich in seinem Wesen.

Von der Flucht der Nazis in das »trizonale Eldorado« hatte Stefan Heym in einer Rede in Bad Sassendorf zum 40. Gründungsjubiläum der Bundesrepublik gesprochen und hinzugefügt: »Wer zählt die Scharen, kennt die Namen – bis in Adenauers engsten Kreis hinein saßen sie, diese Aktivisten der ersten Stunde, und obwohl sich da manches abgeschliffen hat im Lauf der vierzig Jahre, sind ihre Spuren heute noch erkennbar auf der Haut, und leider auch im Geiste der Republik, die zu feiern wir zusammengekommen sind.«[42]

Daß die heute in Deutschland Herrschenden, gemeint sind nicht die derzeit Regierenden – zwischen beiden besteht wie ehedem kein geringer Unterschied – die DDR nicht lieben, ist zu verstehen, daß sie ihr keine Gerechtigkeit in Gestalt eines differenzierten Urteils widerfahren lassen, ist zu beklagen, aber daß ausgerechnet sie die DDR an die Seite der Nazidiktatur stellen und den Antifaschismus als »verordnet« herabsetzen wollen, das ist schon törichte Ignoranz oder widerwärtige Infamie. Weder das eine noch das andere eignet sich, wenn es um die Beurteilung geschichtlicher Prozesse, ihrer Protoganisten und Ergebnisse geht.

So, wie man, um ein häufig gebrauchtes Bild zu wiederholen, die Leichenberge der Nazis nicht mit den Aktenbergen der Staatssicherheit gleichsetzen kann, kann man die Kommunistenverfolgungen in der Bundesrepublik nicht mit der Menschenvernichtung im Dritten Reich gleichsetzen. Auschwitz bleibt tatsächlich singulär, und es ist die Aufgabe aller Demokraten, eine Wiederholung unmöglich zu machen. Das aber setzt auch voraus, die Nazi-Herrschaft nicht durch eine Gleichsetzung mit der DDR schön- und kleinzureden und mit der geschichtsverfälschenden These von den »zwei Diktaturen in Deutschland« aufzuhören.

---

42   Stefan Heym: Einmischung, Frankfurt/Main 1992, S. 197

Die Mauer

Zu den bevorzugten Objekten bundesdeutscher Be- und Aburteilung der DDR gehört die Mauer. Kein hochgestellter Vertreter des politischen Establishments am Rhein und an der Spree verabsäumt es, das niedergerissene Bauwerk, das seine Erbauer einst »antifaschistischen Schutzwall« nannten, zu erwähnen, wenn es gilt, den ostdeutschen »Unrechtsstaat« anzuprangern und die »wiedergewonnene Einheit« zu preisen. In der Regel begnügen sie sich dann nicht mit einer nackten Bezeichnung der Baulichkeit, sondern schmücken diese mit den entsprechenden Attributen aus, damit auch jeder weiß, daß von der »Schand- und Todesmauer« die Rede ist. Auch das angebliche Mundwerk des Ostens, Wolfgang Thierse, hat sich diesem Ritual unterworfen und in seiner Antrittsrede als Parlamentspräsident die Mauer genannt und sie als »ein absurde(s) und tödliche(s) Monument der Teilung« bezeichnet.[43] Ob sich der Germanist und Kulturwissenschaftler mit dieser Wortwahl als besonders treffsicher erwies, ist anzuzweifeln. Daß ein Monument, also ein Denkmal, tödlich sein kann, ist anfechtbar, daß die Mauer absurd, also sinnlos, gewesen sein soll, ist selbst eine unsinnige Charakterisierung.

Sie löst ein geschichtliches Faktum aus seinen Zusammenhängen und macht es damit zu einem Akt subjektiver Willkür. Das verrät die gleiche, und hier ist das Wort am Platze, absurde historische Sicht wie der Beginn der chronologischen Aufzählung der Beschuldigungen im Mauerprozeß gegen Erich Honecker und andere SED-Politbüro-Mitglieder vor dem Berliner Landgericht. Diese beginnt mit der Feststellung: »Am 12. August 1961 ordnete der Angeschuldigte Honecker als Sekretär des NVR (Nationalen Verteidigungsrates) und Sekretär für Sicherheitsfragen beim Zentralkommitee der SED an, die Grenzanlagen um Berlin (West) und die Sperranlagen zur Bundesrepublik Deutschland auszubauen, um ein Passieren unmöglich zu machen.«[44]

Diese absichtlich kuriose, ahistorische Betrachtungsweise durchzieht nicht nur die Anklageschriften und Urteilsbegründungen in den Totschlagsprozessen gegen Mitglieder der ehemaligen

---

43   Das Parlament, Nr.45/1998
44   Blätter für deutsche und internationale Politik, Januar 1993, S. 121

DDR-Führung, gegen Generale und Grenzsoldaten, die man Politbüro-, Mauer- oder Mauerschützenprozesse nannte, sie ist kennzeichnend für die Darstellung der Mauer selbst, einschließlich der Gründe ihrer Errichtung und ihrer Folgen. Sie verschweigt und mißachtet einige äußerst simple historische Tatbestände, die heute aber in Vergessenheit geraten sollen. Zur Erinnerung:

– Als Folge des Sieges der Anthitlerkoalition im Zweiten Weltkrieg und der Befreiung des deutschen Volkes vom Faschismus wurde Deutschland in vier Besatzungszonen aufgeteilt. Nach der Gründung der Bundesrepublik Deutschland und der Deutschen Demokratischen Republik und ihrer Aufnahme in die NATO bzw. in den Warschauer Vertrag – beide Male war die westdeutsche Republik vorangegangen – wurden die ehemaligen Zonengrenzen zu einer Staatsgrenze im völker- und staatsrechtlichen Sinne, mit einer einzigen Besonderheit – sie war ungesichert, ungenügend markiert und stand sperrangelweit offen. Ihre Vermessung und Markierung erfolgte nach der Mauererrichtung durch eine Grenzkommission aus Beauftragten der Regierungen beider deutscher Staaten in nahezu gutnachbarlicher Kooperation.

– Lange Jahre erhob die Bundesrepublik Deutschland einen Alleinvertretungsanspruch, bestand auf der Wiederherstellung der deutschen Grenzen von 1937 und erkannte weder die DDR noch deren Staatsgrenzen an. Statt dessen unternahm sie alles, um der DDR vom Tag ihrer Gründung an politischen, finanziellen und ökonomischen Schaden zuzufügen, um sie letztlich zu beseitigen. Der offenen Grenze kam dabei eine Schlüsselfunktion zu.

– Die Grenzlinie, die damals wie heute so gern verniedlichend als »deutsch-deutsche« bezeichnet wurde und wird, war nicht nur eine Grenze zwischen zwei einander nicht wohlgesonnenen Nachbarstaaten, sie war eine Trennlinie zwischen zwei einander feindlich gegenüberstehenden Militärpakten, die Hauplinie der Konfrontation zwischen Warschauer Vertrag und NATO. Nirgendwo auf der Welt standen sich die Streitkräfte beider hochgerüsteten Militärallianzen so konzentriert gegenüber wie auf dem Boden beider deutschen Staaten. Östlich von Elbe und Werra standen 6 Divisionen der Nationalen Volksarmee mit 110.000 und 20 Divisionen der Sowjetarmee mit 350.000 Mann, westlich 12 Divisionen der Bundeswehr mit 300.000 Mann sowie 8 Divisionen der Streikräfte der USA, Großbritanniens und Frankreichs. Nicht eingerechnet sind hierbei die im strategischen Umfeld stationierten Luftflotten, Raketenarsenale und Nuklearwaffen, bei denen der westliche dem östlichen Militärpakt um ein Mehrfaches überlegen war.

Diese Truppen- und Waffenkonzentration konnte unter den Bedingungen der Roll back-Politik der NATO, des von beiden Seiten geführten Kalten Krieges und der offenen Grenze jederzeit zu einer militärischen Konfrontation mit nicht absehbaren Konsequenzen führen. Angesichts der Schärfe der Auseinandersetzung in den 50er Jahren war es nahezu ein Wunder, daß die Grenze bis zum Sommer 1961 weit geöffnet geblieben war. Dafür, daß sie im August dieses Jahres geschlossen wurde, gab es bekanntlich noch einen Grund, der zum unmittelbaren Anlaß des Mauerbaues wurde und der bei dessen Beginn östlicherseits schamhaft verschwiegen wurde.

In der DDR wurden für die Errichtung des »antifaschistischen Schutzwalls« neben der in diesem offiziellen Namen liegenden viele andere Begründungen gegeben – sie diente der Friedenssicherung, der Verteidigung der Souveränität des ersten sozialistischen Staates auf deutschem Boden, der Gewährleistung des territorialen Status quo in Europa, dem Schutz vor imperialistischer Spionage, Diversion und Ausplünderung. All das traf zu, aber der unmittelbare Zweck wurde nicht genannt und auch heute noch fällt es einigen Linken nicht gerade leicht, einzugestehen, daß die Mauer in Berlin und die Sicherungsanlagen an den westlichen Staatsgrenzen in erster Linie dazu dienten, die Abwanderung von Bürgerinnen und Bürgern der DDR nach Westberlin und in die Bundesrepublik, die, da sie legal nur selten möglich war, Flucht genannt wurde, zu verhindern.

Vor dem 13. August 1961 drohte der DDR ein in der Geschichte noch nicht dagewesener Staatskollaps. Infolge eines unaufhörlichen Bevölkerungsschwundes stand zu befürchten, daß sie ausblutet. Seit ihrer Gründung hatten 2,6 Millionen Menschen ihre Koffer gepackt und waren über die offene Grenze gen Westen gezogen. Im Sommer 1961 war ihre Zahl so sprunghaft angestiegen, daß dem Staat, der sich anschickte, den Sozialismus aufzubauen, die Gefahr drohte, einen beträchtlichen Teil des Staatsvolkes an den kapitalistischen Nachbarn zu verlieren. Ökonomisches Gefälle innerhalb eines Landes und auch zwischen benachbarten Ländern führt bei offenen Grenzen unausweichlich zur Abwanderung von Teilen der Bevölkerung aus den ärmeren in die reicheren Gebiete, und das West-Ost-Gefälle auf deutschem Boden war beträchtlich. Die Mehrheit derer, die ihr Bündelchen im noch immer grauen Osten schnürten und im bunten Westen auspackten, zog es weniger in die kapitalistische Freiheit und Demokratie, sondern vielmehr in das bundesdeutsche Wirtschaftswunderland. Diejenigen, die das Gegenteil behaupteten, kommen spätestens jetzt bei der Frage ins Stottern, weshalb sich nach 1990, nachdem westliche Demokratie und Freiheit auch im Osten Einzug gehalten haben, die Ost-West-Wanderung im großen Umfang fortgesetzt hat? Immerhin verließen in der Zeit von 1990 bis 1998 1,8 Millionen Ostdeutsche ihre Heimat und schlugen ihre Zelte im Westen des staatlich vereinigten Deutschlands auf.

Wie die Abwanderungs- oder Fluchtgründe vor 1961 im einzelnen auch ausgesehen haben mögen, die offene Grenze stellte für den ostdeutschen Staat eine offene Wunde dar. Währungsspekulanten, Grenzgänger, die im Westen arbeiteten und im Osten soziale Vorteile nutzten, Auf- und Wiederverkauf rarer technischer Konsumgüter und subventionierter Lebensmittel, eine Vielzahl von Spionage- und Sabotagezentren in Westberlin, laut dem damaligen Regierenden Bürgermeister Ernst Reuter die »billigste Atombombe«, fügten der DDR großen Schaden zu, am schmerzlichsten und existenzbedrohend aber war der anschwellende Strom der Menschen, darunter vieler Facharbeiter, Ingenieure, Wissenschaftler, Ärzte, die, zu großen Teilen auch abgeworben, ihrer Heimat den Rücken kehrten. Kreml- und SED-Führung standen vor einem schweren Dilemma:

Behielt man die offene Grenze bei, dann war das Ende des Arbeiter- und Bauernstaates abzusehen. Bei einem Zusammenbruch der DDR konnte die Entwicklung jedoch endgültig außer Kontrolle geraten und wahrscheinlich geradewegs in einen militärischen Konflikt führen. Nicht einmal die reaktionärsten Kräfte in Washington und in den NATO-Stäben erwarteten, daß die Weltkriegssieger- und Großmacht Sowjetunion in dieser Phase der

Blockkonfrontation dem Verlust des deutschen »Vorpostens« in Europa mit verschränkten Armen zusehen könnte. Griff man zum einzig verbliebenen, kurzzeitig wirksamen Mittel, um den Zusammenbruch der DDR zu vermeiden, und schloß die Grenze, so bedeutete das die Offenbarung der Absicht, auch die Sozialismus-Ungläubigen mit Gewalt zu ihrem sozialistischen Glück zu zwingen, und das Eingeständnis einer politischen Niederlage ohnegleichen.

Es war eine Wahl zwischen Pest und Cholera. Die Entscheidung fiel zugunsten des scheinbar kleineren Übels. Am 5. August 1961 wurde auf einer Beratung der Parteiführer der Staaten des Warschauer Vertrages die Abriegelung der Grenze und der Bau der Mauer beschlossen. Eine Woche danach wurden der Stacheldraht ausgelegt, die Straßen aufgerissen, der Wall, der antifaschistische, errichtet. Die oberste Leitung der militärischen Sicherung der Maßnahmen lag in den Händen des Oberkommandierenden der sowjetischen Streitkräfte in Deutschland, Marschall Konew. Und noch 1986 schrieb Gorbatschow in das Mauer-Gästebuch: »Am Brandenburger Tor kann man sich anschaulich davon überzeugen, wieviel Kraft und wahrer Heldenmut der Schutz des ersten sozialistischen Staates auf deutschem Boden vor den Anschlägen des Klassenfeindes erfordert. Die Rechnung der Feinde des Sozialismus wird nicht aufgehen. Das Unterpfand dessen sind das unerschütterliche Bündnis zwischen der DDR und der UdSSR sowie das enge Zusammenwirken der Bruderländer im Rahmen des Warschauer Vertrages. Ewiges Andenken an die Grenzsoldaten, die ihr Leben für die sozialistische DDR gegeben haben!«[45] Damals wußte Gorbatschow noch, daß der Schutzwall ein sozialistisches Gemeinschaftswerk unter sowjetischer Führung war, und später war es nicht zufällig, daß der USA-Präsident Reagan seinen Appell zur Öffnung der Mauer an ihn und nicht an Honecker richtete.

Im August 1961 hatte einer der Vorgänger Reagans die Zuständigkeit nicht anders gesehen. Wenige Tage vor der Schließung der Grenze hatte John F. Kennedy laut seinem Berater Walt W. Rostow erklärt: »Ostdeutschland entgleitet Chruschtschow.

---

45   Zwei Staaten, zwei Paktsysteme und ihre Grenze. Geschichte – Standpunkte – Dokumente, Berlin 1992, S. 27

Das kann er nicht zulassen. Wenn Ostdeutschland verloren geht, ist auch Polen und ganz Osteuropa verloren. Er muß etwas tun, um den Flüchtlingsstrom einzudämmen – vielleicht eine Mauer. Und wir werden nichts dagegen tun können.«[46] Auch das Völkerrecht bot keinen Vorwand, um gegen den Mauerbau vorzugehen. Nahezu zeitgleich mit Kennedys Einschätzung erklärte der Vorsitzende des Außenpolitischen Ausschusses James W. Fulbright auf die Frage nach einer möglichen Schließung Westberlins als Fluchtweg, daß »die Russen die Macht haben, ihn auf jeden Fall zu schließen ... ohne einen Vertrag zu verletzen.« Weiter stellte er fest: »Ich verstehe nicht, weshalb die DDR-Behörden ihre Grenze nicht schließen, denn ich meine, sie haben alles Recht, sie zu schließen.«[47] Von dieser Macht und von diesem Recht wurde Gebrauch gemacht, obwohl darunter viele Deutsche in Ost und West auch schwer zu leiden hatten. Der Bau der Mauer beendete eine Krise, die jeder Zeit außer Kontrolle geraten konnte. »Es war darum nicht verwunderlich und auch nicht zufällig, daß die maßgeblichen Staatsmänner der Westmächte in den entscheidenden Stunden des 13. August 1961 nicht zu sprechen waren: USA-Präsiden J. F. Kennedy setzte seine Wochenendparty auf seiner Jacht fort, der französische Präsident Charles de Gaulle verblieb auf seinem Landsitz, und der britische Premier Harold Macmillan fuhr mit seinem Außenminister zur Rebhuhnjagd nach Schottland.«[48]

Welche realistische Alternative gab es unter den gegebenen, inzwischen historischen Verhältnissen zum Bau der Mauer, eines tatsächlich abscheulichen Bauwerkes? Auch heute noch ist keiner der linken Kritiker in der Lage, darauf eine vernünftige Antwort zu geben. Sollte man statt der Pest die Cholera wählen, sollte man statt die ins Trudeln geratene Republik zu retten, sie aufgeben und damit auch einen Kriegsbrand riskieren? Nüchtern betrachtet, war die getroffene Entscheidung leider alternativlos. Besserwissern ist die Lektüre der »Einführenden Bemerkungen eines Reiseführers vor einem Reststück der Mauer« zu empfehlen, die einer der Kri-

46   Hans-Peter Schwarz: Die Ära Adenauer, Wiesbaden, S. 144
47   H. M. Catudal: Kennedy in der Mauer-Krise, Berlin, S. 216
48   Autorenkollektiv unter der Leitung von Hans Modrow: Zwei Staaten, zwei Paktsysteme und ihre Grenze, Berlin 1992, S. 15

tiker des DDR-Regimes, der schon zitierte Stefan Heym, im August 1986 machte und – auch das spricht nicht gerade für das in der DDR erreichte Niveau der sozialistischen Demokratie – anonym veröffentlichen ließ. Reiseführer Heym schrieb u. a.: »Sie sehen also, meine Damen und Herren, daß die Mauer ... aus der Not geboren war und nicht aus irgendwelcher bösartigen Willkür; sie diente dazu, den real existierenden Sozialismus in der ehemaligen Deutschen Demokratischen Republik vor dem Zusammenbruch zu bewahren, einem Zusammenbruch, der hier, an der Nahtstelle zwischen den beiden Machtblöcken jener von Atomraketen geprägten Zeit, mit großer Wahrscheinlichkeit zu kriegerischen Verwicklungen geführt hätte.«[49]

Die Notmaßnahme Mauer war alles andere als eine Ruhmestat des Sozialismus. Doch die nicht eingestandene Niederlage wurde in einen Sieg umgemünzt. Und die Entwicklung im Jahrzehnt nach der Errichtung des Walls schien seinen Erbauern Recht zu geben. Selbst die erste Eppelmann-Kommission stellte fest: »Nach dem Bau der Berliner Mauer trat in der DDR eine innere Konsolidierung ein, in deren Gefolge die Führung ein in der Hauptsache wirtschaftliches Reformprogramm in Angriff nahm.«[50] Einher ging die »innere Konsolidierung« mit einer schrittweisen Anerkennung der politischen und territorialen Realitäten in Europa, die schließlich zum Durchbruch der von Bonn über die DDR verhängten diplomatischen Blockade und zum europäischen Vertragswerk führte. Egon Bahr, Architekt der Bonner Ostpolitik und gleichermaßen scharfsinniger wie scharfzüngiger Analytiker internationaler Entwicklungen, faßte diese Folgen im Februar 1999 in die drastischen Worte: »Diese Scheißmauer ist unter anderem Ausgangspunkt dessen, was später Ost- und Entspannungspolitik genannt wurde. Die Situation war: Da mir niemand hilft, dieses Ding wegzubringen, stehe ich vor der Frage, entweder ich protestiere erbittert, gerechtfertigt und resigniert und warte auf Wunder. Oder ich fange an, selbst etwas zu tun. Und selbst etwas zu tun, heißt, da ich Passierscheine leider nicht von

---

49   Stefan Heym: Einmischung, Frankfurt/Main 1992, S. 112
50   Bericht der Enquête-Kommission »Aufarbeitung von Geschichte und Folgen der SED-Diktatur in Deutschland«, 12. Deutscher Bundestag, Drucksache 12/7820, S. 123

der Bundesregierung kriege, nicht von den Amis, nicht mal von den Russen, muß ich mit denen verhandeln, die autorisiert sind, sie auszustellen. Das war die Regierung der Deutschen Demokratischen Republik ...«[51]

Die Mauer hatte der DDR und ihrer Führung Zeit verschafft, den Sozialismus demokratischer, attraktiver und damit das Bauwerk durchlässiger und letztlich überflüßig machen zu können. Diese Zeit wurde vertan. 1961 hatte die Mauer die DDR gerettet, 1989 ging sie an ihr zugrunde.

Die »aus der Not geborene Maßnahme« stabilisierte die DDR und verhinderte »kriegerische Verwicklungen«, doch der Preis dafür war hoch, zu hoch, wie viele meinen. Wer A wie Absperrung der Grenze sagte, der mußte auch B wie Bewachung sagen, alles andere hätte die Staatsgrenze als Sperrlinie, deren illegales Überschreiten untersagt war, ihres Sinnes beraubt. Letztes und äußerstes Mittel war der Einsatz von Schußwaffen, der immer wieder Menschenleben forderte. Was nützt es heute darauf hinzuweisen, daß es keinen »Schießbefehl« gab, die »Schußwaffengebrauchsbestimmungen« der DDR-Grenzer nahezu wortwörtlich mit denen im bundesdeutschen Grenzdienst übereinstimmten und die Grenzverletzer wußten, welchem tödlichen Risiko sie sich aussetzten – die Toten werden davon nicht wieder lebendig, das menschliche Leid nicht ungeschehen.

Das tragische Geschehen an der Mauer hat im Laufe der Jahrzehnte Hunderte von Todesopfern gefordert. Jedes ist ein Opfer zuviel. Die Unterlegenen in der an menschlichen Tragödien reichen historischen Auseinandersetzung haben darüber wiederholt ihr tiefes Bedauern zum Ausdruck gebracht. Selbst der sonst so uneinsichtige Erich Honecker erklärte im Dezember 1992 vor dem Berliner Landgericht: »Der unnatürliche Tod jedes Menschen in unserem Land hat uns immer bedrückt. Der Tod an der Mauer hat uns nicht nur menschlich betroffen, sondern auch politisch geschädigt. Vor allen anderen trage ich seit Mai 1971 die Hauptlast der politischen Verantwortung dafür, daß auf denjenigen, der die Grenze zwischen der DDR und der BRD, zwischen Warschauer Vertrag und NATO, ohne Genehmigung überschrei-

---

51   Interview mit Egon Bahr: Heucheleien im Kalten Krieg, taz, 5.2.1999

ten wollte, unter den Bedingungen der Schußwaffengebrauchsbestimmung geschossen wurde.«[52]

Seitens der vermeintlichen Sieger gibt es bis heute – von seltenen Ausnahmen abgesehen – kein Wort des Bedauerns über die Opfer der anderen Seite, über den Tod von DDR-Grenzsoldaten, die aus westlichem Hinterhalt oder Grenzverletzern ermordet wurden, auch nicht dafür, daß nicht wenige DDR-Bürgerinnen und -Bürger durch ein im Widerspruch zum Völkerrecht stehendes Urteil des Bundesverfassungsgerichtes, wonach die Staatsgrenze wie eine Grenze zwischen BRD-Bundesländern zu betrachten sei, durch Politiker, Geheimdienstler, Menschenschlepperorganisationen, Medien zum Grenzübertritt ermuntert oder unmittelbar veranlaßt wurden, der – wie alle wußten – tragisch enden konnte und leider nicht selten auch so endete. Ganz zu schweigen davon, daß sich die Mitverantwortlichen für die Existenz des »Eisernen Vorhanges«, zu dem die Mauer gehörte, auch nur mit einem Halbsatz, mit einem Wort zu ihrer Mitschuld an den tragischen Geschehnissen in den Zeiten der deutschen Zweistaatlichkeit und der Blockteilung in Europa bekennen würden. Schlimmer noch, vielen von ihnen kommt dazu nicht einmal der Anflug eines Gedankens.

Waren tatsächlich Ulbricht und Honecker und später Krenz die Alleinschuldigen an der Mauer? Haben nicht auch andere mitgebaut, jeder auf seine Weise?

Hitler und die Nazis, mit ihrem verbrecherischen Krieg, der zur bedingungslosen Kapitulation und zur Aufteilung Deutschlands in Besatzungszonen führte?

Adenauer, der das halbe Deutschland lieber ganz als das ganze Deutschland halb wollte, das besetzte Land endgültig spaltete und seinen Weststaat in die NATO führte?

Die Präsidenten der USA von Truman, der mit dem Befehl zum Abwurf der Atombomben über Hiroshima und Nagasaki den Weltherrschaftsanspruch der Vereinigten Staaten unterstrich, bis Kennedy, der die Strategie der »flexiblen Reaktion« verabschiedete, mit der »begrenzte« und »lokale« Kriege unterhalb der Schwelle eines umfassenden Kernwaffenschlages möglich gemacht wurden?

---

52   Blätter für deutsche und internationale Politik, Januar 1993, S. 120

Churchill, der 1946 mit seiner Rede im Westminster College der Stadt Fulton in den USA in Anwesenheit Trumans ein Programm des militanten Antikommunismus verkündete und damit den Kalten Krieg einläutete?

Stalin und Chruschtschow, die nicht zulassen wollten, daß der sowjetische Sieg im Zweiten Weltkrieg im nachhinein verspielt würde und die ihr Einflußgebiet um jeden Preis absichern wollten?

Tatsächlich, viele haben an der Mauer mitgebaut. Lassen wir noch einmal den schon erwähnten »Reiseführer vor einem Reststück der Mauer« aus dem Jahre 1986 zu Wort kommen, und dazu noch recht ausführlich: »Wer waren die Baumeister, wer inspirierte, verursachte, veranlaßte die Errichtung eines so einzigartigen Werkes moderner Bautechnik? Der Schrifsteller Stefan Heym, der die Gelegenheit hatte, die Gründe des Mauerbaus von Amerika wie von Deutschland aus zu erforschen und auf dessen Gedanken meine Ausführungen hier und da Bezug nehmen, nennt in diesem Zusammenhang vornehmlich Adolf Hitler, Harry Truman, Konrad Adenauer und auf östlicher Seite Jossif Wissarionowitsch Stalin und den seit je an städtebaulichen Fragen interessierten Walter Ulbricht; er fügt jedoch hinzu, wie die Geschichte denn überhaupt nur in begrenztem Maße von Einzelpersonen gemacht werde, seien auch hier größere Kräfte im Spiel gewesen, denen die Genannten untertan waren.

Vereinfacht gesagt, und damit Sie, meine Damen und Herren, sich ein Schema machen können: Ohne Hitler kein Krieg und ohne Krieg kein Vorrücken der Sowjetmacht bis in die Mitte von Deutschland; ohne Hitler also keine Teilung Deutschlands in ein östliches und westliches Besatzungsgebiet. Die Anfänge der Mauer liegen demnach in jener Nacht im Januar 1933, als auf der Wilhelmstraße in Berlin SA und SS fackeltragend an ihrem Führer vorbeimarschierten ...«[53]

Stefan Heym steht mit dieser Einschätzung nicht allein. Auch der Angeklagte Erich Honecker erklärte, als er vor dem Berliner Landgericht am 3. Dezember 1992 »die Geschichte, die zur Mauer führte«, rekapitulierte: »Der unmittelbare Beginn des Elends

---

53 Stefan Heym: Einmischung, Frankfurt/Main 1992, S. 109

der deutschen Geschichte der Neuzeit ist das Jahr 1933.«[54] Sein früherer bundesdeutscher Pendant, Bundespräsident Richard von Weizsäcker, hatte schon zehn Jahre früher unterstrichen, daß die Entwicklung, die zur Mauer führte, 1933 begann. In einer Rede zum 50. Jahrestag der faschistischen Machtergreifung erklärte er im Berliner Reichstagsgebäude u. a.: »Am 30. Januar 1933 brach die Weimarer Republik zusammen. In allernächster Nähe von diesem Platz, an dem wir versammelt sind, leuchtete am Abend des 30. Januars ein Fackelzug den Beginn der nationalsozialistischen Zwangsherrschaft ein ... Sie hat unsägliches Leid über viele Millionen unschuldiger Menschen mit sich geführt ... Sie hat den Gang der Geschichte grundlegend verändert ...Wie ein mahnendes Monument steht dieser Reichstag an der Mauer, die bis auf den heutigen Tag Berlin, Deutschland und Europa teilt. Aber es gäbe diese Mauer nicht ohne den 30. Januar 1933.«[55] Nichts anderes erklärte der Vorstand der PDS 1997 der Sache nach in seiner Stellungnahme zur Verurteilung von Egon Krenz im sogenannten Politbüro-Prozeß: »Die Zustände an der früheren Staatsgrenze, die zugleich eine Konfrontationslinie hochgerüsteter Militärblöcke war, hätte es – wie diese Grenze selbst – nie gegeben, wenn es das Dritte Reich und seinen Weltkrieg nicht gegeben hätte.«[56]

Die Mitschuldigen an der Mauer und ihren tragischen Folgen betrachten sich heute als Sieger, und so handeln sie, mit Hilfe der Justiz und mit den Mitteln einer allseitigen Kriminalisierung der DDR.

Die »marode« Wirtschaft

Fast 10 Jahre nach der Währungsunion und dem Anschluß der DDR an die Bundesrepublik liegt die Wirtschaftsleistung Ostdeutschlands noch immer unter dem 1989 in der DDR erreichten Niveau, die Industrieproduktion um nahezu 50 Prozent. Die

---

54 Blätter für deutsche und internationale Politik, Januar 1993, S. 122
55 Richard von Weizsäcker: Brücken zur Verständigung. Reden, Berlin 1990, S. 19
56 PDS-Pressedienst 35/1997

2. Eppelmann-Kommission, die sich auch mit der »wirtschafts-politischen Lage in den neuen Ländern« beschäftigte, verschweigt dieses glanzvolle Ergebnis des »Aufschwungs Ost« und spricht statt dessen von der »kläglichen Schlußbilanz des wirtschaftlichen Systems in der DDR«, die »ein in vierzig Jahren Planwirtschaft bis in seine Grundstrukturen zerstörtes ... Land« gewesen sei.[57] Und der Namensgeber der Kommission, Rainer Eppelmann, der als ehemaliger Pfarrer doch das 9. Gebot: »Du sollst nicht falsch Zeugnis reden ...«, kennen müßte, scheute sich in der Bundes-tagsdebatte zu dem Bericht nicht zu erklären: »So wie wir nach dem Ende des von der ersten deutschen Diktatur ausgelösten Krieges unser zerstörtes Land wieder aufbauen mußten, so müs-sen wir heute nach dem Ende der zweiten deutschen Diktatur ... die neuen Länder gemeinsam wieder aufbauen.«[58] Damit bewegte er sich auf dem Niveau des Otto Graf Lambsdorff, der sich als be-sonders eifriger Vorsänger des Liedes von den »wirtschaftlichen Ruinen«, die die SED-Herrschaft hinterlassen habe, erwies und die Aufbauleistungen der Ostdeutschen in den Nachkriegs- und DDR-Jahren mit dem schönen Spruch würdigte, 40 Jahre Miß-wirtschaft der SED hätten dem Osten Deutschlands mehr Schaden zugefügt als der Zweite Weltkrieg. Noch heute muß die »marode« Wirtschaft herhalten, wenn es darum geht, die Ostdeutschen zu ducken, die West- und Ostdeutschen zur »Solidaritäts«-Kasse zu bitten und die fatalen Folgen der Industriezerstörung in Ost-deutschland zu rechtfertigen. Wie marode war die DDR-Wirt-schaft 1989 tatsächlich?[59]

Kein ernsthafter Ökonom wird die wirtschaftliche Lage der DDR von 1989 schönreden. Nach Schätzungen des Deutschen Institutes für Wirtschaftsforschung (DIW) lag das Produktioner-gebnis je Einwohner um etwa ein Drittel unter dem der BRD, nach späteren Berechnungen sogar um etwa 50 Prozent. Zugun-sten der »Einheit von Wirtschafts- und Sozialpolitik« war die

57   13. Deutscher Bundestag, Drucksache 13/11000, S. 126/127
58   13. Deutscher Bundestag, 240. Sitzung am 17.6.1998, Plenarprotokoll 13/240, S. 22118
59   Siehe dazu auch die ausführliche Studie von Siegfried Wenzel: War die DDR 1989 wirtschaftlich am Ende? Hrsg. Helmut Meier, Detlef Nakath, Peter Welker, Berlin 1998

dringliche Erneuerung der Infrastruktur (Straßenverkehr, Post- und Fernmeldewesen, Trink- und Abwasserversorgung) sowie des zum Teil überalterten Maschinenparks von Jahr zu Jahr hinausgeschoben worden. Von 1970 bis 1988 hatte sich der Anteil der Akkumulation von 29 auf 21 Prozent verringert. Die Nettoausgaben und Geldfonds der Bevölkerung wuchsen schneller als die Warenfonds bzw. das produzierte Nationaleinkommen. Die Aufrechterhaltung niedriger Mieten, Tarife und Preise für den sogenannten Grundbedarf erforderten ständig größere Subventionen aus dem Staatshaushalt. Die DDR lebte am Schluß ihrer Existenz über ihre Verhältnisse.

Seriöse Wirtschaftswissenschaftler stimmen allerdings auch darin überein, daß die Ökonomie der DDR trotz gravierender Mißstände und Disproportionen 1989/90 keinesfalls vor einem baldigen Zusammenbruch stand. Das schon genannte DIW, dem in Fragen der DDR-Wirschaft in der Bundesrepublik die größte Sachkunde und Objektivität beigemessen wurde, konstatierte 1987: »Die DDR ist im RGW überhaupt das Land mit dem höchsten Leistungsniveau (und damit auch das Land mit dem höchsten individuellen Lebensstandard).«[60]

In den letzten 17 Jahren der DDR war das Nationaleinkommen jährlich um rund vier Prozent gestiegen, 1988 erreichte es ein Volumen von 258 Milliarden Mark, was einem Bruttosozialprodukt von über 300 Milliarden DM entsprach. 65 Prozent dieses Einkommens wurden von der Industrie produziert. Der Außenhandelsumsatz betrug 1989 nach Angaben des Statistischen Bundesamtes in Wiesbaden rund 84 Milliarden DM, 48 Prozent des Exportes entfielen auf Maschinen, Ausrüstungen und Transportmittel. Nicht wenige Zweige der Volkswirtschaft, so die Erdöl- und Erdgaschemie, die Veredlungsmetallurgie, der Schiffsbau und die Mikroelektronik, hatten ein beachtliches Niveau erreicht. Laut dem vom Statistischen Bundesamt in Wiesbaden herausgegebenen »Statistischen Jahrbuch 1990« betrug die Zahl der in der Industrie beschäftigten Arbeiter und Angestellten 3.211.000, allein der Maschinenbau zählte 962.000 Beschäftigte. Trotz nicht geringer Schwierigkeiten war die DDR einer der entwickelsten Industriestaaten, der seinen Bewohnern Arbeits- und Ausbil-

---

60   DIW-Vierteljahreshefte, 1-2/1987, S. 81

dungsplätze, einen respektablen Lebensstandard und so manche sozialen Leistungen sicherte, die heute in der Bundesrepublik als unfinanzierbar gelten.

Diejenigen, die an der Behauptung von der »maroden« Wirtschaft, vom 1989 unmittelbar bevorstehenden ökonomischen Zusammenbruch festhalten, verweisen mit Vorliebe auf »Schürers Krisenanalyse«[61], eine Untersuchung der wirtschaftlichen Lage der DDR, die der Vorsitzende der Staatlichen Plankommission dem SED-Politbüro nach der Ablösung Erich Honeckers Ende Oktober 1989 vorlegen mußte. Tatsächlich ziehen Gerhard Schürer und seine Mitverfasser eine äußerst kritische Bilanz der Wirtschaftsentwicklung in den vorangegangenen Jahren, in der hier bereits genannte negative Kennzahlen enthalten sind. Aber die altbundesdeutschen triumphierenden Kommentatoren verschweigen, daß die Analyse ein ganzes Bündel von Vorschlägen, u. a. zur »Durchführung einer Wirtschaftsreform mit sofort wirksamen und langfristig wirkenden Maßnahmen« und für ein »konstruktives Konzept der Zusammenarbeit mit der BRD und mit anderen kapitalistischen Ländern wie Frankreich, Österreich, Japan, die an einer Stärkung der DDR als politisches Gegengewicht zur BRD interessiert sind,« enthält. Wie weit entfernt die kritischen, aber gewiß sachkundigen hochrangigen Wirtschaftsanalytiker von dem ihnen im nachhinein zugeschriebenen Eingeständnis des bevorstehenden Wirtschaftszusammenbruches entfernt waren, zeigt allein ihr heute kurios anmutender, aber 1989 durchaus ernst gemeinter Vorschlag am Ende der »Krisen-Analyse«: »Als Zeichen der Hoffnung und Perspektive ist die DDR bereit, 1995 zu prüfen, ob sich die Hauptstadt der DDR und Berlin (West) um die gemeinsame Durchführung der Olympischen Spiele im Jahre 2004 bewerben sollten.«[62]

Selbst die beträchtliche Auslandsverschuldung, ein Bleigewicht am Hals der DDR-Wirtschaft, ließ keinen unmittelbar bevorstehenden Zusammenbruch erkennen. Die DDR war an keinem Tag ihrer Existenz zahlungsunfähig. Nach einem Bericht der Deutschen Bundesbank betrug die Auslandsverschuldung zum 1. Juli 1990, dem Stichtag der Währungsunion, 24,7 Milliarden

---

61 Siehe Deutschland Archiv, Nr 10, Oktober 1992, S. 1112-1120
62 Ebd. S. 1120

DM. Diese Summe entsprach etwa acht Prozent des jährlichen Bruttosozialproduktes, was eine im Vergleich zu vielen anderen Staaten relativ niedrige Verschuldungsrate ausmachte. Grund für einen Staatsbankrott gab sie nicht. Fügt man der Auslands- die Inlandsverschuldung hinzu, dann ergibt sich ein aufschlußreiches Bild: Zum Zeitpunkt der Staatsvereinigung betrug die Pro-Kopf-Verschuldung im Osten 5.298 DM und im Westen, der wesentlich länger und üppiger über seine Verhältnisse gelebt hatte, fast das Dreifache, nämlich über 15.000 DM. Die angeblich so verschuldeten armen Ostdeutschen übernahmen von einem Tag zum anderen einen beträchtlichen Teil der bundesdeutschen Schuldenlast.

Nein, »bis zum Sommer 1989 sprach«, wie die »Blätter für deutsche und internationale Politik« konstatierten, »nichts für eine wirtschaftliche Endzeitsituation«.[63] Trotz enormer Schwierigkeiten, großer struktureller Probleme und Disproportionen konnten die Bürgerinnen und Bürger der DDR auf ein auch international beachtetes Aufbauwerk zurückblicken: Wirtschaftlich erreichte die DDR 1950 das Vorkriegsniveau, sie verdoppelte es bis 1955. 1989 übertraf sie den Stand von 1936 13fach und den 1945 vorgefundenen Stand 30fach.[64]

Erreicht wurden diese Ergebnisse unter Umständen, wie sie ungünstiger kaum hätten sein können: Der Aufbau begann auf den Trümmern, die der Hitlerfaschismus zurückgelassen hatte. Da in der Endphase des Zweiten Weltkrieges die Wehrmacht nur noch im Osten erbitterten Widerstand leistete und die westalliierten Bomberflotten in der vorgesehenen Sowjetischen Besatzungszone ihre bevorzugten Ziele fanden, waren hier die Kriegsschäden größer als in Westdeutschland. Die nach der bedingungslosen Kapitulation erfolgte Aufspaltung des gesamtdeutschen Wirtschaftsraumes und die dadurch hervorgerufenen Disproportionen trafen den kleineren östlichen Teil wesentlich schmerzhafter als den größeren westlichen. Die im Osten vorhandene Industrie wurde von ihrer westdeutschen Rohstoff- und Schwerindustriebasis abgeschnitten. Vor dem Krieg hatte der mitteldeutsche Anteil an der Produktion des Deutschen Reiches bei Steinkohle ganze

---

63   Blätter für deutsche und internationale Politik, Mai 1990, S. 631
64   Gerhard Schürer: Die Wirtschafts- und Sozialpolitik der DDR; in: Ansichten zur Geschichte der DDR, Bonn/Berlin 1994, Bd. 3, S. 169

1,9 Prozent, bei Eisenerz 6 Prozent und bei Roheisen 4,3 Prozent betragen. Hinzu kam, daß sich viele hochqualifizierte Spezialisten aus Furcht vor der Roten Armee in die westlichen Besatzungszonen absetzten. Aber all das war nur ein Teil der ungünstigen Startbedingungen.

Während Westdeutschland nur geringfügige Reparationszahlungen leistete und bald nach Kriegsende durch den Marshall-Plan und andere USA-Hilfsprogramme in den Genuß von Hilfsleistungen von rund 15 Milliarden DM kam, mußte die am Boden liegende ostdeutsche Wirtschaft allein für die Wiedergutmachung der von Nazi-Deutschland in der UdSSR angerichteten Schäden aufkommen. Auch wenn diese historische Schuld materiell niemals abgetragen werden konnte, bedeuteten die Demontagen und Reparationen für Ostdeutschland und die spätere DDR einen Aderlaß, der in dieser Form im zwanzigsten Jahrhundert ohnegleichen war. Zurecht zitieren viele Analytiker, die sich mit dieser Frage befassen, den Schweizer Historiker Jörg Fisch, der feststellte, »daß die SBZ/DDR 1945 bis 1953 die mit großem Abstand höchsten Reparationsleistungen erbracht hat, die im 20. Jahrhundert bekannt geworden sind«.[65]

Demontiert wurden mehr als 2.000 Betriebe, die fast 50 Prozent der Produktionskapazitäten von 1936 und das Zehnfache der in Westdeutschland durchgeführten Demontagen ausmachten. Die zweiten Gleise der Eisenbahn, insgesamt 11.800 km, wurden abgebaut und in die Sowjetunion verbracht. Aus der laufenden Produktion wurden Erzeugnisse im Wert von 15 Milliarden Mark für Reparationsleistungen aufgebracht – das 25fache der Reparationslieferungen, die die Bundesrepublik erbrachte. 1946 mußten 48 Prozent des ostdeutschen Sozialproduktes für Reparationen eingesetzt werden, 1953 waren es immer noch 12,9 Prozent. Insgesamt leistete die DDR Reparationen im Werte von 99,1 Milliarden DM (zu Preisen von 1953), das waren über 97 Prozent der gesamtdeutschen Reparationslast.

Diese außerordentlichen ökonomischen Belastungen bis 1953, einem Zeitpunkt, an dem in der Bundesrepublik bereits die Wirt-

---

65 Jörg Fisch: Reparationen nach dem 2. Weltkrieg, München 1992, zitiert nach Gerhard Schürer: Die Wirtschafts- und Sozialpolitik der DDR, in: Ansichten zur Geschichte der DDR, Bonn/Berlin 1994, S. 132

schaftswunderzeit begonnen hatte, fanden ihre Fortsetzung in der Einbindung der DDR in das östliche Wirtschaftssystem, in dem sich neben der vom Krieg gezeichneten Sowjetunion die ökonomisch zurückgebliebensten Länder Europas zusammengeschlossen hatten; eine von der SED-Führung nicht zu beeinflussende Zwangsläufigkeit und ein Wirtschaftsnachteil, der nicht auszugleichen war.

Die herrschenden Kreise der Bundesrepublik haben das schwere Los der »Brüder und Schwestern im Osten des deutschen Vaterlandes« stets lautstark beklagt. Das hat sie jedoch nicht daran gehindert, ihnen zusätzlichen schweren ökonomischen Schaden zuzufügen und ihren schwierigen Wirtschaftsaufbau nach Kräften zu stören. Sie nutzten die historisch entstandenen volkswirtschaftlichen Disproportionen und die lange Zeit ungenügende Lieferfähigkeit der UdSSR, um den Wiederaufbau im Osten mit immer neuen Handelshindernissen und -sanktionen zu erschweren und veranlaßten dadurch die DDR zu notgedrungenen, aber uneffektiven Milliardeninvestitionen in der Metallurgie und im Bergbau. Vor allem vor, aber auch nach dem Mauerbau warben westdeutsche Konzerne und Einrichtungen gezielt Spezialisten, Facharbeiter, Ingenieure, Ärzte u. a., die im Osten auf Staatskosten ausgebildet worden waren, ab. Was für die ökonomisch schwächere DDR ein weiterer Aderlaß war, erwies sich für die Bundesrepublik als eine Art willkommener Frischzellentherapie.

Über Jahrzehnte betrieb Bonn gemeinsam mit seinen Bündnispartnern eine Embargopolitik, um die DDR und ganz Osteuropa von der internationalen Entwicklung im Bereich der Hochtechnologie abzuschneiden. Auf diese Art wurde die DDR gezwungen, mangels Alternativen mit unverhältnismäßig hohem Aufwand etwa 50 Prozent des Weltsortiments an Maschinen und Anlagen selbst, aber häufig eben nur in kleinen Serien zu produzieren. Die enormen materiellen und finanziellen Aufwendungen der DDR dafür wurden weder aus volkswirtschaftlichem Aberwitz noch aus Prestigegründen unternommen, sondern in erster Linie deshalb, weil es gar keinen anderen Weg gab, um international nicht völlig den Anschluß zu verlieren. Der durch die Embargopolitik verursachte Schaden für die DDR-Wirtschaft ist bis heute noch nicht abschließend berechnet, aber die von der Politik in die Spur gesetzte Justiz der Bundesrepublik hält es auch weiterhin nicht davon ab, Versuche, diese Blockade-Politik zu durchbrechen, juristisch zu verfolgen.

Den für den Osten unverzichtbaren innerdeutschen Handel verwandelte Bonn in ein Instrument der politischen und ökonomischen Erpressung, wobei es wenig Skrupel zeigte, den Austausch nach sogenannten Verrechnungseinheiten zum Nachteil der Bürgerinnen und Bürger der DDR und deren Lebensstandart zu gestalten. Die Bundesrepublik exportierte zu Preisen über Weltmarktniveau und importierte zu Preisen, die oft unter den Herstellungskosten lagen. Von letzterem konnten sich die Bundesbürger jahrzehntelang in Warenhäusern und im Versandhandel überzeugen. Auch bei Krediten machte die bundesdeutsche Seite keine schlechten Geschäfte, vom politischen Gewinn einmal ganz abgesehen. Um so kurioser ist die auch heute noch verbreitete Mär, der 1983 von Franz Josef Strauß eingefädelte »Milliardenkredit« habe die DDR vor dem finanziellen Bankrott bewahrt. Der Kredit war willkommen, zeugte er doch von der Kreditwürdigkeit der DDR. Aber die 350 Millionen Dollar, die er nach damaligem Kurs ausmachte, waren nicht einmal ein Fünftel des Guthabens, über das die DDR zu diesem Zeitpunkt nach Unterlagen der Bank für Internationalen Zahlungsausgleich in Basel verfügte. Während der Straußsche Ein-Milliarden-DM-Kredit, der ja letztlich auch nicht gerade ein Geschenk war, immer wieder ausgeschmückt wurde und wird, weigerte sich die Bundesrepublik bis zum Ende der DDR auch nur eine DM ihrer Reparationsschuld, die mit Zins und Zinseszins viele Hunderte Milliarden DM ausmachte, zu bezahlen. Auch das gehört zu den Handlungen, mit denen die ostdeutschen »Brüder und Schwestern« geschädigt wurden.

Fazit: Trotz widrigster Umstände und der Stör- und Sabotagepolitik Bonns hatte sich die DDR ökonomisch behauptet und Ergebnisse erzielt, die den internationalen Vergleich nicht scheuen mußten. Sie gehörte zwar nicht, wie immer wieder behauptet wurde, zu den 10 größten Industriestaaten der Welt – dafür war sie zu klein und zu den 15 oder 20 größten zu gehören, wäre auch nicht ehrenrührig gewesen – aber immerhin lag sie hinsichtlich des Bruttoinlandproduktes pro Kopf der Bevölkerung knapp hinter Großbritannien und weit vor den EG-Ländern Spanien, Griechenland und Portugal. Heute, nach dem »Aufbau Ost«, der laut dem bekannten Ex-CDU-Generalsekretär Peter Hintze die »beeindruckendste Erfolgsgeschichte in diesem Jahrhundert« ist, ist das Bruttoinlandsprodukt pro Kopf der ostdeutschen Bevölkerung niedriger als in jeder anderen größeren Region der EU.

Wer noch heute im westlichen Teil der Bundesrepublik auf dem hohen Roß sitzt und geringschätzig auf die Arbeitsergebnisse der Ostdeutschen unter den Bedingungen der Planwirtschaft blickt und die leistungsstarke BRD-Wirtschaft mit der »maroden« DDR-Ökonomie vergleicht, sollte sich wenigstens einen kurzen Moment lang einmal vorstellen, wie der Vergleich ausfallen würde, wenn die unterschiedlichen ökonomischen Bedingungen, denen beide deutsche Staaten ausgesetzt waren, entgegengesetzt gestaltet gewesen wären.

Stellen wir also die, zugegeben, sehr hypothetische Frage, welche Ergebnisse die Bundesrepublik erzielt hätte, wenn auf ihrem Territorium die Kriegsschäden größer und die durch die Spaltung Deutschlands verursachten wirtschaftlichen Disproportionen wesentlich stärker als die im Osten gewesen wären, wenn sie statt Marshallplanhilfe zu erhalten die riesige Reparationsschuld für ganz Deutschland hätte abtragen müssen, wenn sie statt der aus dem Krieg gestärkt hervorgegangenen USA sowie Großbritannien, Frankreich und der anderen hochentwickelten westeuropäischen Länder die vom Krieg zerstörte Sowjetunion und die weit zurückgebliebenen Länder Osteuropas über Jahrzehnte als Wirtschaftspartner an ihrer Seite gehabt hätte, wenn sie durch Embargomaßnahmen keinen gleichberechtigten Zugang zum Weltmarkt und zur Hochtechnologie gehabt hätte und zudem mit einem ökonomisch potenten Nachbarstaat konfrontiert gewesen wäre, der nichts unversucht gelassen hätte, ihr das Lebenslicht auszublasen?

Natürlich, jegliche Was-wäre-wenn-Diskussion ist unfruchtbar, historische Abläufe verändert sie nicht. Aber eine Schlußfolgerung läßt sie im vorliegenden Falle zu: Der ökonomische Wettbewerb zwischen Kapitalismus und Realsozialismus fand auf deutschem Boden unter höchst ungleichen Bedingungen statt, die im wirtschaftlichen Konkurrenzkampf als unlauter und im Sport schlicht und einfach als unfair bezeichnet werden würden. Der

Umstand, daß die kapitalistische Marktwirtschaft über jahrhundertlange Erfahrungen verfügt, die realsozialistische Planwirtschaft dagegen häufig über ein Experimentierstadium nicht hinauskam und wiederholte Reformversuche im Gestrüpp ideologischer Doktrinen und Bündnispflichten hängenblieben, hat diese Ungleichheit zusätzlich vertieft.

So bleibt auch die These, daß der Kapitalismus dem Sozialismus ökonomisch »haushoch überlegen« ist, anfechtbar. Auf deutschem Boden jedenfalls wurde ein überzeugender Beweis dafür, der zumindest gleiche Bedingungen erfordert hätte, nicht erbracht. Das Gerede von der »maroden« Wirtschaft kann daran nichts ändern.

KAPITEL 6

Das »Rüpelspiel«

Glücklicherweise liegt nun alles hinter uns – der »Unrechtsstaat«, die Mauer, die »marode« Wirtschaft. An ihre Stelle sind der Rechtsstaat, die Einheit und der unaufhaltsame »Aufschwung Ost« getreten. Zur rechten Zeit kam einigen Demokraten, darunter Lothar de Maizière, Advokat und letzter DDR-Ministerpräsident, und Florian Mausbach, Präsident des Bundesamtes für Bauwesen und Raumordnung, die Idee, im Zentrum der Bundeshauptstadt zum 10. Jahrestag der »friedlichen Revolution« ein Denkmal zu errichten, das an selbige und an die Deutsche Einheit erinnern soll. Nach Auffassung von Mitinitiator Günter Nooke, friedlicher Ex-Revolutionär und jetziger CDU-Bundestagsabgeordneter, »wartet der große Sockel des alten Kaiser-Wilhelm-Denkmals« auf dem Schloß-, vormals Marx-Engels-Platz »förmlich darauf, neu gestaltet zu werden«.[66] Spötter könnten meinen, auf einen derartigen Sockel passe am besten ein Kolonialdenkmal, das an die Eroberungs- und Kolonialpolitik des Wilhelminischen Kaiserreiches oder vielleicht gar an die »Kolonialisierung des Ostens« gemahnt, aber die Ideengeber meinen ernsthaft, das eben sei der richtige Platz, um »auch einmal an die positiven Seiten der deutschen Geschichte«, »an Demokratie, Freiheit und Einheit« zu erinnern.

Sollte die Idee verwirklicht werden und der Kaiser-Wilhelm-Sockel zu neuen Ehren gelangen, dann wird am Tag, an dem das Revolutions- und Einheits- Monument enthüllt wird, aus der vielköpfigen Menge ein ohrenbetäubendes Freudengeheul erklingen, nur noch vergleichbar mit dem »Wir-sind-ein-Volk«-Jubelruf zur Wendezeit. Haben etwa nicht alle guten Deutschen Grund zum

---

66   Günter Nooke, Interview Junge Welt, 25.5.1998

Jauchzen und Frohlocken? Schließlich hat der Einheitskanzler und damalige CDU-Vorsitzende schon 1994 »die 90er Jahre als das glücklichste Jahrzehnt der Deutschen in diesem Jahrhundert« bezeichnet.[67] Und exakt vier Jahre später hat sein heutiger Nachfolger im Parteiamt, Wolfgang Schäuble, in fast wortwörtlicher Übereinstimmung mit dem schon zitierten Peter Hintze zum »Aufbau Ost« festgestellt, die Entwicklung seit der Wiedervereinigung sei »eine der beeindruckendsten Erfolgsgeschichten des ausgehenden Jahrhunderts«.[68]

Erstaunlicherweise wollen viele, die letzten Bundestagswahlen haben es gezeigt, in den Freudengesang nicht einstimmen. Zu ihnen gehört die wahrhaft große Schauspielerin Inge Keller, und nur sie soll hier Erwähnung finden, denn keine andere Wortmeldung steht in einem schärferen und bitteren Gegensatz zu Kohls »glücklichstem Jahrzehnt der Deutschen« und Schäubles »beeindruckendster Erfolgsgeschichte« als die ihre. In einem Gespräch zu ihrem 75. Geburtstag erinnerte sie sich ihrer früheren großen Regisseure am Deutschen Theater in Berlin und anderer verstorbener namhafter Künstler der DDR und fügte hinzu: »Für viele, die für ein neues Deutschland lebten, kämpften und litten, ist die Tatsache, daß sie diese jetzige Zeit nicht mehr erleben müssen, vielleicht eine wirkliche Erlösung.«[69]

Es hängt wohl doch vom persönlichen Standpunkt ab, wie man das zurückliegende Jahrzehnt seit dem Untergang der DDR und ihrem Verschlingen durch die Bundesrepublik beurteilt, vom vorher gelebten und vom jetzigen Leben. Man muß die existierende Bundesrepublik nicht gerade hassen, wenn man sich außerstande sieht, sie zu lieben; und die gewesene DDR verklärt man nicht, wenn man nicht bereit ist, sie zu verdammen.

»Merke: Die Tragödie der vergangenen vierzig Jahre war, zum Glück, ganz so grausam nicht, wie sie heute gern beschrieben wird. Aber das ihr nachfolgende Rüpelspiel hat komische Züge,

---

67 Informationsdienst »Der Bundeskanzler der Bundesrepublik Deutschland«, Presse- und Informationsamt der Bundesregierung«, Nr. 356/94
68 Zit. nach Claudia Schreyer: Union hofiert den Osten, Neues Deutschland, 4.8.1998
69 Hans-Dieter Schütt: Inge Keller – Alles aufs Spiel gesetzt, Berlin 1998, S. 63

die nicht zu übertreffen sind.«[70] Das Zitat stammt von Günter Gaus, der immerhin sieben Jahre, von 1974 bis 1981 erster Leiter der Ständigen Vertretung der Bundesrepublik in der DDR war. Das »Rüpelspiel«, von den einen Anschluß, Einverleibung oder gar Kolonialisierung, von den anderen Beitritt, Vereinigung oder gar Wiedervereinigung genannt, steht mittlerweile fast 10 Jahre auf dem Programm der deutschen Bühne. Vor wechselnden Kulissen hat es mit unterschiedlichen handelnden Personen tatsächlich auch unübertrefflich komische Züge. Nur dem Publikum, das häufig in das Spiel einbezogen wird, bleibt nicht selten das Lachen darüber im Halse stecken, meist dann, wenn das Komische zur Groteske gerät. Und an Groteskem im Wiedervereinigungsanschluß mangelt es nicht. Groteskes gab und gibt es zuhauf, so viel, daß man schon versucht ist, das Ganze eine Groteskiade zu nennen.

An dieser Stelle kann aus der Fülle des Materials nur einiges herausgegriffen werden, das folglich Stückwerk bleibt und doch eine grobe Vorstellung darüber geben kann, wie reich der Fundus an Groteskem ist. Also, Bühne frei für einige »Rüpelspiel«-Szenen aus der Zeit, die der Altkanzler, und zum letzten Mal sei er hier zitiert, die »für die Deutschen die glücklichste« genannt und zu der er den bemerkenswerten Satz »Die Wirklichkeit stellt sich oft anders dar als die Realität«[71] geprägt hat.

Das Volkseigentum wird heimgeholt

Im Sommer 1951, als der heiße Krieg in Korea den kalten zwischen West und Ost enorm verschärfte, sah der erste Präsident der »Bundesvereinigung der Deutschen Arbeitgeberverbände«, Walter Raymond, in einem Vortrag in Solingen eine »sehr hohe Gefahr im Anzug«. Seine Sorge galt weniger einem etwa kurz bevorstehenden Überfall der Russen als vielmehr der »Erhaltung des Rechtes der freien unternehmerischen Initiative«, die »gleichbedeutend mit der Erhaltung der Bundesrepublik als eines Gliedes

---

70 Neues Deutschland, 2/3.10.1993
71 Berliner Morgenpost, 16.8.1998

des westlichen Kulturkreises« sei.[72] Nach Meinung Raymonds mußte alles getan werden, um »das westliche Kulturgut gegen den Ansturm des Ostens zu verteidigen«. Eine Definition des zu verteidigenden »westlichen Kulturgutes« blieb der Arbeitgeberpräsident nicht schuldig: In erster Linie gehe es darum, »zu wachen über die Erhaltung des Eigentumsbegriffes als eines der Grundelemente unserer christlichen Kultur«.[73]

Eben gegen dieses »Grundelement unserer christlichen Kultur« hatten die Ostdeutschen verstoßen, als sie unter den Losungen »Was des Volkes Hände schufen, soll des Volkes eigen sein« und »Junkerland in Bauernhand« an den ehernen Fundamenten der bürgerlichen Gesellschaft, am Privateigentum an Fabriken und Betrieben, an Banken und Versicherungen, an Grund und Boden rüttelten. Nichts hatte die herrschenden Kräfte westlich von Elbe und Werra so erzürnt wie dieser Angriff auf das Allerheiligste durch die Enteignung der Unternehmen der Naziaktivisten und Kriegsverbrecher durch die demokratische Bodenreform und den Aufbau einer volkseigenen Wirtschaft. Das so geschaffene Volkseigentum zu liquidieren und zu privatisieren, das war von Anfang an das vorrangige Ziel west- und bundesdeutscher Wiedervereinigungspolitik, für die Jakob Kaiser, späterer Minister für gesamtdeutsche Fragen, kurz vor der Gründung der Bundesrepublik warb: »Helfen Sie«, so rief er auf einer Wahlveranstaltung mit Konrad Adenauer in Essen aus, »daß ein unablässiger Strom leidenschaftlichen Einigungswillens nach Osten geht. Damit wir den Osten heimholen können nach Deutschland.«[74]

Erst nach langen 41 Jahren war es vollbracht. Der Osten war heimgeholt und mit ihm das in Jahrzehnten geschaffene Volkseigentum. Mit Hilfe der Treuhandanstalt wurde es filetiert und privatisiert. 95 Prozent des privatisierten ostdeutschen Eigentums gingen in westdeutsche Hände über. Die rechtmäßigen Eigentümer, die Bürgerinnen und Bürger der DDR, wurden enteignet, entschädigungslos. Wer erwartet hatte, daß sich diese zur Wehr setzen würden, sah sich getäuscht. Im Gegenteil, die Arbeiter und

---

72 Der Arbeitgeber, 1951, Heft 14, S. 28
73 Ebd.
74 Erich Kosthorst: Jakob Kaiser. Bundesminister für gesamtdeutsche Fragen, Stuttgart 1972, S. 12/13

Angestellten in den nach der überstürzten Währungsreform schwer angeschlagenen volkseigenen Betrieben schrien förmlich nach Privatisierung, nach Kapitalisten, die ihnen ihre mehrwertschaffende Arbeitskraft abkaufen würden. Krause kroch dem Krupp zu Kreuze.

Schuld an dieser Groteske wahrhaft historischen Ausmaßes tragen letztlich nicht die Kapitalisten. Wer wöllte es ihnen verübeln, daß sie die errungene Beute herunterwürgten? Verantwortlich dafür ist meine frühere Partei, die Sozialistische Einheitspartei Deutschlands, der es eben nicht gelang, das Eigentum an Produktionsmitteln so zu vergesellschaften, daß sich die Arbeiter und Angestellten, das Volk als wahre Eigentümer fühlten. So kam, was kommen konnte: Die gleichen Menschen, die ihre Häuser, Garagen, Datschen und Schrebergärten mit Zähnen und Klauen verteidigten, ließen sich ihren Anteil am Volkseigentum widerstandslos wegnehmen und waren in der Regel noch froh darüber, zumindest solange bis der Betrieb ausgeschlachtet und auch der letzte Arbeitsplatz verschwunden war.

Goldenes Schweigen

Schon der französische Fabeldichter La Fontaine wußte, daß in gewissen Situationen Reden Silber, Schweigen aber Gold ist. Zuweilen hielt sich auch das offizielle Bonn an diese Weisheit.

Nach dem Anschluß der DDR veröffentlichten bundesdeutsche Ämter und Institutionen eine Vielzahl von Angaben über die neuen Bundesländer zum Zeitpunkt ihrer Eingliederung in die Bundesrepublik Deutschland. Interessierte konnten erfahren, wie sich die Bevölkerung nach Geschlecht, Alter, Beschäftigung zusammensetzte, wieviele Betriebe, Schulen, Universitäten, Fakultäten, Museen, Theater, Orchester, Krankenhäuser, Apotheken usw. existierten, wie groß die innere und äußere Verschuldung der DDR war, wie hoch die Lebenserwartung, wie niedrig die Löhne im Gesundheitswesen und wie lang die aneinander gereihten Akten des Ministeriums für Staatssicherheit waren. Alles wurde veröffentlicht, nur eines fehlte, das Wesentlichste in einer Gesellschaft, die sich vor allem über Geld, Vermögen, Eigentum bestimmt: eine Bilanz des volkseigenen Gesamtvermögens der DDR per 2./3. Oktober 1990. Hier war Schweigen im Wortsinne Gold wert.

Dabei sah doch schon der Vertrag über die Währungsunion vom 18. Mai 1990 gemäß Artikel 10 Absatz 6 eine »Bestandsaufnahme des volkseigenen Vermögens« vor. Mit Artikel 25 Absatz 6 wurde diese Aufgabe in den Einigungsvertrag vom 31. August 1990 übernommen. Noch eineinhalb Jahre später hat der Deutsche Bundestag die Notwendigkeit einer derartigen Bestandsaufnahme in einer Drucksache mit der Registriernummer 12/2504 bestätigt. Dessen ungeachtet hat die CDU/CSU-FDP-Regierung diese gesetzliche Verpflichtung ignoriert und schließlich ungeniert erklärt: »Die zum Umfang und Wert des Vermögens der ehemaligen DDR zum Stichtag 3. Oktober 1990 erfragten Zahlen stehen überwiegend nicht zur Verfügung, weil eine Staatsbilanz zum Vermögen der DDR per 2./3 Oktober 1990 nicht aufgestellt worden ist. Die Bundesregierung sieht keinen Sinn darin, eine solche Bilanz nachträglich aufzustellen.«[75] Am 6. November 1995 schließlich bekräftigte die Regierung diesen Standpunkt mit der Behauptung: »Die Bundesrepublik Deutschland ist zu einer Bestandsaufnahme des volkseigenen Vermögens weder gesetzlich noch vertraglich verpflichtet.«[76] Auch nach dem Wechsel im Kanzleramt im Gefolge der Bundestagswahlen vom September 1998 zeichnet sich keine Änderung ab. Die Zeit wird es schon richten.

Wie die schwarz-gelbe so hält auch die rosa-grüne Bundesregierung der Öffentlichkeit den Umfang und den Wert des Vermögens der DDR vor, aber auch sie verabsäumt es nicht, sie mit schöner Regelmäßigkeit über die finanziellen Transferleistungen der alten an die neuen Bundesländer zu informieren. Niemand bezweifelt, daß tatsächlich Jahr für Jahr – vor allem zur Abschwächung der sozialen Folgen der gescheiterten Vereinigungspolitik – immense Finanzmittel aus dem Bundeshaushalt nach Ostdeutschland transferiert werden. Zwar betragen die »speziellen Begünstigungen der neuen Bundesländer« jährlich nicht, wie offiziell immer wieder behauptet wird, annähernd 200 Milliarden DM, sondern, wie die Deutsche Bundesbank errechnete,

75 Deutscher Bundestag, Drucksache 12/4579 vom 16.3.1993
76 Deutscher Bundestag, Drucksache 13/2629 vom 6.11.1995

50 Milliarden DM[77] – aber auch das ist eine gewaltige Summe. Wer allerdings das Recht in Anspruch nimmt, aufzurechnen, was Ostdeutschland nach der Zerstörung seiner sich selbst tragenden Wirtschaft an Transfermitteln verschlingt, hat auch die Pflicht zu offenbaren, was in entgegengesetzter Richtung geflossen ist, was die DDR an Werten und Vermögen in die deutsche Einheit eingebracht hat. Nach übereinstimmenden Einschätzungen unterschiedlicher Gutachter betrug der Wert des volkseigenen Vermögens der DDR etwa 1.300 bis 1.400 Milliarden DM. Während ein Teil davon, darunter das NVA-Sachvermögen, die Vermögenswerte im Ausland, das Vermögen der Reichsbahn und der Post, Gebäude und Grundstücke zentraler und auch lokaler staatlicher Einrichtungen, in das Eigentum des Bundes überging, wurde der andere den bisherigen Eigentümern, den Bürgerinnen und Bürgern der DDR, direkt entzogen. Entschädigungslos enteignet wurden: 8.500 Kombinate und Betriebe, 20.000 große und kleine Einzelhandelsgeschäfte, 7.500 Betriebe der Gastronomie, 900 Buchläden, 1.854 Apotheken, 3,68 Millionen Hektar land- und forstwirtschaftliche Flächen und 25 Milliarden Quadratmeter Immobilien sowie das gesamte Banken- und Versicherungssystem und ein großer Teil der volkseigenen und genossenschaftlichen Wohnungen, insgesamt immense Werte, von denen der größte Teil in die Taschen westdeutscher Banken und Versicherungsanstalten, Konzerne und Aktiengesellschaften, Privatisierer und Liquidatoren volkseigener Betriebe floß.

Man könnte lachen, wenn es nur komisch wäre: Der West-Ost-Finanztransfer liefert stets aufs neue Schlagzeilen, der Ost-West-Vermögenstransfer wird offiziell nicht einmal in Fußnoten angegeben. Eine beredtere Sprache als dieses Schweigen gibt es nicht.

Teutsches Herz, verzage nicht

»Warum ducken wir uns vor dem Wort der blühenden Landschaften weg?« – so fragte Bernhard Vogel, Thüringens CDU-Ministerpräsident, am Beginn des Bundestagswahlkampfes 1998

---

77 Deutsche Bundesbank, Monatsbericht Nr. 10/1996, S. 30

im schönen Städtchen Apolda. Da er sie in Teilen schon blühen sah, forderte er seine Parteifreunde auf, es ihm gleich zutun, denn, und er berief sich auf Martin Luther: »Aus einem verzagten Arsch kommt nie ein fröhlicher Furz.«[78] Natürlich hätte er gleich Ernst Moritz Arndts Gedicht »Teutscher Trost« zitieren und rufen können: »Teutsches Herz, verzage nicht«[79], aber die berühmten Kohlschen Landschaften sind eben nicht so einfach herbeizuzaubern. Dabei war der Altkanzler bei weitem nicht der einzige, der den Ostdeutschen vor ihrer Aufnahme in die Bundesrepublik das Blaue vom Himmel herunter versprach. Dr. Helmut Haussmann, Bundesminister für Wirtschaft, prophezeite ein »deutschdeutsches Wirtschaftswunder«[80], Hans-Dietrich Genscher, Außenminister, ein »deutsches Aufbauwunder«[81] und Theo Waigel, Finanzminister, »einen enormen Wachstumsschub in der DDR«.[82]

Nach überstürzter Währungsreform und gelungener Vereinnahmung der DDR stellten sich »Aufbauwunder« und »Wachstumsschub« im 1. Halbjahr 1991 so dar: Gegenüber 1989 war die Industrieproduktion um 67 Prozent zurückgegangen, im Maschinenbau um 70, in der Elektrotechnik um 75 und in der Feinmechanik um 86 Prozent. Millionen verloren ihren Arbeitsplatz. Innerhalb kürzester Zeit verwandelte sich Ostdeutschland aus einem Industrieland in ein Entwicklungsgebiet innerhalb der EG – ein in Friedenszeiten in der modernen Geschichte noch nie registrierter Absturz einer Volkswirtschaft.

Das hielt Theo Waigel nicht davon ab, in seiner Jahresbilanz 1992 zu erklären: »Das Gemeinschaftswerk Aufschwung Ost war ein voller Erfolg ... Das Ziel des Gemeinschaftswerkes ist voll erreicht worden.«[83] Auch in den Folgejahren blieb Ostdeutschland in den Augen der Regierenden die »dynamischste Wirtschaftsre-

---

78   Siehe Frankfurter Allgemeine, 11.5.1998
79   Ernst Moritz Arndt: Ausgewählte Gedichte und Schriften, Berlin 1969, S. 68
80   Bundesministerium für innerdeutsche Beziehungen: Texte zur Deutschlandpolitik, Reihe III, Bd. 8a, S. 56
81   ADN, 3.3.1990
82   Bundesministerium für innerdeutsche Fragen: Texte zur Deutschlandpolitik, Reihe III, Bd. 8a, S 302
83   BMF-Finanznachrichten des Bundesministeriums der Finanzen, Bonn 11.2.1993, S. 1

gion Europas«, die in einer grandiosen »Aufholjagd« begriffen sei und der ein »Wachstum wie in den Tigerstaaten« bevorstehe.

Und wie sieht das Ergebnis aus? Auch vor der Jahrtausendwende ist Ostdeutschland trotz zeitweiliger beachtlicher Wachstumsraten – allerdings wohlweislich berechnet nach dem katastrophal niedrigen Niveau nach dem Wirtschaftsabsturz von 1990 – weit davon entfernt, wenigstens das Produktionsvolumen von 1989 wieder zu erreichen. 1997 und 1998 lagen die ostdeutschen Steigerungsraten der Wirtschaft wieder unter den westdeutschen. Statt abzunehmen wächst der Abstand. Vor Jahren noch wurde eine schnelle Angleichung des Wirtschaftsniveaus zwischen Ost und West verkündet. Ende 1998 sagte das renommierte Basler-Prognos-Institut optimistisch voraus, daß die neuen Bundesländer im Jahre 2020 etwa 90 Prozent des Westniveaus erreicht haben werden. Frohe Aussichten! Noch nie und nirgendwo haben »Aufbauwunder«, »voll erfolgreicher Aufschwung« und »Aufholjagd« ein solches Ergebnis hervorgebracht.

Ostdeutschland, das trotz aller ökonomischen Schwierigkeiten zu DDR-Zeiten ein sich selbst tragender entwickelter Wirtschaftsstandort war, wird auch in den kommenden Jahrzehnten am Tropf Westdeutschland hängen, vor allem um die sozialen Folgen der rasanten »Aufholjagd« abzuschwächen.

Zum Jahreswechsel 1998/1999 zog die Frankfurter Allgemeine auf ihre Art Bilanz: »Die unvollständige Kenntnis von den Folgen eines so abrupten Systemwechsels ... hatte Hoffnungen keimen lassen, die nicht zu erfüllen waren. Die wirtschaftlichen, politischen und geistigen Ruinen von über vierzig Jahrzehnten Anwendung kommunistisch-sozialistischer Irrlehre lassen sich nicht für jedermann und nicht überall schnell genug beseitigen, allzu lange in Trostlosigkeit Versunkenes nicht schnell genug in Blühendes verwandeln.« Was aber soll nun Gerhard Schröder, der den »Aufbau Ost« zu seiner, zur Chefsache gemacht hat, mit diesem Trost und dem Hinweis auf die »geistigen Ruinen« machen, um die von seinem Vorgänger im Amt versprochenen Ost-Landschaften doch noch zu erreichen? Vielleicht findet er in dessen Nachlaß einen Brief, den Frau Noelle-Neumann, die Allensbacher Meinungsforscherin, vor Jahren an den CDU-Kanzler geschrieben hat und in dem sie vorschlug: Wir brauchen keinen

Finanztransfer von West nach Ost, sondern einen Ideologietransfer, denn die Ostdeutschen sind diktatorisch sozialisiert. Sie verstünden weder Demokratie noch Rechtsstaat und wüßten schon gar nicht, was Freiheit ist.[84] Billiger wäre der Ideologietransfer, aber ob er den seit 10 Jahren verkündeten »Aufschwung Ost« zum schnellen Erfolg führt, ist nicht ganz sicher.

Mißgunst – eine niedrige Leidenschaft

»Wohlstand für alle«, das war 1990 eine der wahlentscheidenden und zum schnellen Anschluß führenden CDU-Losungen. Was nach Wahlkämpfen selten geschieht, dieses Mal wurde sie verwirklicht, wenn auch noch nicht für alle. Laut dem Kinder- und Jugendbericht des Bundes von 1998 lebt in Ostdeutschland jedes fünfte Kind unter Sozialhilfebedingungen. Auch ihre Zukunftsaussichten sind düster, denn im Osten steigt die Zahl der Sozialhilfeempfänger, wie der Diakoniepräsident Jürgen Gohde Mitte Februar 1999 konstatierte, fünfmal so schnell wie im Westen.[85] Wie die damalige Bundesfamilienministerin, die Ostdeutsche Claudia Nolte (CDU), meinte, sind sie damit nicht arm. Frau Nolte muß es wissen, schließlich ist sie Spezialistin für Armut. Nach Berechnungen des Steuerzahlerbundes stand ihr bei ihrem Ausscheiden aus dem Amt ein Übergangsgeld in Höhe von 247.526 DM zu und zwar zusätzlich zu den Abgeordnetendiäten von 12.350 DM, zuzüglich 6.344 DM steuerfreier Unkostenpauschale pro Monat. Nach knapp vier, bekanntlicherweise außerordentlich erfolgreichen Ministerjahren hat sie einen Pensionsanspruch von 6.858 DM monatlich erworben, für den ein normaler Arbeitnehmer 135 Jahre arbeiten müßte.

Frau Nolte steht für viele. Von der Treuhand eingesetzte Liquidatoren der ehemaligen volkseigenen Betriebe scheffelten Millionen. Ein selbst im Bericht des Treuhandausschusses anonym gebliebener Liquidator eines großen ostdeutschen Unter-

---

84 Der Osten will nicht verachtet werden, Interview mit Rolf Reißig, taz, 23./24.5.1998
85 Siehe Sächsische Zeitung, 11.2.1999

nehmens kassierte für seine Tätigkeit 3.231.758,00 DM, der dort über zwanzig Jahre beschäftigte Schleifer ein monatliches Arbeitslosengeld von 912,37 DM. Wie viele »Aufbauhelfer Ost« erhielt auch eine 1991 an die Oberfinanzdirektion Cottbus versetzte bundesdeutsche Beamtin neben einem exzellenten Westgehalt allein in einem Jahr eine steuerfreie Buschzulage, Aufwandsentschädigung genannt, in Höhe von 27.600 DM, exakt so viel wie eine gut bezahlte, von vielen Cottbusern beneidete ostdeutsche Angestellte der gleichen Einrichtung im ganzen Jahr erhielt.

Brandenburgs früherer Wirtschaftsminister Burkhard Dreher hatte ein Monatseinkommen von rund 18.000 DM. Vor seinem Osteinsatz war er Wirtschaftsdezernent in Dortmund und Oberstadtdirektor in Bochum. 1999 zieht es ihn zurück in den Westen, in den Vorstand der Vereinigten Elektrizitätswerke Westfalen AG, wo er nach Presseberichten ein Jahresgehalt von einer Million DM, d. h. 3.472,22 DM pro Tag, beziehen wird – etwa so viel wie ein gut bezahlter Facharbeiter im Monat. Der Kirchenpolitiker, Christ und Ministerpräsident von Brandenburg, Manfred Stolpe, sieht darin in seiner unendlichen Nächstenliebe offenkundig nichts Anstößiges und spricht von einem »Traumjob«, dem Dressler verständlicherweise nicht widerstehen könne.

Statt an dieser Stelle die Liste derer, die durch die und nach der Einheit zu schönem, wenn auch nicht gerade für alle zutreffendem Wohlstand gekommen sind, fortzusetzen, was beliebig möglich wäre, wird hier nur der Lieblingsappell der FDP und der CDU/CSU an die sozialhilfebedürftigen ostdeutschen Kinder, den arbeitslos gewordenen Schleifer, die Beschäftigte des öffentlichen Dienstes in Cottbus und an den Brandenburger Facharbeiter weitergegeben, um Gottes willen keinen »sozialen Neid« zu empfinden, denn Mißgunst ist bekanntlich eine niedrige Leidenschaft, wie man schon im Altertum wußte: »Das Gift der Mißgunst wuchert wild im Herzen und läßt den, der es getrunken, doppelt Qual erleiden; er hat an seines eignen Unheils Last zu schleppen und stöhnt zur gleichen Zeit beim Anblick fremden Glücks.«[86]

---

86   Aischylos: Werke in einem Band, Berlin/Weimar 1976, S. 181

Roter Teppich für »Verbrecherbande«

Wenige Tage vor dem Weihnachtsfest wurde 1972 in Berlin der Vertrag über die Grundlagen der Beziehungen zwischen der DDR und der BRD unterzeichnet. Darin waren die »Hohen Vertragschließenden Seiten« übereingekommen, sich von den »Zielen und Prinzipien leiten (zu) lassen, die in der Charta der Vereinten Nationen niedergelegt sind, insbesondere der souveränen Gleichheit aller Staaten ...«. In Artikel 6 vereinbarten sie, von dem Grundsatz auszugehen, »daß die Hoheitsgewalt jedes der beiden Staaten sich auf sein Staatsgebiet beschränkt. Sie respektieren die Unabhängigkeit und Selbständigkeit jedes der beiden Staaten in seinen inneren und äußeren Angelegenheiten.«[87] Nach ihrem Anschluß an die Bundesrepublik wurde eine der »Hohen Vertragschließenden Seiten«, die DDR, wieder zur »sogenannten« und dem Juristen und damaligen Justizminister, Dr. jur. Klaus Kinkel, fiel es nicht schwer, dafür eine griffige Argumentation zu finden. Auf einem Forum in Bonn erklärte er am 9. Juli 1991: »Was die sogenannte DDR und ihre Regierung betrifft, handelt es sich dort nicht einmal um einen eigenständigen Staat. Diese sogenannte DDR ist niemals staatsrechtlich anerkannt worden. Es gab ein einheitliches Deutschland, von dem ein gewisser Teil von einer Verbrecherbande besetzt war. Es war jedoch aus bestimmten Gründen nicht möglich, gegen diese Verbrecher vorzugehen, aber das ändert nichts daran, daß es ein einheitliches Deutschland war, daß selbstverständlich ein einheitliches Recht dort galt und auf die Verbrecher wartete.«[88]

Nun konnten die »Verbrecher«, ehemalige Partei- und Staatsfunktionäre, an der Spitze mit Erich Honecker, dem man in Bonn wenige Jahre zuvor noch den roten Teppich ausgerollt hatte, Mitarbeiter der Staatssicherheit, Grenzsoldaten, Richter und Staatsanwälte vor die Schranken bundesdeutscher Gerichte gebracht werden. Geschaffen wurde ein ganzes System von Ermittlungs- und Stafverfolgungsorganen, die in Zehntausenden von Fällen

---

87   Zit. nach Geächtet oder geachtet? Die DDR in der internationalen Staatengemeinschaft, Berlin 1994, S. 61-64
88   GBM: Unfrieden in Deutschland Bd. 5, Weißbuch, Unrecht im Rechts-Staat, Sachsen/Berlin 1995, S. 75

ermittelten und eine Welle von Prozessen in Gang setzten. Alles im Widerspruch zum Einigungsvertrag, zum Rückwirkungsverbot und zu Versicherungen, die man Michail Gorbatschow gegeben hatte, als die »Wiedervereinigung« ausgehandelt wurde. Natürlich handelt es sich um keine politische Strafverfolgung und schon gar nicht um Siegerjustiz. Wieso denn auch, hatte doch der oberste Strafverfolger, Christoph Schaefgen, Generalstaatsanwalt in Berlin und zuständig für die Verfolgung von sogenannter Regierungskriminalität, in schlichten, leicht verständlichen Worten erklärt, worum es ging: »Unrecht, das von Staats wegen geschah, müssen wir genauso verfolgen, wie wenn ein Dieb stiehlt oder ein Mensch einen anderen umbringt.«[89] Wer wollte da noch von Rachejustiz sprechen, der gute Mann und seine Kollegen erfüllen ja nur ihre Pflicht.

»Hysterische Verfolgungsmasche«

Im Dezember 1998 hat das UNO-Komitee für ökonomische, soziale und kulturelle Rechte die Bundesregierung wegen der Diskriminierung früherer Staatsdiener der DDR scharf gerügt, eine Tatsache, die ob ihrer Bedeutungslosigkeit von keiner einzigen deutschen Nachrichtenagentur gemeldet wurde. Aber auch so war das Echo aufschlußreich. Die Gesellschaft für Bürgerrecht und Menschenwürde (GBM) – immerhin die größte deutsche Menschenrechtsgesellschaft –, die mit einer Stellungnahme zum Bericht der Bundesregierung für das Komitee wesentlich zur Beurteilung der Menschenrechtssituation in Deutschland, vor allem auch in seinem östlichen Teil, beigetragen hatte, begrüßte das UNO-Dokument und bekräftigte ihren Standpunkt, daß »Menschenrechte Angelegenheiten von internationalem Interesse sind und das von internationalen Menschenrechtsgremien geäußerte Kritik ohne Abstriche umzusetzen ist. Gerade in dieser Hinsicht hat die Bundesrepublik Deutschland erheblichen Nachholebedarf«.[90] Und während Professor Wolfgang Richter, Vorsitzender

---

89   Interview mit Christoph Schaefgen, Der Spiegel, 52/1994, S. 30
90   GBM-Information 3/99, 35. Ausgabe, S. 2

der GBM, die Forderung des UNO-Komitees an die Bundesregierung, die Diskriminierung zu beenden, als höchst aktuell bezeichnete, äußerte sich einer der an ihr maßgeblich Beteiligten, MfS-Aktenverwalter Gauck, erst und zudem nur zu einem, allerdings besonders beklagenswerten Aspekt dieses staatlichen Vorgehens, als er von einem Journalisten angesprochen wurde. Dessen Frage, ob er sich vom UNO-Komitee mitangegriffen fühle, verneinte er energisch und fügte hinzu:»Tatsächlich gibt es viel mehr Gründe für Dankbarkeit ehemaliger Systemträger als für diese hysterische Verfolgungsmasche.« Um eine Begründung dafür war er nicht verlegen:»Von Tausenden Ermittlungen sind nur wenige zur Prozeßreife gelangt, und davon führte nur eine Minderheit zu Verurteilungen, in der Regel Bewährungsstrafen.«[91]

Ja, wo er Recht hat, hat er Recht, der Herr Gauck. Die Tatsachen scheinen für ihn zu sprechen. Kurz vor seinem Interview hatte eine der mit der politischen Strafverfolgung beschäftigten Einrichtungen, die Staatsanwaltschaft II in Berlin, zuständig für Regierungs- und Vereinigungskriminalität, eine Zwischenbilanz gezogen. Danach führten von 22.550 Ermittlungsverfahren nur 506 zu Anklagen gegen 877 Personen, von denen lediglich 211 verurteilt wurden – die meisten zu Bewährungsstrafen. Sanftmut der Sieger oder fanden bundesdeutsche Strafverfolgungsbehörden trotz aller juristischen Verrenkungen in vielen Tausenden von Fällen keinen Grund, Klage zu erheben? Tatsache ist: Von 100 Beschuldigten wurden 99 unschuldig verdächtigt.

Allein schon die durchgeführten rechtswidrigen Strafverfahren, die Verurteilungen und die 22 Fälle, in denen Verurteilte längere Haftstrafen antreten mußten, rechtfertigen den Vorwurf, Teil der Siegerjustiz zu sein. Aber was ist mit den 21.270 eingestellten und den noch laufenden Ermittlungsverfahren, z. B. gegen Sporttrainer, -ärzte und und-funktionäre? Im Mittelalter wurden die Beschuldigten mit glühenden Eisen, Daumenschrauben und spanischem Stiefel gefoltert, heute werden sie humaner, rechtsstaatlich auf die Folter gespannt. Die über Jahre geführten Ermittlungsverfahren sind für die Betroffenen häufig nicht weniger schmerzhaft und folgenschwer als Anklageverfahren. Ihre Beruf-

91 Interview mit dem Bundesbeauftragten für die MfS-Unterlagen, Joachim Gauck, Neues Deutschland, 28.12.1998

sperspektiven und Existenzgrundlagen werden erschüttert oder völlig zerstört, von den Medien und Teilen der Öffentlichkeit werden sie verunglimpft. Ständige Anspannung untergräbt ihre Gesundheit, unumgängliche Honorarkosten für Rechtsanwälte treibt sie, und ein Teil von ihnen bezieht so schon Strafrente, in den sozialen Ruin.

Die Barmherzigkeit der Sieger ist schier grenzenlos und Gauck hat Recht, wenn er Dankbarkeit einfordert. Nur bei jenen kommt seine Forderung zu spät, die mitten in den Ermittlungsverfahren ihrem Leben ein Ende setzen.

»Niemand kommt zu spät, wenn sich das Leben weitet«

Eine Woche nach seiner Amtsübernahme brachte der letzte DDR-Ministerpräsident, Lothar de Maizière, in seiner Regierungserklärung vor der Volkskammer am 19. April 1990 seine tiefe Genugtuung über den in Gang gekommenen »Prozeß der Einigung Deutschlands« zum Ausdruck. Stolz und selbsbewußt verkündete er: »Wir vertreten in ihm die Interessen der Bürger der DDR. Das Ja zur Einheit ist gesprochen. Über den Weg dahin werden wir ein entscheidendes Wort mitzureden haben ... Wir werden gefragt: Haben wir gar nichts einzubringen in die deutsche Einheit? Und wir antworten: Doch wir haben! Wir bringen ein unser Land und unsere Menschen, wir bringen geschaffene Werte und unseren Fleiß ein und unsere Improvisationsgabe ... Wir bringen unsere Identität ein und unsere Würde.«[92]

Doch zehn Jahre danach darf man gewiß fragen, wie mit dieser Mitgift in der gesamtdeutschen Ehe umgegangen wurde? Die Zerstörung des Industriestandortes und unzähliger Arbeitsplätze in der Wirtschaft ist bekannt, und wie sieht die Bilanz im Bereich der Wissenschaft, der Kultur und des Gesundheitswesens aus? Sonderlich erfreulich ist sie nicht, und versucht man, sie kurz zu-

---

92 Bundesministerium für innerdeutsche Beziehungen: Texte zur Deutschlandpolitik, Bonn 1991, Reihe III, Bd. 8a, S. 174/175

sammenzufassen, läuft man Gefahr, der Schwarzmalerei bezichtigt zu werden. Aber Tatsachen bleiben nun einmal Tatsachen.

Durch einen rabiaten Elitewechsel, »Evaluierung«, vorgenommen von westdeutschen Emissären, Kürzung finanzieller Mittel und Kommerzialisierung, Liquidierung ungezählter wissenschaftlicher, kultureller und gesundheitspolitischer Einrichtungen wurde ihnen ein auch heute noch schwer meßbarer Schaden zugefügt. Trotz nicht weniger Defizite und Mängel, politischer Gängelung und Indoktrinierung, finanzieller und materiell-technischer Engpässe waren die Leistungen der DDR auf diesen Gebieten auch außerhalb ihrer Grenzen, darunter auch in der alten Bundesrepublik, anerkannt. Ungeachtet dessen wurden sie vor allem aus politischen Gründen und zum Schaden ganz Deutschlands kahlgeschlagen. Die Chance, aus einzelnen Teilen beider deutschen Systeme nach Vergleich und kritischer Prüfung eine moderne Synthese zu schaffen, wurde aus Selbstüberhebung nicht einmal wahrgenommen.

Der ostdeutschen Wissenschaft wurden die konservativen Wissenschaftsstrukturen der alten Bundesländer aufgezwungen, ganze Zweige wurden abgewickelt, Lehrer und Forscher zu Tausenden von den Hochschulen vertrieben und durch wissenschaftliche Kräfte aus Westdeutschland, darunter nicht wenige unerfahrene und bis dato in ihrer Karriere gescheiterte, ersetzt. Bereits Anfang 1993 hatten durch einen exzessiven Personalabbau von den rund 195.000 in Lehre und Forschung in der DDR Beschäftigten nur noch 23.500 einen vollen Arbeitsplatz. Zartfühlend ging man dabei nicht vor, wenn man dem Präsidenten der Leibniz-Sozietät, Samuel Mitja Rapoport, Glauben schenkt. Der erste Mann der unabhängigen Gelehrtenvereinigung erklärte Anfang Juni 1998 in einer Rückschau auf die deutsch-deutsche Wissenschaftsvereinigung nach dem Untergang der DDR: »Die folgende Periode war durch ›politische Säuberung‹ der Institutionen bestimmt, ein Vorgang, der in seinem Umfang in der ganzen Welt einzigartig ist und selbst den der Vertreibung der Wissenschaftler durch die Nazis übertrifft.«[93]

---

93 · Zit. nach Martin Koch: Plädoyer für eine zweite Wissenschaftskultur, Neues Deutschland, 21.7.1998

Auch die Veränderungen in der ostdeutschen Kulturlandschaft vollzogen sich nicht gerade kulturvoll. Ihre Infrastruktur wurde ausgedünnt, der Kommerzialisierung und Sparprogrammen fielen Kunsthochschulen und Fördereinrichtungen für Künstler ebenso zum Opfer wie Theater, Orchester, Volkskunstensembles, Clubs und Chöre. Mit der Zerschlagung des Deutschen Fernsehens durch den verdienstvollen Bayern Mühlfenzel verloren viele Schauspieler, Regisseure, Reporter und Moderatoren ihren Arbeitsplatz und die Ostdeutschen viele ihrer Publikumslieblinge. Zahllose Künstler gerieten in nie gekannte materielle Not. Von den ehemals 30.000 Künstlern, die in der DDR in Verbänden organisiert waren, wurden 20.000 ihrer Existenzgrundlagen beraubt. Kunstwerke verschwanden in Tresoren und Lagern, werden als »Auftragskunst« diffamiert und wie seiner Zeit »entartete Kunst« behandelt. Die Weimarer Ausstellung, die DDR-Kunst als »Abfallkunst« behandelte und die Willi Sitte als »totale Schweinerei« bezeichnete, war dafür nur ein, wenn auch besonders anschauliches Beispiel. Wohnungsbau und Baukunst der DDR wurden geschmäht. Die Herrschenden spreizen sich in dem vom Volk wiederaufgebauten Schauspielhaus; den Palast der Republik aber, der ein Haus des Volkes war, wollen sie niederreißen.

Zerstört wurde das trotz aller Mängel und materiellen Unzulänglichkeiten entwickelte Gesundheitssystem der DDR. An seine Stelle trat das bürokratisierte und vor allem auf Gewinn orientierte System der alten Bundesrepublik, in dem tiefgreifende Reformen seit langem überfällig sind. Nahezu völlig liquidiert wurden das bewährte staatliche Betreuungsnetz in ambulanten Arztpraxen, Ambulatorien und Polikliniken sowie die Strukturen der Arbeitsmedizin, des Kinder-und Jugendgesundheitsschutzes, des gesetzlich geregelten Impfschutzes, von Dispensaires für die Betreuung chronisch Kranker und Gefährdeter. Viele, die sich um ihre Entwicklung verdient gemacht hatten, wurden verleumdet, beiseite oder zur Abwanderung in den westdeutschen Teil des Vaterlandes oder in das Ausland gedrängt.

Von den ca. zwei Millionen Hoch- und Fachschulabsolventen der DDR – ca. 400.000 von ihnen befanden sich bereits in der Rente – wurde über eine Million aus dem Berufsleben ausgegrenzt und weitere Hunderttausende in soziale Unsicherheit oder in Tätigkeiten mit niedrigen Qualifikationsmerkmalen und Einkommen getrieben. Als der Autor 1994 in Bonn Gelegenheit hatte, mit einem engen Mitarbeiter des damaligen Bundespräsidenten Weizsäcker über diesen rücksichts- und kulturlosen Umgang mit der Intelligenz eines ganzen Landes zu sprechen, wurde er mit dem freundlichen Hinweis beschieden, daß es sich eben um einen unvermeidlichen »Elitewechsel« handle. Ein harmloses Wort, das der »Wiedervereinigung« nichts von ihrem Glanze nimmt. Der Sozialwissenschaftler Rolf Reißig hat die Folgen dieses Wechsels so zusammengefaßt: »Der Anteil der Ostdeutschen an der gesamtdeutschen Elite liegt in der Wirtschaft und beim Militär bei null Prozent, in der Verwaltung und in der Justiz bei drei, im Wissenschaftsbereich bei sieben Prozent.«[94] Und der Berliner Rechtsanwalt und heutige Bundestagsabgeordnete Hans-Christian Ströbele beschreibt es aus seiner Erfahrung folgendermaßen: »Wenn ich in Brandenburg als Anwalt bei Gericht bin, ist der Richter ein Wessi. Der Staatsanwalt auch. Der einzige Ostdeutsche ist der Angeklagte.«[95]

Was hatte doch Willy Brandt als Alterspräsident bei der Eröffnung des ersten aus gesamtdeutschen Wahlen hervorgegangenen Bundestages am 20. Dezember 1990 an die Adresse der Ostdeutschen gesagt? »Möge das Gefühl, auf der falschen Seite der Geschichte gestanden zu haben, sich nicht in Mutlosigkeit oder gar Aggressivität entladen. Möge es in dem Gefühl aufgehoben sein, daß niemand zu spät kommt, wenn sich das Leben weitet.«[96]

Ein schönes Wort, ein rechter Trost! Der abgelösten ostdeutschen Elite kann man alles vorwerfen, nur nicht, daß sie gar aggressiv reagiert habe.

---

94 Interview mit dem Sozialwissenschaftler Rolf Reißig, Neues Deutschland, 1.10.1998
95 Hans George: Aus dem Osten nur der Angeklagte, Neues Deutschland, 17.11.1998
96 Ministerium für innerdeutsche Beziehungen: Texte zur Deutschlandpolitik, Bonn 1991, Reihe III, Bd. 8b, S. 887

»Klasse Leute«

1990, am 1. August, schrieb ein früherer Mitarbeiter des DDR-Außenministeriums einen kurzen Artikel für eine große Berliner Tageszeitung. Da diese sich aufgrund der Fülle von anderen Materialien außerstande zeigte, ihn zu veröffentlichen, der Beitrag aber andererseits eine kleine Szene im »Rüpelspiel« aus der Sicht eines Zeitzeugen schildert und kommentiert, soll er an dieser Stelle mit fast 10jähriger Verspätung im unveränderten Wortlaut wiedergegeben werden:

»Nun erhielten sie es schwarz auf weiß, die Mitarbeiter des Ministeriums für Auswärtige Angelegenheiten: Per Dezember wird das Ministerium aufgelöst, die Arbeitsverhältnisse der Mitarbeiter werden beendet, nach Erhalt der Kündigung müssen sie sich persönlich auf dem Arbeitsamt melden, ihnen allen droht die Arbeitslosigkeit. Einige äußerts begrenzte Umschulungsangebote und zeitweilige Kurzarbeit sollen auch in diesem Bereich den totalen Kahlschlag kaschieren.

In vertrauensvoller Arbeitsteilung wird diese Botschaft von Außenminister Markus Meckel in einer Hausmitteilung seines Personalchefs und Bruders Hans-Martin den Leitern aller Struktureinheiten des MfAA zur Kenntnis gegeben. Mehr als tausend hochqualifizierte Außenpolitiker fliegen auf die Straße. Natürlich sozial abgefedert. Aufrecht und in Würde können sie sich nach Arbeitslosengeld und später, falls nötig, nach Sozialhilfe anstellen.

Ein für jeden Staat höchst wertvolles Kaderpotential, in dessen Ausbildung die Gesellschaft nicht wenig investiert hat, wird liquidiert. Umfangreiche außenpolitische Erfahrungen, Fachkompetenz, reiche Kenntnisse in allen Welt- und Landessprachen gehen verloren. Die Mehrzahl der Mitarbeiter entstammt Arbeiter- und Bauernfamilien. Sie waren international geachtet und geschätzt, sie haben ganz maßgeblich dazu beigetragen, daß der deutsche Name nach dem Zweiten Weltkrieg international wieder einen guten Klang erhielt. Auch DDR-Diplomaten waren es, die der UN-Vollversammlung und vielen internationalen Konferenzen vorstanden. Unzweifelhafte Verdienste haben sie sich für die Entspannung, vor allem auch für das Voranschreiten des KSZE-Prozesses erworben.

In fachlicher Hinsicht brauchten die DDR-Diplomaten den Vergleich mit ihren BRD-Kollegen, zumeist gutbürgerlicher Abstammung, keineswegs zu scheuen. Neben der verständlich anderen Aufgabenstellung bestand der Unterschied lediglich darin, daß sie nur etwa ein Drittel der Höhe der Gehälter der BRD-Diplomaten erhielten. Das allein dürfte letztere doch wohl nicht befähigen, kompetenter für das friedliche Zusammenleben der Völker, denen das entstehende vereinigte Deutschland verpflichtet sein soll, einzutreten.

Die Art und Weise der Auflösung des Außenministriums der DDR und das Berufsverbot für alle seine Mitarbeiter zeigen exemplarisch, wie friedliche Koexistenz zu unfriedlicher Existenzvernichtung, staatliche Vereinigung zu Annexion verkommen. Ihr fallen einige Hundert hochgebildete Außenpolitiker, darunter viele junge, zum Opfer. Was soll's? Teilen sie doch das Schicksal von Zehntausenden in den Staats- und Verwaltungsorganen, von Millionen Arbeitern und Angestellten in der Wirtschaft der DDR.

Ist es nicht höchste Zeit darüber nachzudenken, wie politischer Ausgrenzung, millionenfachem sozialen Unrecht Einhalt geboten werden kann. Aber auch Nachdenken allein wird nicht genügen.«

Das hier geschilderte »Rüpelspiel« ist, das sei eingestanden, nicht sehr originell, denn die abgewickelten Außenpolitiker bildeten etwa nur 0,2 bis 0,3 Prozent derer, die dem »Elitewechsel« zum Opfer fielen. Auch sehr lustig ist es nicht. Komisch im Sinne von Günter Gaus wurde es erst ein wenig später, als der damalige Bundesaußenminister Hans-Dietrich Genscher nicht ruhte, um den ehemaligen DDR-Außenpolitikern auch den Zugang zu einer anderen beruflichen Perspektive zu erschweren. Besonders angetan hatten es ihm dabei die zahlreichen Absolventen des Moskauer Institutes für internationale Beziehungen. Ihre nach 6jährigem Studium an der Moskwa erworbenen Diplome wurden nicht anerkannt; Herr Genscher aber nahm 1991 mit großer Freude und lauten Lobgesängen auf diese außenpolitische Bildungseinrichtung die Würde eines Doktor honoris causa des weltbekannten Institutes an.

Erst Jahre später fand die Bundesrepublik für einige wenige DDR-Außenpolitiker Verwendung, vor allem da, wo es nach Pulver roch und es so manchen altbundesdeutschen Diplomaten trotz Gefahrenzulage nicht gerade hinzog, so als OSZE-Beobachter im Kaukasus, in Tadshikistan und in Bosnien. Aber auch hier scheinen sich die Ostdeutschen nicht gerade schlecht geschlagen zu haben, anderenfalls hätte der CDU-Politiker Willy Wimmer, Vizepräsident der parlamentarischen Versammlung der OSZE-Staaten, in einem Interview mit dem Deutschlandfunk im Januar 1999 auf die Frage: »Dem Vernehmen nach spielen die ehemaligen DDR-Diplomaten eine hervorragende Rolle im OSZE-Auftrag. Warum geschieht das so im Schatten, außerhalb des Lichtes der Öffentlichkeit?« nicht geantwortet: »Das ist vielleicht bedauerlich, daß das außerhalb des öffentlichen Lichts geschieht, aber ich kann nur sagen, es ist gut, daß es überhaupt läuft. Man hat im Zusammenhang mit den ganzen OSZE-Aktivitäten, sei es im Kaukasus oder sei es in Tadshikistan, gesehen, daß wir hier wirklich klasse Leute im Feld haben, die ihre Aufgabe verstehen und die hoch qualifiziert sind, wo ich nur sagen kann, derer müssen wir uns auch nicht schämen, was ihren internationalen Einsatz anbetrifft. Hier hat das deutsche Auswärtige Amt eine gute Möglichkeit, auch dazu beizutragen, daß hoher Sachverstand in die internationale Arbeit eingebracht werden kann.«[97]

»Hut ab, Herr Wimmer«, kann man da nur sagen, auch wenn die Vorstellung, daß ehemalige DDR-Diplomaten, die für das Prinzip der Achtung der Gleichberechtigung der Staaten und gegen imperialistisches Hegemonialstreben stritten, nun großdeutsche Einmischungs- und Kriegspolitik, z. B. in Jugoslawien oder auf dem ganzen Balkan, vertreten sollen, doch ein wenig grotesk anmutet.

Der Gleichheitsgrundsatz

Das Grundgesetz für die Bundesrepublik Deutschland enthält eine Vielzahl eminent wichtiger, sorgsam formulierter Artikel. Einer der schönsten ist der Artikel 3. Er lautet: »(1) Alle Menschen sind

---

97 Interview mit dem Vicepräsidenten der parlamentarischen Versammlung der OSZE-Staaten, Willy Wimmer, Informationen am Morgen, Deutschlandfunk, 12.1.1999

vor dem Gesetz gleich. (2) Männer und Frauen sind gleichberechtigt. (3) Niemand darf wegen seines Geschlechtes, seiner Abstammung, seiner Rasse, seiner Sprache, seiner Heimat und Herkunft, seines Glaubens, seiner religiösen oder politischen Anschauungen benachteiligt oder bevorzugt werden.«

Leider gilt dieser Gleichheitsgrundsatz nicht für alle gleichermaßen, auch nicht für die Ostdeutschen. Ein knappes Jahrzehnt nach der staatlichen Vereinigung werden sie noch immer häufig als »Bürger zweiter Klasse« behandelt, eine Feststellung, die im Februar 1999 laut emnid 71 Prozent und laut dem Ministerpräsidenten von Sachsen-Anhalt, Reinhard Höppner, über 80 Prozent der Ostdeutschen treffen[98] und die andere Regierende lautstark zurückweisen. Doch was, wenn nicht grundgesetzwidrige Ungleichbehandlung, ist es, wenn die Ostdeutschen entschädigungslos enteignet, ihr Vermögen zu Schulden und die Schulden anderer zu eigener Belastung wurden, wenn ihre eigenständigen Existenzgrundlagen und Arbeitsplätze zum Nutz und Frommen übermächtiger Konkurrenz und Konzerne vernichtet wurden, wenn Eigentums- und Nutzungsrechte auf Häuser und Grundstücke noch immer zu Gunsten westdeutscher Alteigentümer bedroht und gestrichen werden, wenn ihr kulturelles Umfeld umgestürzt, ihre Qualifikation und politische Zuverlässigkeit von westdeutschen Abgesandten »geprüft«, ihre Biographien und Lebensleistung entwertet wurden?

Durch die von den Herrschenden der Bundesrepublik betriebene Industriezerstörung haben die ostdeutschen Bundesbürger, die immer noch als die neuen gelten, wesentlich geringere Chancen als ihre westdeutschen Landsleute, einen Arbeits- oder Ausbildungsplatz zu erhalten. Ihre Eigentums- und Nutzerrechte werden, wie der Umgang mit den sogenannten Modrow-Kaufverträgen und die Vertreibung der Pächter von Wochenendgrundstücken mittels willkürlich festgelegter »ortsüblicher Pachten« exemplarisch zeigen, gegenüber denen der Altbundesbürger als von geringerer Qualität gewertet. Das Vergleichsmietensystem, Ausgangspunkt von Miettreiberei, wurde den Ostdeutschen wesentlich schneller als im übrigen Bundesgebiet aufgezwungen. Im Unterschied zu westdeutschen Bürgerinnen und Bürgern müssen sich

---

98   Siehe Leipziger Volkszeitung, 3.2.1999

die Ostdeutschen diskriminierenden Befragungen und Fragebogenaktionen bei Bewerbungen, ja selbst bei Eintritt in die Rente, aussetzen.

Von einer schnellen Angleichung der Lebensverhältnisse in Ost und West und vom gleichen Lohn für gleiche Arbeit, bevorzugte Wahlversprechen der regierenden Parteien, ist so gut wie nichts mehr zu hören. Während die Arbeitnehmer im produzierenden Gewerbe im westlichen Teil der Bundesrepublik Ende 1998 einen durchschnittlichen Bruttomonatsverdienst von 5.283 DM hatten, betrug dieser im östlichen 3.852 DM, im Handel betrug der Bruttoverdienst 4.915 bzw. 3.713 DM. Entsprechend groß ist der Unterschied beim Arbeitslosengeld. Begründet wird diese Differenz mit der angeblich niedrigeren Produktivität im Osten, eine Behauptung, die 1999 in einer Studie des Pestel Instituts für Systemforschung in Hannover detailliert widerlegt wurde. Als einer der Gründe für die statistische Unterbewertung der Produktivität wird darin der sogenannte Kolonialeffekt angeführt, der darin besteht, daß ostdeutsche Industriebetriebe als verlängerte Werkbänke von Westfirmen arbeiten und ihre Produkte zu betriebsinternen niedrigen Preisen an die Westzentralen geliefert werden.[99]

Das ostdeutsche durchschnittliche Rentenniveau – das bisher noch immer angewandte Rentenstrafrecht nicht einmal mitgerechnet – erreicht gegenwärtig gerade einmal zwei Drittel des westdeutschen, obwohl die Lebenshaltungskosten schon lange gleich hoch sind. Ungeachtet aller Wahlversprechen wurden bisher keine ernsthaften Anstrengungen unternommen, um die in den Rentengesetzen festgeschriebene ungleiche Behandlung der Ostdeutschen zu beenden. Der sogenannte Rentenwert Ost liegt immer noch wesentlich unter dem westlichen Wert.

Nach jüngsten Berechnungen sollen die Einkommensunterschiede ost- und westdeutscher Lohn- und Gehaltsempfänger, Rentner und Arbeitsloser bis weit in das nächste Jahrtausend bestehen bleiben. Und wie zum Hohn bleiben auch die Bestimmungen in Kraft, nach denen ostdeutsche Arbeitslose und Frührentner weniger als ihre Landsleute im Westen dazu verdienen dürfen.

---

99   Eduard Pestel Institut für Systemforschung e.V.: Studie »Besteht eine Produktivitätslücke in den neuen Bundesländern?«, Hannover 1999

Doch Artikel 3 des Grundgesetzes lautet auch weiterhin: »Alle Menschen sind vor dem Gesetz gleich ...« und so weiter und so fort.

»Personenschutzgründe«

»Mit dem Maß, mit dem ihr messet, wird man euch wieder messen«, so lautet einer der Kernsätze aus der Bergpredigt in der Darstellung des Evangelisten Lukas. Obwohl der Bundesbeauftragte für die MfS-Unterlagen, Joachim Gauck, als studierter Theologe und ehemaliger Landpfarrer diesen Spruch gewiß kennt, verspürt er weder Reue noch gar Furcht. Auch als Leiter der nach ihm benannten weltlichen Einrichtung ist er sich sicher, im »höheren Auftrag« zu handeln, wenn er hilft, nicht nur mit zweierlei, sondern auch noch mit falschem Maß zu messen.

1990 herrschte in Bonn noch die Auffassung vor, daß die unsäglichen MfS-Akten geschlossen bleiben oder vernichtet werden sollten. Als jedoch bekannt wurde, daß die Unterlagen der Hauptverwaltung Aufklärung über Alt-Bundesbürger vernichtet und damit ungefährlich geworden sein sollen, wurde beschlossen, die Gauck-Behörde einzurichten und »mit dem Aktenrest zu teilen und zu herrschen«.[100] Das Konzept ging auf, und inzwischen gibt es Stimmen, nach denen der Aktenverwalter mit seinen Unterlagen mehr Unheil angerichtet hat als die, die sie einst rechts- und vernunftswidrig angelegt haben. Dabei hat die Behörde mit Mitteln nicht geizen müssen. Mehr als 1,5 Milliarden DM hat sie bisher verschlungen. Zur Verfügung stehen ihr 3.400 Planstellen. Die Ludwigsburger »Zentralstelle zur Aufklärung von NS-Verbrechen« hat 25 Beschäftigte.

Bisher wurde nicht bekannt, daß der Bundesbeauftragte Gauck vorgeschlagen hat, wenigstens einen kleinen Teil seiner Planstellen an Ludwigsburg abzugeben, damit dort zumindest ermittelt werden könnte, welche NS-Verbrecher in den vergangenen Jahrzehnten unberechtigt Kriegsopferrente bezogen haben. Statt dessen nennt er den Umgang mit der papiernen Hinterlassenschaft

---

100 Peter-Michael Diestel in einer Expertenrunde zum Umgang mit Geheimdienstunterlagen und -archiven in Ost und West im Juni 1998

der DDR-Staatssicherheit eine »Inbesitznahme des Herrschafts-
wissens durch die Unterdrückten« und ein »Faktum, das die sogenannte Wende als revolutionären Vorgang qualifiziert«.[101] Die
»Revolution« endete auch hier an den ehemaligen Staatsgrenzen
der DDR. Um die nur wenige Kilometer von seinem Amtssitz in
Berlin Ost entfernt in Berlin West eingelagerten Personal-
Unterlagen von Nazi-Tätern darf und will sich der revolutionäre
und teuerste Aktenverwalter des Landes nicht kümmern. Und
selbstverständlich bleiben auch die Akten des Bundesverfassungs-
schutzes und des Bundesnachrichtendienstes fest verschlossen.

Als Prof. Dr. Karl-Heinz Schöneburg, späterer Verfassungs-
richter im Land Brandenburg, 1988 im Bundesarchiv in Koblenz
die Akten der Gestapo und des Reichssicherheitshauptamtes zu
seinem von den Nazis verfolgten Vater einsehen wollte, wurde
ihm dieses aus »Personenschutzgründen« für alle Nazispitzel und
-täter verwehrt.

Gebrochenes Rückgrat

Zu Beginn des Jahres 1999 riefen Äußerungen eines gewissen
Herrn Christian Pfeiffer in Ostdeutschland einen wahren Sturm
der Entrüstung hervor. Der Kriminologe aus Hannover hatte die
Gewalt gegen Ausländer als »eine Folge der DDR-Erziehung«
und damit »vor allem (als) ein ostdeutsches Problem« charakteri-
siert. Offensichtlich zutiefst von den Zuständen in den DDR-
Erziehungseinrichtungen erschüttert, rief er dazu auf, nicht die
Augen davor zu verschließen, »was an Vergewaltigungen der
jungen Seelen gelaufen ist«, um bei anderer Gelegenheit die seeli-
schen Verkrüppelungen, denen Kleinkinder in der DDR ausge-
liefert gewesen seien, auf eine Stufe mit der Beschneidung junger
Frauen in der Dritten Welt zu stellen.

Das ostdeutsche Echo auf diese und andere »Forschungser-
gebnisse« waren heftigster Protest gegen üble Verleumdungen
und homerisches Gelächter über die entdeckten »Topfzeiten in

---

101 Interview mit dem Bundesbeauftragten für die MfS-Unterlagen, Joachim
Gauck, Neues Deutschland, 28.12.1998

den Kinderkrippen« als Beginn der Unterdrückung der Individualität in der DDR. Dabei waren Pfeiffers Entdeckungen so neu nicht, und einiges schien dem Wesen nach sogar einem höchst offiziellen Dokument einer Bundestagskommission nachempfunden worden zu sein.

Bereits im ersten Monat nach der Verkündung der staatlichen Einheit, im November 1991, war ein Bericht aus dem Bundestag auf scharfe öffentliche Ablehnung, besonders in Ostdeutschland, aber nicht nur dort gestoßen. Auf einem Hearing des Parlamentsausschusses für Frauen und Jugend hatte der als Sachverständige geladene Kölner Pädagogik-Professor Dr. Dr. Niermann mit der Schule und der Erziehung des gerade dahingeschiedenen Staates abgerechnet und u. a. erklärt: »Die Schulen waren bereits seit Mitte der 40er Jahre die Zuchtanstalten der DDR. Unter der zynischen Parole der ›allseitig entwickelten Persönlichkeit‹ wurde hier jedem Schüler das individuelle Rückgrat gebrochen. Es verließ keiner die Schule, der sich nicht den individual einengenden Normen und der repressiven Manipulation unterworfen hatte ... Die Schulen waren die Ausleseanstalten für die Partei, die Ideologie und den Machtapparat zur Unterdrückung und Verdummung der Massen.«[102]

Während sich im Ausschuß nur äußerst schwacher Protest gegen diesen Unfug, der mit vielem anderen Unsinn garniert war, so mit der Behauptung, daß in der DDR dem »Bedürfnis des Kindes nach Liebe und Geliebtwerden in den Familien nicht entsprochen (wurde)«[103] und es statt dessen immer wieder zum sexuellen Mißbrauch der Kinder durch die Eltern gekommen sei, regte, wurden die Auslassungen des Kölner Professors vor allem von ostdeutschen Pädagogen mit sarkastischen Worten, aber auch scharf zurückgewiesen.

Doch der Protest in Ostdeutschland blieb wirkunslos. Ganz im Niermannschen Geist wurde das über einen langen Zeitraum gewachsene Schul- und Bildungssystem der DDR in kürzester Frist liquidiert. Trotz nicht weniger Fehlentwicklungen und ideologi-

---

102 Johannes Niermann: Schriftliche Stellungnahme zum Thema Identitätsfindung von Jugendlichen in den neuen Bundesländern, Universität zu Köln, Pädagogisches Seminar, S. 6
103 Ebd. S. 14

scher Überfrachtung genoß es mit seinen durchgängigen Bildungswegen von Kinderkrippe und Kindergarten bis zur Universität in der Bevölkerung eine hohe Akzeptanz. Doch wie überall wurden auch hier die Ostdeutschen nicht befragt und die unübersichtlichen und antiquierten Grundstrukturen des Bildungswesens altbundesdeutscher Länder willkürlich und dilettantisch eingeführt. Bildungsprivilegien der Reichen und Besserverdienenden wurden wieder hergestellt.

Inzwischen gibt eine große Mehrheit der Ostdeutschen dem Bildungssystem der DDR gegenüber dem der Bundesrepublik den Vorzug. Die 2. Eppelmann-Kommission des Bundestages, die u. a. »helfen (sollte), daß sich die Menschen mit ihren unterschiedlichen Biographien im Einigungsprozeß besser wiederfinden«,[104] hielt das nicht davon ab, bei Prof. Niermann ab- und in ihrem Bericht niederzuschreiben: »Die Schülerinnen und Schüler in der DDR waren nicht nur mit dem ideologisch ausgerichteten Unterricht konfrontiert. Mit den Lehrern und Schulleitungen trat ihnen in der Schule auch die gesamte Macht der staatlichen Autorität gegenüber. Gelegentlich steigerte sich die ideologische Überzeugungsarbeit bis hin zur ›Gehirnwäsche‹, um mit allen Mitteln das Ziel der ›allseitig gebildeten sozialistischen Persönlichkeit‹ durchzusetzen ... Die Eltern waren angesichts des auf ihre Kinder ausgeübten Drucks oft zerrissen von der Sorge, die Kinder könnten der Indoktrination erliegen bzw. zu Opportunisten werden oder aber durch deutlichen Widerspruch Nachteile erleiden und möglicherweise isoliert werden ... Die familiale Sozialisation in der Familie wirkte weithin systemkonform ...«[105] »Grundprinzip der Bildungspolitik in der DDR« sei der Verszeile von Rainer Kunze zu entnehmen: »Unwissende – damit ihr unwissend bleibt, werden wir Euch schulen.«[106] Es fällt schwer, das Ziel der Eppelmann-Kommissionen treffender zu charakterisieren.

---

104 13. Deutscher Bundestag, Drucksache 13/11000, S. 18
105 Ebd. S. 307
106 Ebd.

Im August 1987 vereinbarten die Akademie für Gesellschaftswissenschaften beim Zentralkomitee der SED und die Grundwertekommission der SPD ein gemeinsames Dokument unter dem Titel »Der Streit der Ideologien und die gemeiname Sicherheit«. In diesem Grundsatzpapier, das von beiden Parteiführungen abgesegnet wurde, sprachen sich die SED und die SPD für eine »Kultur des Streits und des kontroversen Dialogs« sowie für die »Fähigkeit zum Dialog, zur Vertrauensbildung, zum Konsens, zum Abbau von Mißtrauen und Bedrohungsängsten sowie zur Partnerschaft bei gemeinsamen Aufgaben« aus.[107]

Die Vereinbarung stieß in beiden deutschen Staaten und über deren Grenzen hinaus auf ein überaus lebhaftes Echo, nicht einmal drei Jahre später geriet sie in Vergessenheit. Nur an ihrem 10. Jahrestag erinnerte man sich ihrer, in Teilen der SPD mit ziemlich gemischten Gefühlen. Mit dem Untergang der DDR hatte auch ihre ehemals führende Partei, wenn auch nicht im juristischen Sinne, das Zeitliche gesegnet. An ihre Stelle war die Partei des demokratischen Sozialismus, die PDS, getreten, die sich auf den steinigen Weg einer demokratischen Erneuerung begab und sich in nicht wenigen Positionen an die SPD annäherte, ohne allerdings wie diese ihre antikapitalistische Grundhaltung aufzugeben.

Wer in dieser Situation erwartet hatte, daß es zwischen SPD und PDS zu einem Mindestmaß an Verständigung und tolerantem Umgang miteinander kommen würde, sah sich schwer getäuscht. Wie alle anderen bundesdeutschen Altparteien wetterte die SPD gegen die »SED-Nachfolger-Partei«, ganz außer acht lassend, daß zur Nachfolge auch das gemeinsame Schriftstück zum Streit der Ideologien und zur gemeinsamen Sicherheit gehörte. Die darin verkündete »Fähigkeit zum Dialog ... und zur Partnerschaft bei gemeinsamen Aufgaben« mit der SED ging den Mitsiegern gegenüber der PDS völlig verloren. Die beschworene Kultur des Streits wurde durch eine Unkultur der Schmähung und Ausgrenzung ersetzt. Statt sich an die getroffene Absprache zu erinnern, daß »Kommunisten und Sozialdemokraten die Grundentscheidungen des jeweils andern beachten, keine Feindbilder aufbauen

---

107 Außenpolitische Korrespondenz Nr. 35/1987

... und ihre Repräsentanten nicht diffamieren«[108], fielen sie unmittelbar nach der staatlichen Vereinigung über die Repräsentanten der PDS her: Gregor Gysi drangsalierten sie über Jahre mit unsäglichen und mehrfach widerlegten Stasi-Beschuldigungen und Hans Modrow, der kurz vor dem Ableben der DDR als Gast der SPD in der Bundesrepublik noch als »Hoffnungsträger« gefeiert worden war, wurde als demokratisch gewählter Bundestagsabgeordneter auch von Teilen der SPD nicht gerade kulturvoll behandelt. Der SPD-Abgeordnete Horst Niggemeier fauchte: »Stasi-Oberaufseher Modrow ..., gelernter Antidemokrat im Stasi-Pelz ... gehört nicht in den ersten gesamtdeutschen Bundestag«[109], und sein Fraktionskollege Rolf Schwanitz forderte Hans Modrow auf, sein Bundestagsmandat niederzulegen, da er »bis in die letzte Phase des DDR-Unrechtsregimes auf der Täterseite stand ...«[110], und niemand in der SPD distanzierte sich öffentlich davon. Einer von beiden, Rolf Schwanitz, ist heute Staatsminister für den Osten im Bundeskanzleramt, gehört der Anti-PDS-Gruppe der SPD um Markus Meckel an, der die Streitkultur in neue Höhen führt und die Gründe dafür im »Deutschlandfunk« mit beeindruckender Offenheit darlegte. Er bezeichnete die PDS als »eine Milieupartei« und »Ausdruck der besonderen Probleme Ostdeutschlands«, um fortzufahren: »Unser Interesse muß es sein, daß sie das bleibt. Und daß diese Probleme möglichst gering werden. Dann kann man den Sumpf trocken legen, aus dem die PDS sozusagen als diese Sumpfpflanze ihr Wasser zieht. Wenn uns das nicht gelingt, besteht die Gefahr, daß die PDS ... zu einer wirklich demokratischen linken Partei wird.«[111]

Als die DDR noch existierte, sprachen sich die SPD und die SED für »gewaltfreie(n) Streit über alle politischen und ideologischen Gegensätze, sowie Zusammenarbeit zum beiderseitigen Nutzen und Vorteil« aus. Dabei müßten beide Seiten lernen, »miteinander zu leben und miteinander auszukommen«. Als der

---

108 Ebd.
109 Zit. nach Ralph Hartmann: Des Kanzlers rote Nachbarn, Schkeuditz 1995, S. 17
110 Ebd. S. 58/59
111 Zit. nach Otto Köhler: Wie man einen Sumpf trocken legt, Freitag, 8.1.1999

ostdeutsche Staat untergegangen war, war es leider die SPD, die selbst im Gegensatz zu maßgeblichen Kräften in der CDU/CSU und FDP gegen eine »Amnestie« für bestimmte Verantwortungsträger in der DDR mobil und sich für politische Strafverfolgung im Osten stark machte, so daß Unionsfraktionschef Schäuble, zu einem »Schlußgesetz« befragt, noch 1998 erklärte: »Ich habe mich 1990 mit dieser Frage beschäftigt und bin von der Sozialdemokratie damals in einer Weise behandelt worden, die mich heute noch ärgert. Ich werde eine solche Debatte nicht auslösen.«[112] Damit nicht genug. Zum Zeitpunkt, an dem Schäuble seinem »Ärger« Luft machte, warf der SPD-Sprecher Friedhelm-Julius Beuchler in einem Bundestagsuntersuchungsausschuß den Ländern und dem Bund Versagen bei der Verfolgung von DDR-Unrecht vor, da nicht genügend Staatsanwälte abgestellt worden seien.[113]

Im Jahre 1664 riefen die deutschen Sieger den bei Sankt Gotthard an der Raab geschlagenen Türken zu: »Komst aufn Hund und nit aufn Gaul!« Daher leitet sich die Redensart »auf den Hund kommen« ab. Wie es scheint, trifft dies leider auch für die »Kultur des Streits« zu, zu der sich die SPD, einst, als sie noch nicht so siegreich war, verpflichtet hatte. Nach widersprüchlichen Erklärungen aus der SPD-Zentrale im Frühjahr 1999 darf man durchaus gespannt sein, ob und wann die Partei es schafft, sich in dieser Hinsicht wieder »aufn Gaul« zu schwingen. Nach dem Rücktritt Oskar Lafontaines vom Parteivorsitz und der Teilnahme am Krieg gegen Jugoslawien dürfte sie allerdings vorerst beim »Hund« bleiben.

Oh, diese Zeiten, diese Sitten!

»Duo cum faciunt, non est idem – wenn zwei das gleiche tun, ist's nicht das gleiche.« Diese Worte, die der römische Komödiendichter Terentius vor mehr als 2.000 Jahren dem Bruder eines Vaters, der um die unterschiedlichen Moralbegriffe seiner zwei

---

112 Leipziger Volkszeitung, 10.7.1998
113 AP, 10.7.1998

Söhne besorgt war, in den Mund legte, ist heute für so manchem zur Maxime geworden, wenn es um die Bewertung gleicher oder ähnlicher Erscheinungen in Ost- und Westdeutschland geht. Nicht zuletzt gilt das für den Sport. Inzwischen ist es unbestritten, daß in beiden deutschen Staaten wie überall in der Welt in nicht wenigen Fällen zum Mittel des Dopings gegriffen wurde, um die Kraft und Ausdauer von Leistungssportlern zu erhöhen. Ob die gewählte Form des Perfekts für den einen noch existierenden Staat zutrifft, darf allerdings stark bezweifelt werden.«

Zu erfahren, daß auch in der DDR zu Pharmaka gegriffen wurde, um menschliche Belastungsgrenzen im Hochleistungssport zu erweitern, war äußerst betrüblich; allerdings wäre es schon ein Wunder gewesen, wenn die DDR in einer Welt, in der das Dopingunwesen grassiert, eine dopingfreie Zone geblieben wäre, wenn sie die Vorzüge ihres international anerkannten Systems der Talenteförderung, des wissenschaftlich begründeten Trainings und der sportmedizinischen Betreuung aufs Spiel gesetzt hätte. Historisch betrachtet, ist es erwiesen, daß die Vorreiter des Dopings in den USA, in Großbritannien, Frankreich, Italien und in der BRD zu suchen sind, wo es viele Jahre früher praktiziert wurde, ehe Funktionäre, Trainer und Ärzte der DDR sich daran machten, es nachzuvollziehen.

Daß Doping auch in der Bundesrepublik betrieben wurde (und wird), ist schon lange aktenkundig, spätestens seit der Erklärung des DSB-Präsidenten Manfred von Richthofen von Oktober 1997: »Selbstverständlich ist im Westen auch gedopt worden. Aber dort ist nicht so preußisch gründlich aufgeschrieben worden wie im Osten durch die Staatssicherheit. Die lückenlose Aufklärung der DDR-Dopingvergangenheit hat einen schlechten Beigeschmack, solange Doping im Westen nicht aufgedeckt wird.«[114] Ähnliche Stellungnahmen gibt es zuhauf, nur eine noch, zwanzig Jahre zuvor abgegeben, sei zitiert. Veröffentlicht wurde sie am 13. November 1977 in der »Welt am Sonntag«, ihre Autorin war niemand anderes als die Ehefrau des DDR-Doping-Jägers Prof. Werner Franke. Frau Franke schrieb: »Ich jedenfalls kann noch nicht glauben, daß Sport- und Staatsführung weiterhin so tatenlos, achselzuckend, ja fördernd dem Buschfeuer des Dopings zusehen.

---

114 Zit. nach Klaus Huhn: Die unendliche Doping-Story, Berlin 1997, S. 3

Ich kann nicht glauben, daß Herr Daume und Minister Maihofer weiterhin ein System unterstützen, das talentierte Mädchen vor die Wahl stellt, entweder Anabolika zu nehmen und sich vermännlichen zu lassen oder mit dem Leistungssport aufzuhören. Ich kann nicht glauben, daß weiterhin aus Steuermitteln das Doping von Kindern und Frauen finanziert wird, daß Beamte und Angestellte des Staates erwiesenermaßen die Gesetze übertreten und Menschen gefährden dürfen ...«[115]

Also noch einmal: Doping gab es – lassen wir die Gegenwart einmal beiseite – in beiden deutschen Staaten, zuerst in der BRD, dann leider auch in der DDR. Angesichts dessen gab es zwei Wege zur Lösung des Problems: Entweder einen Schlußstrich unter alle Dopingfälle der Vergangenheit zu ziehen oder zu versuchen, sie restlos aufzuklären. Die Herrschenden in der Bundesrepublik entschieden sich für beides: Der Schlußstrich wurde für die Alt-BRD gezogen, für die Ex-DDR wurde juristische Strafverfolgung angeordnet. Seit 1991 wird sie von einem großen Stab von Justiz- und Ermittlungsbeamten, Staatsanwälten und Richtern betrieben, mit überfallartigen Hausdurchsuchungen, mit der Versendung von etwa 9.000 Fragebogen, mit denen DDR-Leistungssportler zur Denunziation ihrer Sportkameraden und Trainer aufgefordert wurden, mit hochnotpeinlichen Befragungen von Athletinnen, mit inszenierten Gerichtsverfahren gegen Trainer, Sportärzte und -wissenschaftler, die ihren Höhepunkt in einem Schauprozeß gegen die ehemaligen höchsten Sportfunktionäre der DDR finden sollen. Seit 1994 wurden rund 4.100 Ermittlungsverfahren eingeleitet, von denen, nach Ausage des Chefs der sogenannten Zentralen Ermittlungsstelle für Regierungs- und Vereinigungskriminalität, Heinz Jankowiak, Anfang 1999 »die wenigsten« abgeschlossen waren.[116] Wie der Publizist und Sportexperte Klaus Huhn berechnete, wurden für die Dopingverfolgungsaktion allein schon bis 1997 rund 130 Millionen DM verausgabt, mehr als die Hälfte der Jahressumme, die das Bundesinnenministerium für die Förderung des deutschen Leistungssportes zur Verfügung stellen kann![117]

---

115 Ebd. S. 69
116 ADN, 25.1.1999
117 Klaus Huhn: Die unendliche Doping-Story, Berlin 1997, S. 26/27

Neuerdings besteht allerdings Aussicht, daß ein paar Zehntausend DM zurückfließen, wenn auch in andere Kassen. Die zuständige Staatsanwaltschaft ist dazu übergegangen, einer Reihe von Beschuldigten einen Deal anzubieten, nach dem ein Schuldbekenntnis mit einer Geldstrafe und der Einstellung des Verfahrens honoriert wird. Schließlich muß sich Justitia beeilen, wenn ein Schauprozeß gegen die »Hauptverantwortlichen« im Osten noch vor Ablauf der so schon bis Ende 2000 verlängerten Verjährungsfrist stattfinden soll und die »Gerechtigkeit« ihren Lauf nehmen kann.

Wenn es etwas haarsträubend Groteskes im sogenannten deutschen Vereinigungsprozeß gibt, dann ist es dieses zweierlei Maß, mit dem im Rechtsstaat Bundesrepublik Ost- und West-Doping gemessen werden.

Warum nur hat die herrschende Politik die Justiz auf dieses Geleis gebracht? Weil es ihr um die Aufklärung des Dopings in Deutschland geht? Dann müßte sie mit dem gleichen Einsatz gegen den alt- und jetzt gesamtdeutschen Sport ermitteln lassen. Weil sie von tiefer innerer Verachtung für den DDR-Sport, seine Methoden und Leistungen erfüllt ist? Dann müßte sie zumindest Skrupel haben, sich der Leistungen der aus der DDR hervorgegangenen Sportlerinnen und Sportler zu rühmen, die nach 1990 bei den Olympischen Sommer- und Winterspielen, bei Welt-und Europameisterschaften den Löwenanteil an den deutschen Medaillen errangen. Dann dürfte sie sich nicht mit dem sportlichen Lorbeer von Henry Maske, Lars Riedel und Franziska von Almsick, Mathias Sammer und Jan Ullrich sowie vieler, vieler anderer schmücken, die ihren Weg in der Leistunssportschule DDR begannen, deren Trainer, Sportärzte und -funktionäre aber vor Gericht gezerrt werden.

Nein, hier soll der gewesene ostdeutsche Staat gerade auf dem Gebiet kriminalisiert werden, auf dem die ostdeutsche, die DDR-Identität wuchs und auf dem die alte Bundesrepublik ihre schmerzhaftesten Niederlagen erlitten hat. Hier wird der Kalte Krieg gegen die DDR fortgesetzt, auch nachdem diese schon fast zehn Jahre tot ist.

»O tempora, o mores!«, »Oh, diese Zeiten, diese Sitten«, rief Cicero, als im Römischen Reich der Sittenverfall immer gräßlicher wurde. In Deutschland zeigt sich dieser Verfall in anderen Formen, weit fortgeschritten ist er auch. Und die Ostdeutschen werden aufgefordert, endlich in der Bundesrepublik als unserem aller Vaterland »anzukommen«.

Bis hierher also einige »Szenen einer Vereinigung« aus dem der staatlichen Teilung Deutschlands nachfolgenden »Rüpelspiel«. Stoff für weitere ist reichlich vorhanden, und auch in diesen fehlt es nicht an Groteskem, das das Herz erfreuen kann, auch wenn es, wie hier aus Platzgründen geschehen, nur mit einem Satz, zuweilen einem etwas längeren, Erwähnung findet:

Kurzszenen einer Vereinigung

Als die DDR noch existierte, und ihr Staatsratsvorsitzender Erich Honecker zu einem offiziellen Besuch in der Bundesrepublik weilte, lauschte die Bonner Regierungsprominenz mit gebührender Achtung der Staatshymne der Deutschen Demokratischen Republik, als aber der ostdeutsche Staat verblichen und zum »Unrechtsstaat« mutiert war, sahen die gleichen Leute in der Verwendung einiger wenigen Takte aus der Becher-Eisler-Hymne in einer Potpourri-Komposition für die Einheitsfeier 1998 in Hannover einen »Akt der Unwürde«.

Im Januar 1990 wurde in einem Grundsatzpapier des Bundesfinanzministeriums, das von Minister Waigel bestätigt wurde, festgestellt, daß die Verbraucher-Kaufkraft von 1 Mark der DDR 1,07 DM der Bundesrepublik entsprach, am 1. Juli des gleichen Jahres aber wurde mit der Währungsunion für einen großen Teil des Geldes auf den Sparkonten der Bürgerinnen und Bürger der DDR ein Kurs von 2 Mark gleich 1 DM festgesetzt und vielen Ostdeutschen wurden ihre Ersparnisse nahezu halbiert.

Jahrzehntelang hat die alte Bundesrepublik über ihre Verhältnisse gelebt und eine ansehnliche Staatsschuld aufgehäuft, im Vergleich zu der die innere und äußere Verschuldung des ostdeutschen Staates fast schon wie ein Pappenstiel anmutete, aber den östlichen Wunsch nach einer abschließenden Vermögensbilanz der DDR lehnte die Bundesregierung mit dem Hinweis ab, daß der Beitrittsstaat nur einen Schuldenberg hinterlassen habe, der eine solche Bilanz sinnlos mache.

Die Ostdeutschen zahlten die Kriegsreparationen für die alte Bundesrepublik mit, Rückzahlungsforderungen – immerhin handelte es sich mit Zins und Zinseszins um mehr als 700 Milliarden DM – wurden brüsk abgelehnt, aber für die sogenannten Altschulden des DDR-Wohnungsbaues und gesellschaftlicher Einrichtungen der Kommunen, die in Wahrheit keine Schulden, sondern nur rechnerische Verbindlichkeiten darstellten, werden die gleichen Ostdeutschen über hohe Mieten und steigende Kommunalabgaben zur Kasse der westdeutschen Banken gebeten.

Ex-Finanzminister Theo Waigel versprach bei der überstürzten Einführung der Währungsunion, daß die Steuerzahler »keine Sonderopfer für die deutsche Einheit bringen« müssen, er trieb die Staatsverschuldung über die 2-Billionen-DM-Grenze und trug die Hauptverantwortung für die Treuhandanstalt, aber aus seinem Amt schied er mit den Worten: »Ich habe das gute Gewissen eines Mannes ..., der das Menschenmögliche getan hat und der eine gute und ehrliche Bilanz vorweisen kann.«[118]

Von Anbeginn an haben die Regierenden die Angaben zu den Finanztransfers in den Osten durch Einberechnung von in der ganzen Bundesrepublik allgemein üblichen Zahlungen künstlich in die Höhe geschraubt, aber nach dem Wechsel im Kanzleramt war es ausgerechnet der sächsische CDU-Haushaltsexperte Manfred Kolbe, der dem nun zuständigen SPD-Staatsminister Rolf Schwanitz »klassische Waigelsche Transfertricks« vorwarf, da bei den finanziellen Leistungen z. B. auch 1,8 Milliarden DM »für die Ministerialbauten in der Hauptstadt als Osttransfer gelten sollen«.[119]

Von Hunderttausenden Nutzern von Wochenendgrundstücken in ostdeutschen Wäldern werden Pachtzahlungen zwischen 1,20 bis 6,00 DM pro Quadratmeter jährlich gefordert und viele von ihnen mußten deshalb ihre Bungalows und Häuschen aufgeben, aber die vom Bundesminister der Finanzen beauftragte Bodenverwertungsgesellschaft verkauft die ostdeutschen Wälder an

---

118 Leipziger Volkszeitung, 10.8.1998
119 Sächsische Zeitung, 12.2.1999

bundesdeutsche Großgrundbesitzer und andere Wohlhabende für 10 bis 30 Pfennige pro Quadratmeter, darunter z. B. 820 Hektar des schönen Luchsenburger Waldes in der Nähe des sächsischen Ohorn für 24 Pfennige/qm an Gloria, Fürstin von Thurn und Taxis, Tochter des sächsischen Grafen Joachim von Schönburg-Glauchau.

Die von der Treuhandanstalt entschädigungslos enteigneten ehemaligen Bürgerinnen und Bürger der DDR erhalten keinen Pfennig von den einst in Aussicht gestellten Ausgleichszahlungen, aber Heinrich der XIII., Prinz Reuß und Multiunternehmer mit Sitz Frankfurt am Main, und seine aus mehreren Familien bestehende Sippe, die 1945 enteignet wurden, erhielten 1998 700 erlesene Antiquitäten, Bilder und andere Kunstgegenstände zurück, die das Auktionshaus Christies für einen mehrfachen Millionenbetrag versteigerte, und jetzt fordern sie ihre früheren Geraer Stadthäuser, vier Schlösser, einen großen Forst- und Landwirtschaftsbesitz sowie das Geraer Jugendstiltheater zurück.

Die kleinen und miesen Privilegien der SED-Oberen in Wandlitz wurden von den Herrschenden der Bundesrepublik bis zum Überdruß ausgewalzt, heute aber können ihre Sprößlinge am gleichen Ort Tenniskurse belegen, für die 55.000 DM – mehr als das Jahresgehalt eines Politbüromitgliedes – hinzublättern sind.

Dem Antifaschisten und Buchenwaldhäftling Hermann Axen, im SED-Politbüro für Außenpolitik zuständig, und seinen Erben wurde durch Gerichtsbeschluß das für bundesdeutsche Verhältnisse eher durchschnittliche Sparguthaben konfisziert, aber die Witwe von Roland Freisler, des berüchtigten Präsidenten des faschistischen Volksgerichtshofes, bezog bis zu ihrem Tode 1998 Kriegsopferrente sowie einen finanziellen Schadensausgleich, da ihr Ehemann laut der zuständigen Versorgungsbehörde nach dem Krieg, in dem er bei einem Bombenangriff umkam, als Rechtsanwalt oder Beamter des höheren Dienstes hätte arbeiten können.

Im März 1989, als die Mauer noch stand, begrüßte der Westberliner Landesvorsitzende der SPD und gerade gekürte Wahlsieger, Walter Momper, auf einem Sonderparteitag mit Freude und Herzlichkeit eine Delegation des Zentralkomitees der SED unter der Leitung des ZK-Mitgliedes Gunter Rettner, aber 10 Jahre danach lehnte er als SPD-Spitzenkandidat zu den Wahlen des Abgeordnetenhauses jegliche Zusammenarbeit oder sonstige Verbindungen mit der »SED-Nachfolgepartei« PDS ab, da Berlin die Stadt des Mauerbaus sei und die Berliner das nicht vergessen könnten.

Noch heute dienen die gewiß gerechte Empörung hervorrufenden Fotos und Filmaunahmen von prügelnden Volkspolizisten, von brutal abgeführten Demonstranten und in Bereitschaft stehenden Wasserwerfern zur Wendezeit – Vorfälle, die zu gründlichsten Untersuchungen, öffentlichen Debatten, Entschuldigungen, Reuebekenntnissen und Bestrafungen führten – zur ständig wiederkehrenden Vorführung des »Terrorregimes« in der DDR, aber heute wie gestern und sicherlich auch morgen prügelt die bundesdeutsche Polizei mit großer Brutalität und schöner Regelmäßigkeit auf Atomkraftgegner, Autonome, linke Demonstranten ein und der Protest hält sich in Grenzen.

Zurecht waren die Ostdeutschen entsetzt und empört über die zur Wendezeit bekanntgewordenen Abhörpraktiken des Ministeriums für Staatssicherheit, aber Meldungen darüber, daß die Bundesrepublik Weltmeister bei der Überwachung von Telefonen ist und jährlich schätzungsweise eine Million Menschen in Deutschland am Telefon belauscht werden[120], werden nicht einmal mehr mit Erstaunen registriert.

Bundesdeutsche Zeitungen, Magazine, Rundfunk- und Fernsehsender betrieben und betreiben noch immer mit Hilfe von Akten aus dem Hause Gauck eine Hexenjagd auf ehemalige inoffizielle Mitarbeiter des liquidierten Geheimdienstes der DDR, aber nicht wenige ihrer Herausgeber, leitende Redakteure und Journalisten arbeiteten und arbeiten, wie der Geheimdienstexperte Erich Schmidt-Eenboom nachwies,[121] noch immer mit dem existierenden Bundesnachrichtendienst der Republik auch bei dessen verfassungswidriger innenpolitischen Aufklärung zusammen.

In Berlin gibt es nach Expertenschätzung etwa 700 asbestverseuchte öffentliche Gebäude, das ICC in Westberlin wurde sanft und jahrelang vom überreichlich vorhandenen Giftstoff befreit, in asbesthaltigen Schulgebäuden gingen Schüler und Lehrer jahre-

---

120 Siehe z. B. Süddeutsche Zeitung, 13.5.1998
121 Siehe Erich Schmidt-Eenboom: Undercover. Der BND und die deutschen Journalisten, Köln 1998

lang ein und aus, die Frist für die Überprüfung aller öffentlichen Gebäude in Berlin auf Asbesthaltigkeit wurde bis zum Jahre 2005 verlängert, aber der Palast der Republik, eines der Symbole und vielbesuchten Bauwerke der DDR, wurde wegen Asbestgefahr 1990 von den Abgeordneten der Übergabe-Volkskammer fluchtartig verlassen, geschlossen und zum Abriß vorbereitet.

Das moderne und bewährte Altstofferfassungs- und aufbereitungssystem der DDR – SERO – das, von der Bevölkerung akzeptiert, Material und Geld sparte, wurde nach vollzogenem Staatsanschluß weitgehend zerstört, aber dafür wurde an seine Stelle das Duale System mit seinem unredlichen grünen Punkt gesetzt, das fünfmal mehr Müll produziert, teuer und uneffektiv ist, allerdings den Vorteil hat, den Stadtbewohner frühzeitig am Morgen mit dem Klirren zerschellender Einwegflaschen zu wekken.

Fast überall auf der Welt fragen sich Bekannte, wenn sie sich nach längerer Zeit zufällig treffen: »Wie geht es?« Aber Ostdeutsche fragen meist: »Wie geht es, hast du noch Arbeit?« Und nicht selten sagt dabei – wann hat es das schon einmal gegeben? – der Jüngere zum Älteren: »Du hast es gut, du bist schon über sechzig.«

Die Ostdeutschen mußten sich 1990 von einem Tag zum anderen auf ein völlig neues Rechts-, Verwaltungs-, Gesundheits- und Sozialsystem umstellen, aber die bis heute spärliche Einführung des »Grünen Pfeils« in den alten Bundesländern wurde jahrelang mit der Begründung verzögert, daß die Bürgerinnen und Bürger Zeit bräuchten, um sich darauf einzustellen.

Die innere Einheit

Seit der staatlichen Vereinigung hat es keinen »Jahrestag der deutschen Einheit« gegeben, an dem Festredner nicht mit mehr oder weniger Gram und Schmerz in der Stimme die immer noch fehlende »innere Einheit« in Deutschland beklagten. Auch 1999, zum 10. Jubiläum, wird das nicht anders sein. Daran dürfte auch die von Bundeskanzler Gerhard Schröder in seiner Regierungserklärung vom 10. November 1998 verkündete Absicht, »wir werden … die innere Einheit vorantreiben«,[122] nichts ändern, ebensowenig wie die Versicherung des damaligen Finanzministers und SPD-Vorsitzenden Oskar Lafontaine, vom Januar 1999: »Mit dem Bundeshaushalt 1999 setzt die neue Bundesregierung ein Zeichen für Ostdeutschland. Sie richtet alle Kräfte darauf, die innere Einheit Deutschlands zu vollenden.«[123]

Als ob die vermißte innere Einheit mittels West-Ost-Finanzspritzen herbeigeführt werden könnte. Das ist etwa so, als wöllte man eine zerrüttete Ehe, in der es an Liebe, Toleranz, gegenseitiger Achtung, Gleichberechtigung sowie Verständnis füreinander und Vertrauen fehlt, mit Geld kitten. Hier hat Wolfgang Thierse einmal einen weiteren Blick als sein jetziger Parteivorsitzender, wenn er in seiner schon erwähnten Antrittsrede formuliert: »Wenn die vielbeschworene innere Einheit wirklich gelingen soll – wir wollen sie ja alle –, dann setzt sie jene Gleichberechtigung voraus, die erst durch die Anerkennung von Unterschieden, durch den Respekt vor andersartigen Biographien ermöglicht wird. Dieser deutsch-deutsche Diskurs, der Vergangenheit und Gegenwart einschließt, ist noch lange nicht an sein Ende gekommen.«[124] Wenn der Parlamentspräsident auch meinen würde, was er sagt, dann könnte man ihm zumindest teilweise zustimmen. Notwendig ist tatsächlich ein »deutsch-deutscher Diskurs, der Vergangenheit und Gegenwart einschließt«. Bisher aber findet nur eine äußerst einseitige »lebhafte Erörterung«, so die Übersetzung des Fremdwortes »Diskurs«, der ostdeutschen Vergangenheit statt, in der die westdeutsche ausgeblendet bleibt.

Seit zehn Jahren arbeiten die Ostdeutschen ihre Vergangenheit auf, und viele westdeutsche Politiker, Historiker, Psychologen und Soziologen helfen ihnen dabei. Sie ermutigen sie, ihre Biographien zu überprüfen, ihre Fehler und Übeltaten zu gestehen, sich für ihre Fehltritte und Unterlassungen zu entschuldigen, kurzum, ihre Geschichte weiterhin »aufzuarbeiten«, sie selbst aber haben mit der Aufarbeitung der eigenen noch nicht einmal begonnen. Nein, Herr Präsident, die »vielbeschworene innere

---

122 Das Parlament, Nr. 48, 20.11.1998
123 Oskar Lafontaine: Der Aufbau Ost steht auch in Zukunft im Mittelpunkt, Leipziger Volkszeitung, 16/17.1.1999
124 Das Parlament, Nr.45, 30.10.1998

Einheit« wird nicht gelingen, solange der »deutsch-deutsche Diskurs« eine Einbahnstraße bleibt, solange nur die ostdeutschen
Leichen aus dem Keller geholt werden und die westdeutschen in
den Pyramiden des Hochmuts und der Selbstgefälligkeit bleiben.
Und darin liegt gar vieles, was der »Aufarbeitung« bedürfte, darunter, um nur einige unvollständige Anregungen zu geben: der
Umgang mit der braunen Vergangenheit und ihren Exponenten in
den Nachkriegsjahrzehnten, die Verfolgung von Antifaschisten
und Kommunisten, die Praxis der Berufsverbote, die Wehrmachts-
traditionen der Bundeswehr und die Tätigkeit der Geheimdienste
ebenso wie die Politik der Spaltung Deutschlands, der internationalen Isolierung der DDR, des Wirtschaftskrieges gegen den ostdeutschen Staat und seine Bürger, die Unterstützung für die USA
im Krieg gegen das vietnamesische Volk, des Apartheid-Regimes
in Südafrika, der Türkei bei der Verfolgung der Kurden. Lassen
wir es genug sein, nicht gering ist schließlich auch der »Auf-
arbeitungs«-Bedarf im vergangenen Jahrzehnt beim Umgang mit
dem heimgeholten Ostdeutschland, von der Teilnahme am
NATO-Überfall auf Jugoslawien ganz zu schweigen.

Die bisherige Sicht auf die zwei Staaten in Deutschland und
die Art und Weise ihrer Vereinigung wird auf die Dauer keinen
Bestand haben. Die Geschichte der DDR und der Bundesrepublik,
der alten wie der wieder größer gewordenen, wird eines Tages
noch einmal neu geschrieben werden, vorurteilslos und frei von
ideologischer Arroganz und Verblendung. Auch das gehört zur
Gleichberechtigung, die laut Thierse eine Voraussetzung für die
»innere Einheit« ist. Im übrigen gilt das – und dem Parlaments-
präsidenten mag das zum Troste gereichen – nicht nur für beide
deutsche Staaten. Schon der Geheime Rat und Deutschlands
Dichterfürst, dessen 250. Geburtstagsjubiläum in diesem Jahr so
überaus festlich begangen wird, wußte: »Daß die Weltgeschichte
von Zeit zu Zeit umgeschrieben werden müsse, darüber ist in un-
sern Tagen wohl kein Zweifel übriggeblieben. Eine solche Notwendigkeit entsteht ..., weil der Genosse einer fortschreitenden
Zeit auf Standpunkte geführt wird, von welchen sich das Vergangene auf eine neue Weise überschauen und beurteilen läßt ...«[125]

---

125 Der alte Goethe. Auswahl in drei Bänden, Leipzig 1956, Bd. 3, S. 444

Und, ganz nebenbei gefragt, was soll »innere Einheit« überhaupt bedeuten, wie sieht sie aus, wo soll sie herkommen und wohin führen? Waren die Deutschen denn jemals schon das auf Theater- und Rednerbühnen beschworene »einig Volk von Brüdern«? Selbst Friedrich Schiller hatte die Schwestern vergessen. Gab es die »innere Einheit« etwa, nachdem Bismarck das Deutsche Reich mit Blut und Eisen zusammengeschlossen hatte, oder zur Zeit seiner Sozialistengesetze oder als Kaiser Wilhelm am Beginn des Ersten Weltkrieges im Reichstag ausrief, er kenne keine Parteien mehr, sondern nur Deutsche? Bestand eine »innere Einheit« etwa während der harten Klassen- und Parteienkämpfe in der Weimarer Republik oder gar zu den Zeiten, als es nur ein Reich, ein Volk und einen Führer gab? Daß es in Deutschland nach 1945 keine »innere Einheit« gab, braucht nicht bewiesen zu werden, und selbst in den Teilstaaten haben weder die östliche Menschengemeinschaft und die politisch-moralische Einheit des Volkes noch der westliche Volkskapitalismus und soziale Marktwirtschaft die innere Zerissenheit der Gesellschaft überdecken können.

Wozu soll denn jetzt auf einmal eine »innere Einheit« herbeigezaubert werden? Sie war und ist eine Schimäre. Worum es in Wahrheit geht, ist die Beseitigung der politischen, wirtschaftlichen, sozialen und mentalen Kluft zwischen West- und Ostdeutschland, die eine grandios verfehlte Vereinigungspolitik nicht verringert, sondern vertieft hat. Selbst die auf »innere Einheit« versessene »Die Welt« beklagte Mitte 1998: »Deutschland entfernt sich immer mehr von der inneren Einheit. Statt zusammenzurücken, entdecken ›Ossis‹ und ›Wessis‹ zunehmend Trennendes. Das ist die alarmierende und erschreckende Bilanz einer ... Umfrage des Allensbacher Instituts für Demoskopie.«[126] Danach beträgt der Anteil derer, die zwischen den Deutschen Ost und den Deutschen West mehr Gemeinsamkeiten als Unterschiede sehen im Westen ganze 19 und im Osten gar nur 17 Prozent. Selbst der These, daß Ost und West im Grunde immer zwei getrennte Staaten bleiben werden, stimmten 37 Prozent der ostdeutschen und 27 Prozent der westdeutschen Bevölkerung zu.[127]

---

126 Die Welt, 23.7.1998
127 Ebd.

Lothar Bisky, PDS-Vorsitzender, hat offenkundig so unrecht nicht, wenn er Ende 1998 feststellte: »Der Versuch, die Ossis zu Wessis zu erziehen, ist gescheitert.«[128] Arnold Vaatz, CDU-Bundestagsabgeordneter aus Sachsen, einer der mit Worten gegen und mit Taten für die Ost-West-Spaltung wirkt, spricht gar bedrückt von einer »Restauration der DDR-Mentalität in Ostdeutschland«[129], gegen die man anzugehen habe.

Doch der tiefe Graben längs der ehemaligen Staatsgrenzen kann nicht zugeschüttet werden, wenn man mit mehr oder weniger wohl formulierten Reden versucht, dem Osten das Gefühl der Benachteiligung, der Diskriminierung, der Bevormundung zu nehmen, notwendig ist es, die Benachteiligung, die Diskriminierung, die Bevormundung zu beseitigen. Ihr gemeinsamer Nenner ist die Ungerechtigkeit, die den Ostdeutschen widerfährt. Erst wenn diese überwunden würde, würde auch die Ost-West-Kluft geringer werden. Aber darauf besteht in einer gesellschaftlichen Ordnung, deren Grundlage die Ungerechtigkeit selbst, die zutiefst ungerechte Verteilung der materiellen und geistigen Güter ist, vorerst wenig Aussicht.

128 Frankfurter Rundschau, 21.12.1999
129 Süddeutsche Zeitung, 21.7.1998

KAPITEL 7

Das Horrorstück

3. Mai 1999 – Pfingstsonntag und ein Tag großer und kleiner Jubiläen. Die Bundesrepublik Deutschland feierte Geburtstag und beging den 50. Jahrestag der Annahme des Grundgesetzes, der Nordatlantikpakt registrierte den 25.000 Kampfeinsatz seiner Luftflotte seit Beginn des Überfalls auf Jugoslawien.

Im rekonstruierten Berliner Reichstagsgebäude versammelten sich die 1.338 Wahlfrauen und -männer der Bundesversammlung, um das neue Staatsoberhaupt zu wählen. Die Atmosphäre war staatsjubiläumsgemäß, würdevoll und feierlich.

Zur gleichen Stunde hatten viele Hunderte von unentwegten Kriegsgegnern das Brandenburger Tor mit einer Menschenkette entlang der ehemaligen Staatsgrenze der DDR zu Westberlin abgeriegelt und auf einem 37 Meter langen Transparent sowie auf vielen kleinen Schildern die Frage gestellt: »Wurde diese Grenze aufgehoben, damit wir zusammen gegen andere Völker in den Krieg ziehen?« Ihre Antwort war entschieden und eindeutig: »Nein und nochmals nein!«, »Schluß mit dem NATO-Krieg unter deutscher Beteiligung!«

Im Reichstagsgebäude lief die Wahlprozedur und nicht wenige Mitglieder der Bundesversammlung erinnerten sich an die zurückliegenden Präsidentenwahlen in Bonn, im Hochgefühl eigener demokratischer Bedeutsamkeit und voller Genugtuung darüber, daß die Wahl nun erstmals im geeinten Berlin stattfinden konnte. Am Brandenburger Tor, wo einst die Konfrontationslinie zwischen Ost und West verlief, bewegten die Kriegsgegner Empfindungen ganz anderer Art. Auch sie erinnerten sich, an den November 1989, als die Grenze, die die einen die »Mauer«, die »Todesmauer« und die anderen »antifaschistischen Schutzwall«

nannten, fiel. Damals schrieen viele in ihrer Überraschung, in einem Taumel der Gefühle: »Wahnsinn! Das ist ja Wahnsinn!« Viele hofften auf den Beginn einer Zeit grenzenlosen Glücks und des Friedens. Sie ahnten nicht, daß es knappe zehn Jahre später notwendig werden würde, am gleichen Ort erneut das Wort »Wahnsinn« zu gebrauchen und zu fordern: »Stoppt den Wahnsinn des Krieges!«

Als am 22. Dezember 1989 in Anwesenheit der Regierungschefs beider deutscher Staaten das Brandenburger Tor geöffnet wurde, betonte Hans Modrow, Ministerpräsident der DDR: »Nie mehr darf an diesem Tor der Brandgeruch des Krieges wehen!«[130] Zwei Tage später erklärte der damalige Bundespräsident von Weizsäcker in einer Weihnachtsansprache, daß das, »was wir in diesen Tagen am Brandenburger Tor ... erleben, das verbindet die Herzen der ganzen Welt ... Frieden, Europa, Einheit ... das sind die Ziele, auf die uns der erste Satz unseres Grundgesetzes verpflichtet ... Die Zeit gibt uns die große Chance, ihm ernsthaft nahezukommen.«[131]

Noch nicht einmal 10 Jahre später mußten die Friedensbewegten feststellen: Die große Chance war vertan, das Grundgesetz war in einem seiner elementaren Bestimmungen, dem Friedensgebot, gröblichst mißachtet worden, und bis zum Brandenburger Tor wehte der Brandgeruch des Aggressionskrieges, den die Bundesrepublik Deutschland mit ihren NATO-Partnern seit mehr als 60 Tagen gegen Jugoslawien führte, dessen Menschen er tötete und verkrüppelte, dessen Wirtschaft und Infrastruktur er vernichtete, dessen Umwelt er vergiftete und zerstörte.

Im Reichstagsgebäude indes war vom Brandgeruch des Krieges wenig zu spüren. Uta Ranke-Heinemann, aussichtslose Präsidentschaftskandidatin der einzigen Antikriegspartei im Bundestag, der PDS, Tochter des früheren Präsidenten Gustav Heinemann, bildete eine der wenigen Ausnahmen. Gegenüber Journalisten brachte sie laut und zornig ihr Unverständnis darüber zum Ausdruck, wie man angesichts der Tatsache, daß deutsche Flugzeuge nach 50 Jahren erneut serbische Städte bombardieren,

---

130 Hans Modrow: Aufbruch und Ende, Hamburg 1991, S. 101
131 Pressemitteilungen des Presse- und Informationsamtes der Bundesregierung, Bonn, 22.12.1989

das Staatsjubiläum feiern könne. Sie erinnerte an die Bombennächte des Zweiten Weltkrieges und meinte: »Meine Panik kommt zeitversetzt. Heute rieche ich den Rauch und das Feuer.«[132]

Andere, die Regierenden, die CDU/CSU- und FDP-Oppositionellen, der bisherige Inhaber des höchsten Staatsamtes und der darein zu Wählende, focht das nicht an. Sie hatten schon lange kein Gespür mehr dafür, wie schnell der Brandgeruch, die schwarzen Todesschwaden, die krebserregenden Giftwolken aus den zerstörten Ölraffinerien und Chemiewerken in der Nähe Belgrads auch über Deutschland, über Berlin kommen könnten. Sie waren blind und taub gegenüber der Gefahr eines Weltbrandes, wenn, wie im März geschehen, nicht nur in den Zentren der gefestigten, wohlgeordneten »freiheitlichen Demokratie« Washington und Bonn, sondern auch anderswo, z. B. im vom politischen und gesellschaftlichen Chaos gezeichneten Moskau, die Sicherungen durchgebrannt wären.

Nein, solche Gedanken waren ihnen fremd, sie priesen, wie tags darauf der damalige Noch-Präsident, Roman Herzog, auf einem Staatsakt, die Bundesrepublik als »ein tolerantes, weltoffenes und erfolgreiches Land, dessen oberstes politisches Ziel der Frieden ist«.[133] Als die Wahl vollbracht und das Abstimmungsergebnis verkündet war, sprang der verhinderte Friedenskanzler Gerhard Schröder auf, klatschte und umarmte den designierten neuen Bundespräsidenten: »Glückwunsch, Johannes!« Kurz danach hielt dieser, das inzwischen achte Staatsoberhaupt der Bundesrepublik Deutschland, Johannes Rau, seine Dankesrede und betonte, daß er der Präsident aller Deutschen sein werde und die Deutschen ein Volk der guten Nachbarn sein müßten. Sichtlich gerührt rief er aus: »Ich grüße alle Deutschen, ich grüße alle Nachbarn ...«[134]

Ob dieser Gruß auch den am Brandenburger Tor protestierenden Deutschen und ihren Freunden aus den Nachbarstaaten galt, wurde verständlicherweise nicht erwähnt. Einem der südlichen Nachbarn Deutschlands dagegen wurden die präsidialen Grüße umgehend und in einer besonders einprägsamen Weise übermittelt. Bundesdeutsche Tornados beteiligten sich zur gleichen feier-

---

132 Neues Deutschland, 25.5.1999
133 dpa, 24.5.1999
134 Berliner Zeitung, 25.5.1999

lichen Pfingststunde an den wieder einmal intensivierten Luftangriffen der NATO gegen jugoslawische Städte. Sie richteten sich vor allem gegen Versorgungseinrichtungen. Erneut wurden Kraftwerke im Großraum von Belgrad und in anderen Orten bombardiert, so daß in weiten Regionen Jugoslawiens der Strom ausfiel, die Pumpen in den Wasserwerken stillstanden und die Trinkwasserversorgung zusammenbrach. Es gehörte nicht viel Phantasie dazu, sich die Folgen dieser »humanitären« Luftschläge für die Menschen in den Städten, die Kinder in den Schulen und Krippen, die Alten in den Pflegeheimen vorzustellen. In den Belgrader Geburtskliniken versagten infolge des Stromausfalles die Inkubatoren ihren Dienst – Frühchen hatten keine Chance zum Überleben. Eine Klinik traf ein Volltrefer – im Operationssaal wurde eine Schwangere während des Kaiserschnittes getötet, ihr Baby konnte nicht einmal das Licht der Welt erblicken. Vielleicht schaut es jetzt als süßes kleines Engelchen auf den tiefgläubigen Bruder Johannes und bedankt sich für seine Grüße. Wie sagten doch Schröder und Fischer immer wieder? »Wir führen keinen Krieg gegen das serbische Volk.« Weil das offenkundig so war, stärkte der frisch gewählte Bundespräsident kurz nach seinem Wahlsieg der Schröder-Fischer-Regierung in einem Fernsehinterview den Rücken und verteidigte die deutsche Beteiligung an den NATO-Angriffen.

Die Bundesrepublik Deutschland hat einen neuen Präsidenten, aber das alte Grundgesetz, in dem es in Artikel 26 heißt: »Handlungen, die geeignet sind und in der Absicht vorgenommen werden, das friedliche Zusammenleben der Völker zu stören, insbesondere die Führung eines Angriffskrieges, sind verfassungswidrig.« Der verfasungswidrige Angriffskrieg gegen Jugoslawien begann am 24. März 1999. Absicht und Handlungen, um »das friedliche Zusammenleben der Völker« in Jugoslawien zu stören, begannen wesentlich früher.

Wo ist der Ausgangspunkt zu suchen? Im Juni 1991, als Außenminister Genscher unter dem Druck der Regierungsparteien und der SPD die fatale Wende in der Jugoslawienpolitik vollzog und die Bundesrepublik Deutschland mit einer Politik des Drukkes und der Erpressung seiner Partner in der Europäischen Gemeinschaft zur überstürzten Anerkennung der Teilrepubliken Slowenien und Kroatien drängte, zu einem Zeitpunkt, als die Fragen der Transformation der multinationalen SFRJ völlig ungelöst waren und seitens der KSZE, EG und UNO intensive Anstrengungen zur Lösung des gewaltsamen innerstaatlichen Konfliktes unternommen wurden? Oder am 23. Dezember 1991, als die Bundesrepublik Deutschland trotz aller Warnungen seitens des Weltsicherheitsrates, der eigenen Balkanspezialisten im Auswärtigen Amt, des Generalsekretärs der Vereinten Nationen, Pérez de Cuellar, und vieler anderer die Anerkennung vornahm und den Funken zündete, der, so der Kassandraruf von Lord Carrington, des Vorsitzenden der Jugoslawien-Konferenz, »Bosnien-Herzegowina in Brand setzt(e)«?[135] Oder am 6. April 1992, am Jahrestag des faschistischen Überfalls auf Jugoslawien, als die EG-Außenminister – erneut auf deutsches Drängen hin – die Anerkennung von Bosnien-Herzegowina beschlossen, die laut dem ehemaligen US-Außenminister Henry Kissinger »nicht die Geburt eines Landes, sondern einen Bürgerkrieg (bewirkte)«?[136] Oder ist der Ausgangspunkt für die deutsche Teilnahme an der NATO-Aggression wesentlich später zu suchen, z. B. in der Bundestagsdebatte vom Dezember 1995 über die Beteiligung der Bundeswehr an den IFOR-Truppen im vom Bürgerkrieg geschundenen Bosnien-Herzegowina? Schließlich wurde damals der Kosovo-Konflikt endgültig in den Fokus der deutschen Öffentlichkeit genommen und vom späteren Militärminister Rudolf Scharping, damals noch oppositioneller SPD-Fraktionschef, folgende weitblickende, ganz im Geiste traditioneller antiserbischer einseitiger Parteinahme gehaltene Erklärung abgegeben: »Mit dem Friedensschluß von Dayton sind noch lange nicht alle schwelenden Konflikte im ehemaligen Jugoslawien beseitigt. Das gilt für die ungelösten Probleme in Ostslawonien, in der Vojvodina, im Sandschak, in Mazedonien und vor allen Dingen im Kosovo. In allen diesen Teilen des ehemaligen Jugoslawiens wird es vor allem auf den guten Willen und auf die Kompromißbereitschaft der Regierung in Belgrad ankommen. Die offene Frage, ob diese Konflikte friedlich beigelegt werden können oder ob dort neue

---

135 Dokumentation zum Krieg auf dem Balkan, in: »Versöhnung«, Zeitschrift des »Versöhnungsbundes«, Mai 1996
136 Henry A. Kissinger: »Ein multi-ethnisches Bosnien kann nicht mit militärischer Gewalt erzwungen werden«, Welt am Sonntag, 8.9.1996

Konflikte ausbrechen, wird im wesentlichen in Belgrad entschieden. Es ist also notwendig, politischen Druck aufrechtzuerhalten ...«[137] Der auch in der Zukunft Schuldige war ausgemacht, und schon kurz danach wurde der politische Druck verstärkt und immer spürbarer auf die militärische Ebene verlagert.

Doch der Ausgangspunkt für die deutsche Kriegsbeteiligung ist weder im Juni 1991 oder im April 1992 noch im Dezember 1995 zu suchen. Er liegt ein wenig früher, im Jahr 1990, als der Anschluß des ostdeutschen an den westdeutschen Staat vollzogen und Deutschland endlich wieder zur europäischen Großmacht wurde. Schon bei der Unterzeichnung des »Vertrages über die abschließende Regelung in bezug auf Deutschland«, eingegangen in die Geschichte als »Zwei-plus-Vier-Vertrag«, am 12. September 1990 in Moskau hatte Außenminister Hans-Dietrich Genscher erklärt: »Die staatliche Einheit bedeutet für uns größere Verantwortung, aber nicht Streben nach mehr Macht«[138]; ein Gelöbnis, das er eine Woche später, am 20. September, in einer Regierungserklärung vor dem Bundestag in Bonn wiederholte und präzisierte: »Das vereinigte Deutschland wird größeres Gewicht haben. Wir wissen, daß sich die Völker Europas die Frage stellen, wie wir Deutschen dieses größere Gewicht nutzen werden. Es kann darauf nur eine Antwort geben: Mit diesem größeren Gewicht streben wir nicht nach mehr Macht, wohl aber sind wir uns der größeren Verantwortung bewußt, die daraus erwächst.«[139]

In der Folgezeit, als Deutschland staatlich vereinigt war, wozu der »Zwei-plus-Vier-Vertrag« den Weg freigemacht hatte, war sie immer wieder zu hören, die fordernde Erklärung, die Bundesrepublik müsse sich endlich als »normaler Staat« verhalten und der ihr zugewachsenen »größeren Verantwortung« gerecht werden. Das Fatale bestand darin, daß beides – »Normalität« und »größere Verantwortung« – fast ausschließlich militärisch verstanden wurden. Die von innen heraus entstandene Krise in Jugoslawien, der von außen geschürte Bürgerkrieg bot den Regierenden die ein-

---

137 Stenographisches Protokoll der 76. Sitzung des 13. Deutschen Bundestages, 6.12.1995, S. 6637 f.
138 Vertrag über die abschließende Regelung in bezug auf Deutschland, Presse- und Informationsdienst der Bundesregierung, Bonn, Sept. 1990, S. 54
139 Ebd. S. 86

malige Chance, die letzten aus der Niederlage Hitlerdeutschlands im Zweiten Weltkrieg herrührenden militärischen Beschränkungen zu überwinden und die Bundesrepublik in eine »normale« militärische Großmacht zu verwandeln, die das Recht hat, auch außerhalb des NATO-Bündnisgebietes, letztlich überall in der Welt einzugreifen, Krieg zu führen.

Die deutsche Öffentlichkeit darauf vorzubereiten und diesem Ziel nahe zu kommen, dafür waren der Bürgerkrieg auf dem Balkan ein geeigneter Anlaß und Jugoslawien ein weites Testfeld. Nahezu behutsam, Schritt für Schritt, »schrittchenweise«, wie »Die Welt« einmal in einer Laudatio auf das Handeln des damaligen Verteidigungsministers, Volker Rühe, schrieb, wurde vorgegangen, bis das Ziel erreicht war. Einer Beteiligung der Bundeswehr an NATO-Militäraktionen in und gegen Jugoslawien folgte die andere, immer weitreichendere – an der Luftbrücke Zagreb-Sarajewo, an der Embargo-Überwachung gegen Jugoslawien, an der »Aufklärung und Lagebilderstattung« im Adriaraum, an der Luftraumüberwachung des Bürgerkrieges, an den Einsätzen der AWACS-Flugzeuge sowie an der Schnellen Eingreiftruppe und damit an Luftangriffen auf serbische Ziele in Bosnien, an der IFOR- und SFOR-Truppe in Bosnien und schließlich am massiven Truppenaufmarsch zu Lande, zu Wasser und in der Luft gegen die nur noch aus Serbien und Montenegro bestehende Bundesrepublik Jugoslawien.

Dann schließlich, am 24. März 1999, war es soweit. 58 Jahre nach dem heimtückischen faschistischen Luftangriff auf Belgrad, 54 Jahre nach dem Ende des Zweiten Weltkrieges, zehn Jahre nach dem angeblichen Ende des Kalten Krieges, pünktlich zum 50. Jubiläum des Nordatlantikpaktes fielen deutsche Tornados gemeinsam mit den High-Tech-Todesmaschinen der USA und anderer NATO-Staaten über Jugoslawien her und säten Tod und Verderben. Der Krieg beendete die längste Friedensperiode in der europäischen Geschichte, und noch am gleichen Tag erklärte der sozialdemokratische Bundeskanzler Gerhard Schröder: »Liebe Mitbürgerinnen und Mitbürger, heute abend hat die NATO mit Luftschlägen gegen militärische Ziele in Jugoslawien begonnen. Damit will das Bündnis weitere schwere und systematische Verletzungen der Menschenrechte unterbinden und eine humanitäre Katastrophe verhindern ... Wir führen keinen Krieg, aber wir sind aufgerufen, eine friedliche Lösung im Kosovo auch mit militärischen Mitteln durchzusetzen.«[140] Mit dem Kanzlerwort an die Nation und der widersinnigen Absichtserklärung, militärisch einen Konflikt friedlich lösen zu wollen, begann auch die Kriegsberichterstattung. Wie die meisten der deutschen Blätter jubelte die Berliner »BZ« mit Schlagzeilen, die die erste Seite ausfüllten: »Die Schlacht beginnt. Deutsche Tornados fliegen in der ersten Reihe«. »Die verheerende Verwüstung im Denkapparat der politischen Elite«, von der Patrick Horst zwei Monate später im »Freitag«[141] schrieb, war ansteckender noch als das Aids-Virus.

Als Vorwand für den Überfall diente der tragische ethnische Konflikt zwischen der albanischen Bevölkerungsmehrheit einerseits und den Serben sowie den Angehörigen der anderen nationalen Gemeinschaften andererseits in dem zur Republik Jugoslawien und damit zur Bundesrepublik Jugoslawien gehörenden autonomen Gebiet Kosovo und Metohien. Die Wurzeln dieses Konfliktes reichen weit in die wechselvolle Geschichte auf dem Balkan, sie sind viel zu tief und verzweigt, um allein einer Seite die Schuld zuzuweisen. Doch ausgerechnet Clinton wie auch Schröder, Blair und ihre Partner kannten die Alleinschuldigen. Seit Jahren hintertrieb die NATO den politischen Dialog zwischen Belgrad und Priština, dem Zentrum Kosovos, machte aus der UCK, die sie vor Jahresfrist noch als »Terroristen« betrachtet hatte, eine »Befreiungsarmee«, unterstützte und bewaffnete sie, schürte den Konflikt, um ihn schließlich zum Aggressionsvorwand zu machen.

Lokale schmerzhafte Konflikte wie im Kosovo, und noch weitaus schlimmere, gibt es leider zu Dutzenden auf unserem Erdball. Doch der im Kosovo bot sich der NATO wie kein anderer an, um mehrere Ziele mit einem Schlag zu erreichen. Konnte doch mit seiner Hilfe Jugoslawien, das einzige Land auf dem Balkan, in dem die NATO noch nicht Fuß gefaßt hatte, weiter zersplittert, die Osterweiterung des Paktes abgerundet und die Einkreisung Rußlands vorangetrieben werden. Wo, wenn nicht in Europa, hätten die USA die neue NATO-Strategie, mit der das in der UN-Charta niedergelegte Recht der Gleichberechtigten durch

140 dpa, 24.3.1999
141 Freitag, 4.6.1999

das Recht des Stärkeren, das Völkerrecht vom Faustrecht abgelöst werden sollen, wirksamer erproben und durchsetzen können? Zudem war dem Gegner, Belgrad, dem serbischen Volk, Milošević, durch jahrelange antiserbische Politik und Dämonisierung schon seit langem das Kainsmal des Bösen eingebrannt.

Wer die global-strategische Zielsetzung Washingtons und seiner treuesten Bündnispartner außer acht ließ – und das geschah leider anfangs vielen, denen man einen größeren Weit- und Durchblick zugetraut hatte – und den Krieg, der unter dem Tarnnamen »Kosovo-Krieg« geführt wurde, auf einen Konflikt hier NATO und da Milošević reduzierte, lief in die Irre und begab sich in die Gefahr, wider eigene Absicht die Kriegslügen und -rechtfertigungsversuche zu erleichtern oder gar zu befördern und damit den so notwendigen Aufschwung der Friedensbewegung zu erschweren. Dabei hätten diejenigen, die sich dieser Gefahr aussetzten, doch nur den in der »Frankfurter Allgemeinen Zeitung« veröffentlichten Beitrag von Zbigniew Brzezinski, ehemaliger Sicherheitsberater von US-Präsident Carter, zur Hand nehmen und folgendes lesen können: »Unzweideutig steht mittlerweile weit mehr auf dem Spiel als das Schicksal des Kosovo. Die Voraussetzungen haben sich an dem Tag dramatisch verändert, an dem das Bombardement begann. Ohne zu übertreiben, ist festzustellen, daß ein Scheitern der NATO das Ende ihrer Glaubwürdigkeit wäre und gleichzeitig die globale Führungsrolle der Vereinigten Staaten in Mitleidenschaft geriete. Die Folgen wären verheerend für die globale Stabilität.«[142]

Wie wahr, nicht um humanitäre Ziele, nicht um Menschenrechte ging es in diesem Krieg auf dem Balkan, sondern wie eh und je um Macht, um die »globale Führungsrolle der Vereinigten Staaten«. Wie hatte Johann Gottfried Seume vor über 200 Jahren doch geschrieben? »Das Schild der Humanität ist die beste, sicherste Decke der niederträchtigsten öffentlichen Gaunerei.«

Der NATO stand nicht nur eine gewaltige Militärmaschinerie, sondern auch eine Meinungs- und Manipulationsmacht zur Verfügung, die Vernunft und Verstand erschlug, zuweilen auch bei jenen, die sonst so vernünftig und intelligent sind. Die seit dem

---

142 Zbigniew Brzezinski: Viel steht im Kosovo auf dem Spiel. Ein Scheitern würde die Nato und Amerika in eine tiefe Krise stürzen, FAZ, 14.4.1999

Beginn des jugoslawischen Dramas besonders in Deutschland betriebene Politik der einseitigen antiserbischen Parteinahme zeitigte Wirkung. Nahezu pausenlos waren einflußreiche Kräfte bemüht, die Serben zu einem Volk von Schurken, Vergewaltigern und Sadisten zu machen, sie zu verteufeln und mit völkischen Haßkampagnen zu überziehen, die zuweilen die Erinnerung an den antisemitischen Verfolgungswahn vergangener Zeiten aufkommen ließ. Wer versuchte, sich dieser Stimmungsmache zu widersetzen, Gerechtigkeit auch für Serbien zu fordern, begab sich in die Gefahr, fortan als »Serben«- oder gar »Milošević-Freund« betrachtet zu werden, was heutzutage fast genau so schlimm ist, als in üblen früheren Zeiten als »Russen«- oder gar »Judenfreund« gegolten zu haben. Im Vorfeld und während des NATO-Angriffskrieges überstiegen die Lügen, die über Serbien und Jugoslawien verbreitet wurden, das Ausmaß der Manipulation zur Dämonisierung der Serben im jugoslawischen Bürgerkriegsdrama in der ersten Hälfte dieses Jahrzehnts. Die sie verbreiteten, glaubten, so handeln zu müssen, denn jetzt ging es für sie nicht nur darum, eine Partei in einem Bürgerkrieg zu diffamieren; jetzt war es notwendig, den eigenen Aggressionskrieg vor dem eigenen Volk und der Welt zu rechtfertigen. Und wie schon in Bosnien lautete das Motto: »Was schert mich die Wahrheit, die Hauptsache das Feindbild stimmt!« Und während in der bosnischen Tragödie die Manipulation noch durch Greuelnachrichten-Aufkäufer, Pressesprecher und einige Journalisten erfolgte, besorgte nun ein Minister, der, so sagte man, endlich Statur gewonnen habe, dieses schmutzige Geschäft höchstpersönlich selbst.

Jetzt schlugen die Serben im Kosovo ihren Gegnern nicht nur, wie seinerzeit aus Bosnien gemeldet, die Köpfe ab, sondern spielten mit diesen Fußball. Selbst die Horrorgeschichte des CDU-Abgeordneten Stefan Schwarz, vorgetragen in einer Bosnien-Debatte des Bundestages, nach der die Serben 15 Kinder, von den allerkleinsten bis zu fünfjährigen, in den Ofen steckten und brieten, mußte gesteigert werden. Dieses Mal schnitten die serbischen Unmenschen schwangeren Frauen die Föten heraus, grillten diese und nähten sie anschließend wieder in den Leib. Diese und viele andere Greuelgeschichten konnten nur aus kranken Hirnen kommen, aber in der deutschen Boulevardpresse fanden sie dankbare Abnehmer.

Im Bemühen, die deutsche Teilnahme am Angriffskrieg zu rechtfertigen, ließen sich die rosa-roten und grünen Minister und Staatssekretäre von niemandem übertreffen. Zuerst versuchten sie, selbst die Tatsache zu leugnen, daß Deutschland überhaupt Krieg führt. Die deutschen Tornado-Piloten waren schon mehrmals »glücklicherweise heil und unversehrt« von ihren Bombenflügen zurückgekehrt, da wies Außenminister Fischer am 26. März im Bundestag »den Vorwurf, daß wir hier von deutschem Boden aus eine Politik des Krieges betreiben«, »mit Nachdruck« zurück. Einen Tag später bekannte Militärminister Scharping der »Frankfurter Rundschau«: »Ich habe große Probleme mit dem Wort Krieg in diesem Zusammenhang«, und sein Staatssekretär Walter Stützle erläuterte gegenüber dem ARD-Journalisten Metzger, woher die ministeriellen Probleme kommen: »Es geht nicht um militärische Einsätze, sondern es geht in der Tat um den politischen Versuch, das Morden im Kosovo zu beenden. Wissen Sie, Herr Metzger, mir mißfällt, wie Sie das Wort ›NATO-Bombardierung‹ gebrauchen. Und deshalb würde ich Sie herzlich darum bitten, übrigens auch im Interesse der Soldaten, die diese gefahrvolle Aufgabe auf sich nehmen, nicht von NATO-Bombardierungen zu sprechen, weil mir das ein Schlagwort zu sein scheint, das der Situation gar nicht angemessen ist.«[143]

Da jedoch das »Schlagwort« dank der Schlagkraft der NATO-Bomber nicht aus der Welt zu schaffen war, flüchteten sich die bundesdeutschen Kriegsverantwortlichen in immer neue Legenden und betrieben deutsche Geschichtsaufarbeitung, die sie so hartnäckig von den Ostdeutschen fordern, auf eine Art, die sie schon während des bosnischen Bürgerkrieges erprobt hatten. Scharping erblickte in Jugoslawien, dem Opfer dreier deutscher Aggressionen in diesem Jahrhundert, »die Fratze der eigenen Geschichte«, um so ganz nebenbei gemeinsam mit seinen Freunden die Vernichtungs- und Ausrottungspolitik des deutschen Faschismus endgültig auf einer serbischen Deponie im Kosovo zu entsorgen. »Konzentrationslager«, »Deportationen«, »Völkermord«, »Genozid«, »Endlösung« waren die neuen Schlagworte,

---

143 Zit. nach Joachim Rohloff: Deutscher Djihad, konkret, Mai 1999, S. 46

die in die Welt gesetzt wurden, und die jugoslawischen Truppen mutierten zur »Waffen-SS«.

Folgerichtig wurde Milošević, zu dessen Politik man gewiß unterschiedlicher Auffassung sein kann, zum »letzten Menschenschlächter in Europa«, zu einem neuen Hitler, weil »gerechte Menschen« nach 1945 ihre Gegner in »gerechten Kriegen« mit Vorliebe »Hitler« genannt hatten; die Briten – Nasser im Suez-Krieg, die Franzosen – Ho Chi Minh im Indochina-Krieg, die US-Amerikaner – Hussein im Golf-Krieg. Die Personifizierung des Bösen und Schurkischen war stets wirksam gewesen und auch 1999 verfehlte sie ihre Wirkung in Deutschland nicht. Selbst unter einigen linken, ansonsten entschiedenen Kriegsgegnern stießen Appelle, sich nicht der verlogenen Dämonisierungskampagne der NATO-Strategen zu beugen, die aus einem demokratisch gewählten Vertreter eines Volkes einen brutalen Diktator à la Hussein machten, um den Deutschen ihre Meinung zu diktieren, auf taube Ohren. Wie im Falle der deutschen Bundesrepublik, deren gesellschaftliche Verhältnisse man erst dann kritisieren darf, wenn man die in der DDR herrschenden angeprangert hat, so sollte man im Interesse eigener »Glaubwürdigkeit« den NATO-Krieg, der lange Zeit nicht einmal »Aggression« genannt wurde, erst dann verurteilen dürfen, wenn man die antidemokratischen Verhältnisse in der jugoslawischen Bundesrepublik und das diktatorische Belgrader Regime nachdrücklich gebrandmarkt hatte. Beweise für letzteres waren wenig gefragt, scharf abgrenzende Behauptungen genügten, um »glaubwürdig« zu sein.

So hatten die NATO-Kriegslügen zwar kurze Beine, aber einen langen Atem. Zwei von ihnen begleiteten die Aggression von Anfang an, auf ihnen ruhte die Kriegspropaganda, sie bildeten das Fundament, auf dem ein ganzes Lügengebäude errichtet war. Schauen wir sie uns auch deshalb ein wenig ausführlicher an, da sie von Schröder, Fischer, Scharping und den anderen Regierenden fast ausschließlich westdeutscher Provenienz mit besonderer Ausdauer vorgetragen wurden, in Ost- und Westdeutschland augenscheinlich auf unterschiedliche Akzeptanz stießen und, wie zu erwarten ist, den NATO-Krieg auch in der zukünftigen Geschichtsschreibung rechtfertigen sollen.

Die täglichen Bilder von der wahrhaft großen Not der beklagenswerten albanischen Kriegsopfer, den Flüchtlingslagern in Albanien und Mazedonien suggerierten, daß die NATO ihren verbrecherischen Krieg wegen der »ethnischen Vertreibung« begonnen habe. Mehr noch: Schon kurz nach dem Überfall behaupteten die NATO-Führer, ihr Krieg sei ein gerechter Krieg gegen eine verbrecherische »Politik der ethnischen Vertreibung«. Sie versuchten vergessen zu machen, daß Flucht und Vertreibung nach dem Beginn der NATO-Bombenangriffe begannen. Die Kriegsfolge wurde zur Kriegsrechtfertigung gemacht.

Wäre die Behauptung der NATO keine Kriegslüge, dann hätten ihre Führer und Propagandisten Antwort auf viele Fragen geben müssen, Fragen, auf die sie bis zum heutigen Tag keine Antwort haben. Also fragen wir noch einmal nach:

– Worauf basierten die Dossiers des Auswärtigen Amtes und die zahllosen Urteile hoher bundesdeutscher Gerichte, nach denen es vor dem NATO-Überfall in Jugoslawien keinerlei Gruppenverfolgung von Kosovo-Albanern wegen ihrer nationalen Zugehörigkeit gab? Wer log? Herr Minister Scharping, nach dem die »ethnische Vertreibung« lange vor den NATO-Angriffen erfolgte, oder Außenminister Fischer und z. B. das Oberverwaltungsgericht Münster, das in einem Urteil vom 11. März 1999, keine 14 Tage vor dem NATO-Überfall, in einem Urteil feststellte: »Albanische Volkszugehörige aus dem Kosovo waren und sind in der Bundesrepublik Jugoslawien keiner regionalen oder landesweiten Gruppenverfolgung ausgesetzt?«[144]

– Hatten auch die im Kosovo stationierten OSZE-Beobachter gelogen, als sie noch kurz vor dem Überfall und ihrem eigenen Abzug festgestellt hatten, daß viele der Albaner und Serben, die vor den Kämpfen zwischen der UCK und den serbischen Einheiten geflohen waren, in ihre Dörfer und Häuser zurückgekehrt waren?

– Warum klagte die NATO Belgrad an, wenn es die Grenzen Kosovos zu Mazedonien und Albanien schloß; und warum attakierten sie es, wenn es sie öffnete? Wie vereinbarten sich Meldungen internationaler Nachrichtenagenturen, nach denen die Serben Anfang Mai südlich von Pristina 40.000 Kosovo-Albaner »an der Flucht nach Mazedonien hinderten« und Ende Mai

144 IALANA: Presseinformation vom 22.4.1999

15.000 albanischen Flüchtlingen untersagten, sich »aus dem Kosovo zu retten«, mit einer Politik fortgesetzter »ethnischer Vertreibung«?

– Wieso wählte die NATO für ihre Terrorangriffe als bevorzugtes Ziel die Haupstadt Kosovos, Priština, aus, wo Zehntausende von Albanern lebten, und beklagte, daß diese aus der Stadt vertrieben werden?

– Warum richtete sie besonders massive Luftschläge auf Novi Sad, das Zentrum des autonomen Gebietes der Vojvodina, wo die Angehörigen vieler nationalen Gemeinschaften friedlich zusammenleben?

– Warum flüchteten aus Kosovo und Metohien nicht nur die im Fernsehen gezeigten Albaner, sondern auch die Serben, Montenegriner, Roma und Moslems?

– Warum leben, wenn es die »Politik der ethnischen Vertreibung« gab, in Belgrad mehr als 100.000 Albaner, denen niemand ein Haar krümmt und die von den NATO-Raketen genau so bedroht waren wie die anderen Bewohner der jugoslawischen Hauptstadt?

– Hatte denn keiner der von inneren Gewissenskonflikten zerrissenen Bonner Gutmenschen im Fernsehen – welch seltene Ausnahmen – Berichte über Kosovo-Albaner gesehen, die, nach ihren Fluchtgründen befragt, berichteten, daß im Kosovo Krieg ist, daß von links die UCK, von rechts die jugoslawischen Sicherheitskräfte schießen und von oben die NATO-Bomben fallen? Wer hätte da nicht flüchten wollen? Wer vertrieb hier wen?

Wer wie die NATO die Furie des Krieges von der Leine ließ, der schuf Chaos, steigerte Verzweiflung und Haß, verursachte Massenflucht und Vertreibung, deren Bekämpfung man im nachhinein zum Kriegsziel und zur Kriegsrechtfertigung machte. Wie stand doch kurz nach Kriegsbeginn in der deutschen Zeitung zu lesen, die sich die linke unter den großen nennt? Krokodile beißen erst, dann vergießen sie Tränen.

Die zweite kurzbeinige, aber langatmige Lüge, war nicht weniger infam. Sie bestand in der Behauptung, die NATO habe bis zum letzten Moment um eine politische Lösung gerungen, Belgrad habe in den Monaten vor Beginn der Luftangriffe keine

194

Schritte zur Entschärfung der Lage getan und alle Friedensbemühungen seien nur am Widerstand eines »Wahnsinnigen« gescheitert. Unumstößliche Wahrheit dagegen ist:

Die von Washington geführte NATO hat den schweren innerstaatlichen Konflikt in Jugoslawien mit ihrer Einmischung zielstrebig, Schritt für Schritt zu dem Punkt geführt, an dem sie ihre Waffen einsetzen konnte. Sie wollte Krieg. Immer unter der Androhung von massiven Militärschlägen hatte sie ihre Forderungen an Belgrad höher und höher geschraubt, immer in der Erwartung, daß Belgrad sie nicht akzeptieren werde, und Jugoslawien hatte immer wieder um des Friedens willen nachgegeben.

– Die selbstmandatierte NATO forderte direkte Verhandlungen mit den separatistischen Führen der Kosovo-Albaner. Belgrad hat sich 20mal in hochrangiger Besetzung am Verhandlungstisch eingefunden, die albanische Seite erschien nicht.

– Die NATO verlangte die Zustimmung zum Abzug von jugoslawischen Sicherheitskräften, zur Stationierung von 2.000 OSZE-Beobachtern in Kosovo und zur Luftraumüberwachung durch NATO-Flugzeuge. Belgrad hat zugestimmt, die UCK ist in die freigewordenen Räume vorgestoßen und hat in Drenica, da, wo sie im November 1997 erstmals aufgetreten war, eine Art Siegesparade abgehalten.

– Die NATO forderte direkte Verhandlungen mit der von der UCK – die USA hatten sie unlängst noch als »Terroristen« eingestuft – geleiteten albanischen Delegation in Rambouillet. Belgrad hat zugestimmt, die UCK hat sich geweigert, auch nur ein einziges Mal mit der Delegation der Republik Serbien, und sei es auf Expertenebene, zusammenzutreffen.

– Die NATO verlangte die Unterzeichnung des 10-Punkte-Planes der internationalen Kontaktgruppe über einen Waffenstillstand, eine Amnestie für die UCK, die Gewährleistung einer außerordentlich weitgehenden Autonomie und vieles mehr. Belgrad hat unterzeichnet und damit seine Bereitschaft bekräftigt, auch den Albanern im Kosovo die unbedingt erforderliche nationale Gleichberechtigung nach höchsten internationalen Standarts zu gewährleisten, was sie übrigens bereits im Herbst 1998 in einem von der NATO allerdings totgeschwiegenen umfassenden Projekt vorgeschlagen hatte. Die UCK hat die Unterschrift unter den 10-

Punkte-Plan verweigert, weil sie nicht die Autonomie, sondern die Abtrennung Kosovos forderte.

Erst als sich die NATO alle wesentlichen Forderungen der UCK zueigen gemacht hatte und von Jugoslawien de facto die bedingungslose Kapitulation forderte, konnte Belgrad keine Zugeständnisse mehr machen. Weder Milošević noch irgendein anderer Politiker konnte der faktischen Abtrennung Kosovos und der NATO-Okkupation ganz Jugoslawiens zustimmen. Die USA und ihre NATO-Partner aber konnten endlich bombardieren. Herr Fischer erklärte immer wieder, mit zerknirschter Miene und frommem Augenaufschlag, Milošević hätte doch nur den »Friedensplan« von Rambouillet zu unterzeichnen brauchen und die Krise wäre friedlich gelöst gewesen. Noch auf dem Sonderparteitag der Grünen Anfang Mai beteuerte er, Milošević persönlich förmlich angefleht zu haben, den »Friedensplan« zu akzeptieren. Was für ein Hohn! Der militärische Teil des Planes war nicht eine Sekunde verhandelt worden, aber Belgrad sollte unterschreiben, daß die NATO ganz Jugoslawien besetzt und dem Pakt eingeräumt werden: Immunität, Straffreiheit, Bewegungsfreiheit für alle Fahrzeuge, Schiffe, Flugzeuge, das Recht zur Errichtung von Lagern, Durchführung von Manövern, Nutzung sämtlicher Einrichtungen für Nachschub und Feldoperationen und vieles mehr. Und als die UCK diesen Teil des Planes unterschrieben hatte, erklärten Fischer und seine NATO-Amtskollegen, daß das bis dahin nicht verhandelte Dokument nun »nicht mehr verhandelbar« sei. Die moderne Geschichte kennt kein vergleichbares Diktat. Was für ein »Friedensplan«!

Angesichts der beiden Dauerlügen und der vielen anderen, häufig je nach Bedarf wechselnden, könnte man Norman Stone, der früher einen Lehrstuhl in Oxford und jetzt einen in der Türkei innehat, nur zustimmen, wenn er in der »Times« den Angriff auf Jugoslawien als »das surrealste Stück Unsinn in den internationalen Angelegenheiten, das die moderne Welt gesehen hat«[145], bezeichnete. Surreal in so vielfacher Hinsicht, daß schon eine unvollständige Übersicht ein ganzes Kapitel füllen würde. An dieser Stelle müssen wenige Beispiele genügen:

---

145 Zit. nach FAZ, 14.4.1999

– Eine NATO-Luftarmada fiel unter Bruch aller internationalen Rechtsnormen über Jugoslawien her und kurz danach übermittelten die Aggressoren vom Berliner EU-Gipfel aus dem überfallenen souveränen europäischen Staat eine Botschaft, in der es wörtlich hieß: »Aggression darf sich nicht lohnen. Ein Aggressor muß wissen, daß er einen hohen Preis bezahlen muß. Das ist die Lehre des 20. Jahrhunderts.«[146]

– Noch vor wenigen Jahren hatten die Führer der CDU/CSU-FDP-Regierungskoalition und der SPD-Grünen-Opposition, die im Oktober 1998 ihre Rollen tauschten, hoch und heilig versichert, daß allein schon aus historischen Gründen eine deutsche Beteiligung an Militäraktionen gegenüber Jugoslawien niemals in Frage kommen werde. Inzwischen sind diese Schwüre schon lange vergessen, ebenso wie das Gelübde, feierlich bekräftigt in den Verhandlungen zum Zwei-Plus-Vier-Vertrag und bei der Einverleibung der DDR, daß vom deutschen Boden niemals mehr Krieg ausgehen darf, und die Bundesregierung feierte den auch von hier ausgegangenen Luftkrieg als einen »Sieg der Gerechtigkeit«.

– Angeführt wurden die NATO-Kämpfer für die Wahrung der Menschenrechte in Jugoslawien von den USA, von der Macht, die in den vergangenen Jahrzehnten wiederholt über fremde Völker und Staaten hergefallen ist, deren Verbrechen in Vietnam noch immer ungesühnt sind, die Kuba seit 40 Jahren würgt, die im Irak das Völkerrecht mit Füßen tritt und der Türkei im Krieg gegen die Kurden allseitige Hilfe erweist.

– Eine übermächtige Kriegsmaschinerie zerstörte die Infrastruktur der Bundesrepublik Jugoslawien, fügte den Existenzgrundlagen der jugoslawischen Völker unermeßlichen Schaden zu, zerfetzte, erschlug und verkrüppelte Tag für Tag, Nacht für Nacht Männer, Frauen und Kinder, aber einer der Hauptverantwortlichen für diese barbarische Aggression, Scharping, befahl seinen Soldaten im Nachbarland Mazedonien, Beweismittel gegen die Jugoslawen, die Aggressionsopfer, für das Kriegsverbrechertribunal in Den Haag zu sammeln, und das famose Gericht selbst erhob Anklage gegen den Präsidenten des überfallenen, geschundenen Landes.

---

146 Frankfurter Rundschau, 27.3.1999

– Erst nach einer leichten Beschädigung der Residenz des Schweizer Botschafters in Belgrad sah Außenminister Fischer, führender Kopf einer Umweltschutzpartei, öffentlich »dringenden Gesprächsbedarf über die Zielauswahl« der NATO; nach den vorangegangenen Bombardierungen der Erdölraffinerien Jugoslawiens, zahlreicher Chemieanlagen, darunter eines Ammoniakwerkes in der Nähe der jugoslawischen Hauptstadt, und der großräumigen Vergiftung und Zerstörung der Umwelt ließ er derartiges nicht einmal ansatzweise verlauten.

– Am Menschenrechtskrieg zum angeblichen Schutz der Kosovo-Albaner, die die ihnen eingeräumten Autonomierechte boykottierten, weil ihre Führer die territoriale Lostrennung fordern, beteiligte sich der NATO-Staat Türkei, der den grausam verfolgten Kurden im eigenen Land nicht einmal zugesteht, sich ethnisch als Kurden zu erklären. Nach dem »Sieg der Gerechtigkeit« beteiligt sich die im Krieg gegen die Kurden bewährte Armee Ankaras an den KFOR-Truppen und das Blatt »Hürriyet« jubelte: »Der türkische Staat hat seinen Fuß wieder in das Kosovo gesetzt, das er im 1. Balkankrieg verlor.«[147]

– Mehr als 70 Tage lang hat die NATO Kosovo bombardiert, so massiv, daß ihr sogar die Raketen ausgingen, doch nach dem Einmarsch der KFOR-Truppen wurden so gut wie keine von den Luftattacken verursachten Zerstörungen gezeigt. Dafür mangelt es nicht – wie freilich zu erwarten war – an Berichten und Bilddokumenten über Massengräber der Opfer der serbischen Truppen und Paramilitärs, zu denen der Einfachheit halber offenkundig die von der NATO und der UCK Erschlagenen und Ermordeten hinzugerechnet werden. Die Toten aber können nicht mehr sagen, ob sie Albaner oder Serben, Montenegriner oder Roma waren. Sie können sich nicht dagegen wehren, noch einmal geopfert zu werden, dieses Mal für die Rechtfertigungspropaganda der Menschenrechtskrieger. Je mehr Kriegstote, desto gerechter der Krieg.

– Die NATO führte Krieg gegen »die serbische Politik der ethnischen Vertreibung der Albaner« aus Kosovo und half der albanischen UCK, die Serben aus diesem Teil ihres Staatsgebietes zu vertreiben. Sie gab vor, im kleinen bedauernswerten Kosovo einen tragischen Konflikt mit militärischer Gewalt zu lösen, eine

---

147 Zit. nach Reuters, 5.7.1999

humanitäre Katastrophe verhindern zu wollen, und für dieses angebliche Ziel verwüstete sie ein ganzes Land, fügte seiner Wirtschaft und der Umwelt einer großen europäischen Region unermeßlichen Schaden zu, mißachtete die UNO-Charta, die Schlußakte von Helsinki, den Zwei-plus-Vier-Vertrag, die Charta von Paris, die Verfassungen zahlreicher Mitgliedsstaaten, das eigene Bündnisstatut, zerstörte die zarten Keime entstehenden internationalen Vertrauens, demütigte und provozierte Rußland und China, setzte eine neue Runde des atomaren Wettrüstens in Gang und den Weltfrieden aufs Spiel.

Ja, das Vorgehen der NATO und ihrer Führer scheint aus einer Welt des Surrealistischen, aus einer Welt des Überwirklichen, des Alptraumhaften zu stammen, doch bei einigem Nachdenken kann man Norman Stone nicht zustimmen. Es handelte sich nicht um »das surrealste Stück Unsinn in den internationalen Angelegenheiten, das die moderne Welt gesehen hat«, es war ein Horrorstück, das auf der internationalen Bühne ablief. Die deutschen Politiker, die rosa-roten und grünen, aber auch die schwarzen und gelben, spielten darin ihren Part – berauscht von wiedergewonnener Normalität und Größe, nibelungentreu und geschichtsvergessen, zerrissen zwischen siegeszuversichtlicher Arroganz und schlechtem Gewissen.

Das deutsche Publikum aber reagierte unterschiedlich. Nach anfänglichen, den NATO-Lügen geschuldeten Unsicherheiten lehnte die Mehrheit, vor allem in Ostdeutschland – wofür die verwunderten regierenden Kriegsbefürworter die wunderlichsten Erklärungen zum besten gaben – den NATO-Krieg ab. Doch nur ein Teil von den Kriegsgegnern ging auf die Straße, protestierte, forderte »Frieden jetzt!« und »Schluß mit dem Krieg!«; der andere, der weitaus größere, ging seinen Alltagsgeschäften nach und verfolgte das schreckliche Kriegsgeschehen am Fernseher, bemüht, zwischen Wahrheit und Lüge zu unterscheiden, die eigene Ohnmacht beklagend und auf grausame Weise unterhalten. Viele waren sich nicht bewußt, daß das vor ihnen ablaufende Horrorstück möglicherweise die Ouvertüre zum eigenen Verderben war. Denn mit der Aggression gegen Jugoslawien ist der Vorhang nicht gefallen, das Spiel geht weiter. Die auf dem Balkan erprobte neue NATO-Strategie wird auf neuen Schauplätzen angewandt werden. Auf dem Balkan ist der NATO-Sieg nicht so glänzend ausgefallen, wie man sich ihn in Washington und anderswo erträumt hatte. Statt der Okkupation ganz Jugoslawiens, wie im Rambouillet-Diktat vorgesehen, wurde nur die Besetzung von Kosovo und Metohien erreicht, und das unter der lästigen UN-Flagge und unter Beteiligung der Russen. Aber die Führer der freien westlichen Welt und ihre Strategen im Pentagon, auf der Hardthöhe und in Brüssel haben gezeigt, wozu sie in der Lage sind, daß sie vor keinem Krieg zurückschrecken, um den Frieden zu erzwingen.

Erzwingen wollen Clinton, Schröder und Blair auch die Demokratie nach ihrem Gusto. Erst zerstören sie im Namen ihrer Wertvorstellungen ein ganzes Land, dann machen sie sein Volk mit der erpresserischen Erklärung, »Hilfe zum Wiederaufbau« werde es erst dann geben, wenn es sich einen Präsidenten nach ihrem Geschmack wählt, zur Geisel. Einst galt das Prinzip der Nichteinmischung in die inneren Angelegenheiten anderer Staaten als ein hohes Gut des Völkerrechts, das nur allzu häufig, aber stets verdeckt und verschleiert beschädigt wurde, jetzt wird es in aller Öffentlichkeit auf dem Altar westlicher Hochdemokratie geopfert.

Wo wird der nächste Feind, »Menschenrechtsverletzer«, »Staatsterrorist« oder »machtbesessene nationalistische Diktator« im sogenannten euro-atlantischen Raum, wie das geographisch ausgedehnte Bündnisgebiet umschrieben wird, zu finden sein? Wird er schon über Kernwaffen verfügen oder gerade dabei sein, sich aufgrund der Jugoslawienerfahrungen diese zuzulegen? Mit welchen diplomatischen Winkelzügen, Halbwahrheiten und Lügen, Verdrehungen und Manipulationen wird man dann arbeiten, um den gefundenen Feind zum »Hitler 3« oder Hitler 4« zu machen, gegen den es loszuschlagen gilt, ehe es zu spät ist?

Während der Abschlußkundgebung der beeindruckenden Antikriegsdemonstration am 8. Mai 1999 auf dem Berliner Gendarmenmarkt hielten junge kräftige Männer vor den Stufen des Schauspielhauses ein überdimensionales langgezogenes Transparent, auf dem in großen Lettern geschrieben stand: »Gäbe es die DDR, es gäbe keinen deutschen Angriff auf Jugoslawien.« Eine hypothetische Feststellung, fern der Realität und doch ein Stück realer Wahrheit. Das Verschwinden der DDR war Teil des Untergangs des Realsozialismus in Europa. Mit ihm fanden auch die Konfrontation der Blöcke, das Gleichgewicht des Schreckens, auf dem viele Nachkriegsjahrzehnte ein labiler, stets gefährdeter, aber eben doch Frieden beruhte, ihr Ende. Das Gleichgewicht ist verschwunden, der Schrecken ist geblieben, nach dem NATO-Krieg auf dem Balkan unter Beteiligung des staatlich vereinigten Deutschlands größer als jemals zuvor.

KAPITEL 8

Mit der DDR ins Jahr 2000

Heerscharen von Geschichtswissenschaftlern und Politologen befassen sich mit der Frage: Was blieb, was bleibt von der DDR. Eine der originellsten Antworten fanden zwei bereits erwähnte Historiker, die sich am Prozeß der MfS-Auflösung beteiligten, Stefan Wolle und Armin Mitter, letzterer auch verdienstvoller Mitarbeiter der Eppelmann-Enquête-Kommission. In einem Taschenbuch von knapp 600 Seiten mit dem Titel »Untergang auf Raten« schrieben sie: »Der türkische Andenkenmarkt rund um das Brandenburger Tor ist die ehrlichste Art, mit der DDR-Geschichte umzugehen. Alles wird dort verkauft. Aktivistenabzeichen und Vaterländische Verdiensorden, Ehrendolche der NVA, Generalsuniformen, Porträts von Erich Honecker und Leninbüsten. Wer mit Christa Wolf die Frage stellt, ›Was bleibt?‹, mag durch das bunte und exotische Markttreiben schlendern. Hier wird er die Antwort finden. Es bleibt ein Haufen von nutzlosem und absurdem Flitterkram.«[148]

Bezeichnete man diese Antwort als Unfug, dann wäre das immer noch ein Lob. Aber nehmen wir die Autoren großmütig in Schutz. Immerhin haben sie ihr fundamentales Werk schon 1993 verfaßt und 1995 noch einmal durchgesehen, offenkundig sehr in Eile, und so konnten sie nicht voraussehen, was wenige Jahre später an Amüsantem geschah:

In Eisenhüttenstadt wurde für 3,5 Millionen DM, die von der Europäischen Union, dem Land Sachsen und der Stadt bereitgestellt wurden, das Dokumentationszentrum für DDR-Alltagskultur saniert, in dem inzwischen rund 50.000 Exponate gesammelt

---

148 Armin Mitter, Stefan Wolle: Untergang auf Raten, München 1995, S. 552

wurden und das sich weit über die Grenzen der Bundesrepublik hinaus großer Beliebtheit erfreut. In Chemnitz, das zu DDR-Zeiten den Namen von Karl Marx trug und heute mit Blick auf dessen überdimensionales Monument im Stadtzenrum »Stadt mit Köpfchen« genannt wird, werden Trüffel-Pralinen mit Marxens Konterfei hergestellt, für die eine wachsende Nachfrage besteht. Nach einer Repräsentativerhebung des Dortmunder Instituts für Schulentwicklungsforschung sprachen sich 53 Prozent der ostdeutschen Eltern für die Wiederherstellung der DDR-Schule aus. 1999 beteiligten sich über 90.000 Mädchen und Jungen, und damit fast jeder zweite Vierzehnjährige in den immer noch als neu bezeichneten Bundesländern und Berlin an den Jugendweihen, die lange Zeit als DDR-Altlast abgetan werden sollten. Im Mai 1999 beschließt eine überwältigende Mehrheit der Mitglieder des FC Berlin, sowohl langjährige Clubmitglieder, als auch – und das überwiegend – junge Leute, Spieler, Studenten und Fans, dem Sportclub seinen traditionsreichen Namen aus der DDR-Zeit, BFC Dynamo, zurückzugeben. Währenddessen skandieren die Anhänger der Ostberliner »Eisbären« zum wiederholten Male und zum Entsetzen altbundesdeutscher Eishockey-Kommentatoren: »Alle sind wir wieda da, außa Erich Honecka!« Und zur gleichen Zeit unterbreitet der ob solcher Sprüche gewiß nicht sonderlich erfreute Berliner Regierende Bürgermeister Diepgen die Idee, ein Stück der Mauer als touristischen Anziehungspunkt wiederaufzubauen. Weit davon entfernt, im Freistaat Bayern, in München-Oberhaching, wird im Herbst 1999 nach DDR-Vorbild eine Sportschule eröffnet, die besonders talentierten Kindern und Jugendlichen im Fußball, Handball, Tischtennis, Tennis und Badminton optimale Bedingungen für schulische und sportliche Ausbildung bieten soll. In Ostdeutschland warb 1998 eine zur Anschlußzeit schon abgeschriebene linke Partei bemerkenswert erfolgreich um Wählerstimmen mit dem Text »Das ist immer noch mein Land«, was selbstverständlich nichts, aber rein gar nichts mit der DDR zu tun hatte. Auf anderen »nutzlosen Flitterkram«, wie z. B. die Ostproduktenmesse, die Bestsellerliste Ost oder die Sportlerwahl Ost, soll an dieser Stelle nicht näher eingegangen und nur noch erwähnt werden, daß der Berliner Mieterverein erstmalig zum Jubiläum seines 111jährigen Bestehens

1999 nach DDR-Brauch die »Goldene Hausnummer« an Hausgemeinschaften verleihen will, die »beispielhaft Phantasie, Sachverstand und Solidarität verknüpfen, um Mieter- und Nachbarschaftsinteressen zu fördern«.

Das allerdings dürften nicht die einzigen DDR-Überreste und -Nachwirkungen sein, denn anderenfalls hätte sich die Eppelmann-Bundestags-Kommission Nr. 2 »Überwindung der Folgen der SED-Diktatur im Prozeß der deutschen Einheit« nicht so ausführlich »mit der Frage des Selbstverständnisses der Menschen in den neuen Ländern, auch im Vergleich zu Westdeutschland beschäftigt«, die »zunehmend zu einem Problem geworden (ist)«. Besorgt stellte sie fest, daß »sich Tendenzen zur Herausbildung eines ostdeutschen Selbswertegefühls« verstärken und »es auch Tendenzen gibt, die die vorhandenen Unterschiede besonders betonen und die Lebensverhältnisse in der DDR unkritisch sehen oder sogar verklären«.[149]

Ein nach Auflage und Umfang großes Hamburger Nachrichtenmagazin sieht die Lage noch wesentlich schwärzer bzw. roter. In einer mit »Das rote Gespenst« überschriebenen Titelgeschichte stellte es Anfang März des Jubiläumsjahres nahezu resignierend fest: »Die gute alte DDR lebt in den Herzen und Köpfen ihrer früheren Bürger wieder auf. Kulturell und sozial ist der erste Arbeiter- und Bauern-Staat auf deutschem Boden heute eine Realität, die womöglich stabiler ist als zu Zeiten, als die Mauer ihn zusammenhielt.«[150] Mit dem üblichen Hang zur Übertreibung schlagen ihre Autoren, die Korrespondenten in den ostdeutschen Magazinbüros, Alarm, da »im Jahre zehn nach Revolution, Wende und Mauerfall der Marxsche Klischee-Satz einmal mehr die Runde macht, daß ein Gespenst umgehe in Bonn und Berlin. Nun ist es eben weniger der Sozialismus als die DDR, die nicht totzukriegen ist.«[151]

Nicht weniger alarmierend mußten in so manchen Siegerohren die Ergebnisse klingen, die der Trierer Psychologe Leo Montada nach mehrjährigen Studien »zum Gerechtigkeitssinn in den neuen Ländern« Anfang Mai 1999 bekanntgab. Danach hat sich im

149 13. Deutscher Bundestag, Drucksache 13/11000, S. 430-435
150 Spiegel, 10/1999, S. 24
151 Ebd. S. 33

Denken der Ostdeutschen ein großer Wandel vollzogen. Die Mehrheit von ihnen beurteile nun selbst das Rechtssystem der DDR besser als das des Westens. Untersuchungen zeigten sogar, so der altbundesdeutsche Gerechtigkeitsforscher, daß sich die Ostdeutschen als eine eigene »sehr positive« kulturelle Volksgruppe sehen. Sie schätzten sich überwiegend als solidarisch und ehrlich ein, während sie die Westdeutschen als egoistisch, hab- und machtgierig einschätzten. Die Stereotype vom »bösen, kapitalistischen« und »guten, sozialistischen« Menschen seien intakt geblieben.[152]

Derartige Alarmsignale aus Eppelmanscher, Hamburger, Trierer und vielerlei anderer Richtung konnten weder bei der Schröder-Fischer-Regierung noch bei der Schäuble-Stoiber-Opposition, die sich beide gleichermaßen als Sieger über den »Unrechtsstaat« fühlen und so handeln, ungehört verhallen. Im Versuch, die Ostdeutschen doch noch für den Rechtsstaat Bundesrepublik und ihre jeweiligen Parteien zu gewinnen, schlagen sie neuerdings ungewohnte Töne an, wobei zwischen ihnen geradezu ein eigenartiger Wettbewerb im Ringen um die Gunst des Ostens in Gang gekommen ist. Bemerkenswert und aufschlußreich ist dabei die erste Sitzung des Deutschen Bundestages im umgebauten Reichstagsgebäude in Berlin am 19. April 1999, auf der Bundeskanzler Schröder eine Regierungserklärung zum vielversprechenden, anspruchsvollen Thema »Vollendung der Einheit Deutschlands« abgab und die »sehr verehrten Damen und Herren« vor Fehleinschätzungen warnte: »Machen wir uns keine Illusionen: Die Unterschiede in der Befindlichkeit, auch im Geschichtsbewußtsein, die gegenseitigen Ressentiments werden wohl noch eine ganze Weile bestehen bleiben. Ohne Frage gibt es Differenzen zwischen Ost- und Westdeutschland, genauso wie es auch Klischees über Ost und West gibt. Diese Unterschiede sind eben nicht nur die Folge von 40 Jahren Teilung, sondern auch von zehn Jahren Erfahrungen mit der Einheit.

Was wir voneinander wissen, ist oft zu oberflächlich, zu vorurteilsbeladen und ähnliches mehr. Ost- und Westdeutsche werden sich noch länger einander zu erklären haben, ohne sich gleich rechtfertigen zu müssen ... Der deutsch-deutsche Lernprozeß, das

---

152 Freie Presse, 4.5.1999

Zusammenwachsen dessen, was zusammengehört, ist ein beiderseitiger Prozeß. Er verläuft von Stuttgart nach Schwerin genauso wie von Rostock nach München ...«[153]

Spätestens hier hätte der Kanzler aus den Abgeordnetenreihen ein »Hört! Hört!« verdient, aber es blieb ebenso aus wie wie bei seiner in gleicher Rede zu hörenden Abkehr von der These vom »falsch gelebten Leben« im Osten und ihrem Ersatz durch die fundamentale Erkenntnis: »Es gab gelingendes, glückendes und authentisches Leben mitten in einem falschen System, so wie es mißlingendes Leben auch in einem richtigen System geben kann.«[154]

Angesichts dieser inhaltlich und sprachlich wunderbaren Formulierung konnte Oppositionschef Schäuble nicht zurückstehen und setzte den Kanzlerworten mit den eigenen noch eins darauf: »Vielleicht rührt das falsche Bild von den Siegern und Besiegten, das in manchem Herzen nagt und neue Distanz schafft, daher, daß viele, zu viele das Gefühl haben, ihr Leben in diesen Jahrzehnten vor 1989 sei nichts mehr wert, sei vergeblich gewesen ... Auch die Deutschen, die in der DDR lebten, haben ihre Lebensleistung, auf die sie genausoviel oder genausowenig stolz sein wollen und können wie andere im Westen.«[155]

Doch damit nicht genug, im höchsten Parteiinteresse zeigte Schäuble sich – Wunder über Wunder – auch lernfähig und räumte ein: »Mit der Freiheit hängen – richtig verstanden – Solidarität und Gerechtigkeit untrennbar zusammen ... Vielleicht – nein, gewiß, verehrte Kolleginnen und Kollegen – haben wir auf diesem Weg beim Einigungsvertrag und bei seiner oft so bürokratisch und perfektionistisch wirkenden Umsetzung Fehler gemacht. Aber lernen können wir noch immer.«[156]

Mit eben diesem Ziel führte die CDU exakt einen Monat später in Cottbus ihren zweiten Grundwerte-Kongreß durch, auf dem Fehler und Versäumnisse des Einigungsprozesses erörtert wurden. Ausgangspunkt der Diskussion war ein Grundsatzpa-

153 33. Sitzung des 14. Deutschen Bundestages, Stenographisches Protokoll, S: 2671/2672
154 Ebd. S. 2671
155 Ebd. S. 2675
156 Ebd. S. 2676

pier, in dem eine der Thesen lautete: »Es gibt ein Leben vor der Wende.«[157]

Der CDU und dem Himmel sei Dank! Von Kap Arkona bis zum Fichtelberg, von Oder und Neiße bis zu Elbe und Werra wird sich ein Gefühl tiefer Erleichterung ausbreiten. Manch ein Bewohner dieser Region war nach fast zehn Jahren bundesdeutscher Darstellung und »Aufarbeitung« des untergegangenen Staates fast schon zur Annahme getrieben worden, nicht nur falsch, sondern eigentlich gar nicht, zumindest nicht in der DDR, wie er sie persönlich erfahren hatte, gelebt zu haben. Nun also doch: Es gab ein Leben vor der Wende!

Als Staat ist die DDR liquidiert, tot ist sie offenbar tatsächlich nicht. Ob sich die Voraussage von Günter Kunert: »Viele von uns werden noch die Mythoswerdung der DDR, des Sozialismus überhaupt, erleben«[158] erfüllen wird, wird die Zukunft zeigen, aber schon jetzt steht fest, daß der untergegangene Staat tiefere Spuren im Gedächtnis seiner Bewohner hinterlassen hat, als sich seine Liquidatoren und Abwickler vorstellten.

Als große Teile der Bevölkerung 1989/90 die DDR mit den Rufen »Wir sind ein Volk« und »Her mit der DM, sonst kommen wir zu ihr« antraten, gaben sie sich der Illusion hin, daß fürderhin die Vorzüge des Sozialismus mit den Vorzügen des Kapitalismus verbunden werden könnten, daß die als Selbstverständlichkeit betrachteten »sozialen Errungenschaften« der DDR ihre wohltuende Ergänzung finden würden in den Vorteilen der bürgerlichen Demokratie und sozialen Marktwirtschaft, wie Meinungs- und Vereinsfreiheit, konvertible Währung, Kaufhof und Aldi, 500-DM-Farbfernseher und Personal-Computer, schicke Kleidung und noch schickere Autos, Bananen und Aal im Überfluß, Reisen nach Mallorca, den Canaren oder sonstwohin. All das und manches andere bekamen sie, wenn sie das Geld dazu hatten, denn das »Begrüßungsgeld« war mit 100 DM nicht allzu reichlich ausgefallen. Hätten sie allerdings 1990 gewußt, was sie sich darüber hinaus noch einhandelten – Treuhandanstalt zur Privatisierung des Volkseigentums, Arbeitsplatzabbau, Rückgabe vor Entschädigung, soziale Unsicherheit, Ungleichbehandlung, politische

---

157 Berliner Zeitung, 17.5.1999
158 Neues Deutschland, 2./3.10.1993

Strafverfolgung u. a. – und was sie unwiderruflich verlieren würden, dann hätten sie der Regierung de Maizière und ihrem Staatssekretär Günther Krause schwerlich eine so freie Hand bei der Übergabe der DDR an die Bundesrepublik gelassen und statt dessen bereits zuvor zumindest den aus der Not geborenen Kurs der von Hans Modrow geleiteten Regierung der nationalen Verantwortung unterstützt, der auf eine stufenweise, behutsame, auf den Prinzipien der Gleichberechtigung und Nichtdiskriminierung beruhende deutsch-deutsche Vereinigung abzielte.

Erst als sie die Kälte der Marktwirtschaft, der neuen und wiedergekehrten alten Gesellschaft, das Streben nach Profit und eigenem Vorteil, die sozialen Ungerechtigkeiten, die sprunghaft steigende Kriminalität und die widersinnige Bürokratie am eigenen Leibe kennenlernten, erkannten nicht wenige, was mit dem Anschluß an die Bundesrepublik aufgegeben worden war. Die Liste dieser Verluste ist lang, doch wenn man die DDR gerecht bewerten will, darf man sich, auch wenn das Nostalgie- und Verklärungs-Totschlagargument von rechts und links droht, nicht scheuen, sie aufzumachen. Aufgegeben wurden u. a.:

– Vollbeschäftigung und keine Angst um den Arbeitsplatz,

– niedrige Mieten und keine Obdachlosigkeit,

– beträchtliche soziale Gleichheit und überschaubare Unterschiede in Löhnen und Gehältern,

– niedrige Pachten, Tarife und sichere Wochenendgrundstücke sowie Kleingärten,

– umfassende Fördermaßnahmen für Frauen und Jugendliche, junge Eheleute und kinderreiche Familien,

– vorbildliche Betreuung von Schwangeren und kein mittelalterlicher § 218,

– entwickelte gegenseitige Hilfe in Betrieben, Wohngebieten und im Dorf,

– dichtes Netz von Theatern, Orchestern, Museen, Bibliotheken, Kulturhäusern und Klubs für die Jugend,

– niedrige Preise für Bücher, Zeitungen und Zeitschriften sowie für die Benutzung von Bibliotheken, für Kino-, Theater-, Konzert- und Museumsbesuche,

– Eisenbahn- und Nahverkehrsverbindungen bis in die letzten Dörfer,

– weitgehende Chancengleichheit im Bildungswesen und übersichtliche Bildungswege von Kinderkrippe und Kindergarten bis zur Universität,

– kostenloser Besuch aller staatlichen Bildungseinrichtungen und Stipendien für Schüler der Abiturstufe und Studenten,

– minimale Preise für Essen und Milch in Kinderkrippen und -gärten sowie für Schulspeisung und Teilnahme an Ferienlagern,

– entwickeltes System der Berufsausbildung ohne Mangel an Ausbildungsplätzen und nahtloser Übergang zur Ausübung des erlernten Berufs,

– soziale Sicherheit der Studenten und rationelle Studienorganisation, leistungs- und zeitgerechter Studienabschluß,

– vorbildliche gesundheitliche Betreuung der Kinder und Jugendlichen von obligatorischen Schutzimpfungen bis zu wiederkehrenden prophylaktischen Untersuchungen auf allgemein- und zahnmedizinischem Gebiet,

– geringe Kriminalität und keine Drogenszene.

Heutzutage würde sich in der reichen Bundesrepublik keine der Parteien, die mit Wahlversprechen wahrlich nicht geizen, bereit finden, diese gesellschaftlichen und sozialen Leistungen auch nur in ihr Wahlprogramm aufzunehmen. Populismus und Realitätsferne wären das Geringste, was man ihr vorwerfen würde. Doch in der ärmeren DDR hat es sie gegeben, über Jahrzehnte. Letztlich aber überforderten einige von ihnen die ökonomische Leistungsfähigkeit der Gesellschaft, was wesentlich zum Staatsuntergang beitrug.

Die DDR ist von der Landkarte verschwunden, aber geblieben sind die in ihr gewonnenen Erfahrungen bei der Gestaltung einer Gesellschaft, in der der Profit nicht das Maß aller Dinge, soziale Gerechtigkeit und Solidarität gelebte Wirklichkeit, Frieden und Völkerverständigung oberste Maxime internationalen Wirkens waren. Geblieben sind auch andere Erfahrungen, Lehren, die schwer erworben wurden und sich heute so leicht formulieren lassen: Sozialismus ohne umfassende Demokratie ist kein Sozialismus; absoluter Führungsanspruch und Avantgardrolle einer Partei untergraben die Demokratie und führen zur Diktatur dieser Partei und letztlich ihrer »führenden Persönlichkeiten«; Einheit, Reinheit und Geschlossenheit der Partei ersticken die Meinungsvielfalt, kritischen Widerspruch und schöpferische Kraft der Menschen; vergesellschaftete Produktionsmittel werden erst dann zum wahren Volkseigentum, wenn sich das Volk als Eigentümer fühlt und so verhält; eine effektive, soziale und ökologische Wirtschaftsentwicklung ist weder durch Plan- noch durch Marktradikalismus zu gewährleisten, unabdingbar ist eine sinnvolle Kombination von Planung und selbsregulierenden Marktmechanismen.

Diese und andere bleibende Erfahrungen wurden nicht von heute auf morgen erworben, sie mußten teuer bezahlt werden. Ob die zwischen 1945 und 1990 herrschenden Verhältnisse, die internationalen Bedingungen des Roll back und des Kalten Krieges und die spezifischen Gegebenheiten auf deutschem Boden es zugelassen hätten, sie früher zu gewinnen und ausnahmslos anzuwenden, ist für Historiker ein hochinteressanter und unerläßlicher Gegenstand der Forschung und des Streits. Für gesellschaftliche Kräfte, die brennende politische und soziale Probleme der Gegenwart und der Zukunft zu lösen haben, ist eine ausufernde, endlose Diskussion darüber fruchtlos, vergleichbar mit dem Disput über die Frage, ob Karl der Große einen Bart getragen hat oder nicht, also ein Streit um des Kaisers Bart.

Tatsache ist, der sozialistische Versuch auf deutschem Boden war legitim. Er ist gescheitert, gründlich, am Ende kläglich. »Niederlagen machen, was die Zahl der Streiter betrifft, klein«, stellte der Rechtsanwalt Prof. Friedrich Wolff im Herbst 1998 auf einer Veranstaltung der Gesellschaft für Bürgerrecht und Menschenwürde zur Verleihung des Menschenrechtspreises an Fidel Castro fest, um fortzufahren: »Aber unsere Niederlage war, historisch und territorial gesehen, jedoch, man sieht es immer deutlicher, nur die Niederlage auf einem von vielen Schlachtfeldern. Es war keine Niederlage in der letzten Schlacht. Wir sind Besiegte aber nicht Zerstörte, auch nicht Gewendete und schon gar keine Überläufer ... Die Erfahrung der Niederlage ist eine bittere, aber wie jede Erfahrung auch eine nützliche. Wir wissen, wie es ist, wenn von einem Tag zum anderen der Sozialismus durch den Kapitalismus ersetzt wird. So wie wir das erlebt haben, hat dies kaum ein anderes Volk erlebt ... Wir haben nicht verloren, weil wir schlechter oder gar böser waren als andere, sondern weil die anderen noch stärker waren als wir. Natürlich waren sie auch stärker, weil wir viele Fehler machten. Auch schlimme Fehler, Fehler, die zu einer Menschenrechtspreisverleihung nicht passen. Jeder weiß aber: Der Sieg des Stärkeren ist nicht immer der Sieg des Besseren.«[159]

Nein, es waren nicht die Besseren, die gesiegt haben, und nach dem Sieg sind sie auch nicht besser geworden. Im Gegenteil, nach dem Verschwinden des Schwächeren, der allein schon mit seiner Existenz als politisches und soziales Korrektiv wirkte, sind in der größer gewordenen Bundesrepublik der Kapitalismus wieder offener und brutaler, die Marktwirtschaft unsozialer, die Innenpolitik illiberaler, die Öffentlichkeit manipulierbarer, die Außenpolitik militaristischer und der Militarismus aggressiver geworden.

Daß selbst das Fernsehprogramm dank weggefallener Adlershofer Konkurrenz schlechter geworden ist, sei nur am Rande vermerkt.

Auch vor diesem Hintergrund nimmt es nicht wunder, daß zwei Drittel der Ostdeutschen Ende 1997 die Meinung vertraten: »Eigentlich war es eine schöne Zeit in der DDR.« Die große Mehrheit von ihnen weint der DDR nicht nach, sie will sie auch nicht zurück wie sie war, höchstens wie sie hätte sein können, wenn subjektiv verursachte Fehler und Deformationen vermieden und die objektiven Umstände anders gewesen wären: ein Staat der Gleichen und Freien, frei von Ausbeutern und Ausgebeuteten, stabil in seiner demokratischen Verfaßtheit, anziehend in seiner kulturellen Vielfalt und sicher mit seiner sozialen Geborgenheit und verläßlichen Friedenspolitik.

Diese Ideale sind lebendig geblieben wie auch die in den 41 Jahren der Existenz der DDR gesammelten guten und bitteren Erfahrungen. Sie werden zur Jahrtausendwende nicht gestrichen werden, sie werden uns begleiten auch in den kommenden Jahrzehnten als Gegenstand weiteren Nachdenkens über unsere ungenutzten Stärken und vermeidbaren Schwächen, als einer der Maßstäbe der kritischen Analyse des Staates und der Gesellschaft, in der wir leben und die nicht das letzte Wort der Geschichte ist.

Der zu Beginn dieses Jahrzehnts in konservativen Kreisen aufkommende Irrglaube, die Geschichte sei gewissermaßen an einem Endpunkt angelangt, ist längst widerlegt. So wie sich das

---

159 GBM: Dokumentation. Menschenrechtspreis 1998, Berlin 1998, S. 4

Rad der Geschichte nicht zurückdrehen läßt, so kann es auch nicht aufgehalten werden. »Die Geschichte ist eine permanente Negation«, konstatierte Wilhelm Liebknecht, einer der Führer der deutschen Sozialdemokratie, als diese noch revolutionär war, unter dem Einfluß von Hegel und Marx, um zu präzisieren: »Negation der Vergangenheit und der Gegenwart, des vergangenen und des gegenwärtigen Zustandes.«[160] Ohne grundlegende Veränderung, ohne seine Verneinung würde die Fortdauer des gegenwärtigen Zustandes – der grenzenlosen Profitwut, der wachsenden sozialen Klüfte zwischen arm und reich, der schreienden Not in der südlichen Hemisssphäre, des Wahnwitzes der Waffenproduktion und -vervollkommnung, der Militarisierung der internationalen Beziehungen, der Zerstörung ihrer Rechtsgrundlagen und der Ersetzung des Völkerrechts durch aggressive Selbstjustiz und Faustrecht, der hemmungsloser Ausplünderung aller Naturressourcen – tatsächlich zu einem Endpunkt führen, an dem eine Umkehr nicht mehr möglich wäre.

Geschichte wird noch immer von Menschen gemacht. Auch wenn sie passiv sind, nach Fehlschlägen und Niederlagen in Lethargie verfallen und meinen, es sei doch alles vergeblich und perspektivlos, gegen »die da oben« könne man sowieso nichts ausrichten, gestalten sie die Geschichte mit, denn sie gestatten den anderen, eben »denen da oben«, nach eigenem Gutdünken zu schalten und zu walten, ihnen übertragene Macht zu mißbrauchen und uns alle auf diesen Weg ohne Chance zur Umkehr zu führen. Daß diese dabei letztlich selbst zum Opfer eigener selbstsüchtiger, zivilisationszerstörerischer Politik werden würden, ist wenig tröstlich.

Für Zeitgenossen, die über den Tag und die Jahre hinausblikken, ist es nicht die schönste und schon gar nicht die goldene Zeit, die angeblich mit dem Zusammenbruch des Realsozialismus in Europa anheben sollte. Der Umgang mit dem Recht, der Moral und der Wahrheit bei der Auslösung und Rechtfertigung der Aggression gegen Jugoslawien und seine Völker hat es noch einmal in erschreckender Weise offenbart. »Es gibt aber auch schlechte Zeiten, die nicht ohne Perspektive sind«, schrieb Julius Fucik, der später von der Gestapo gefolterte und in Berlin-Plötzensee er-

---

160 Wilhelm Liebknecht: Kleine politische Schriften, Leipzig 1976, S. 76

mordete Humanist und Schriftsteller, um fortzufahren: »Zeiten, in denen Entscheidungen fallen, Zeiten, in denen es darauf ankommt, daß die Menschen nicht kraftlos sind, und in denen sich die Menschen auch dessen bewußt werden. Auch in solchen Zeiten wendet sich der Mensch der Geschichte zu. Aber er flieht nicht aus ihr. Er lernt aus ihr.«[161]

Bei dem Lernen aus der Geschichte, bei der Suche nach einer Alternative führt kein Weg an den Idealen und Ideen des Sozialismus, an seinen Leistungen, Fehlschlägen und schmerzlichen Erkenntnissen vorbei. In Deutschland gehören dazu auch die guten und die harten, aber wertvollen Lehren, die der deutsche Staat vermittelt, der vor 50 Jahren gegründet wurde, vor einem knappen Jahrzehnt untergegangen und zum Leidwesen seiner nimmermüden Gegner trotz aller Bemühungen nicht »totzukriegen« ist. In diesem Sinne und nur in diesem war das imaginäre Schutzschild in der Wendezeit vielleicht doch nicht so sinnentleert: Mit der DDR ins Jahr 2000.

161 Julius Fucik: Literarische Kritiken, Polemiken und Studien, Berlin 1958, S. 303

Personenverzeichnis

Ralph Hartmann

»Die ehrlichen Makler«
Die deutsche Außenpolitik
und der Bürgerkrieg in Jugoslawien

4. erweiterte und aktualisierte Auflage 1999
263 Seiten, Broschur, 24,80 DM
ISBN 3-320-01958-9

Das auseinanderbrechende Jugoslawien wurde von der deutschen Bundesregierung zum Testfeld der Außen- und Militärpolitik des größer gewordenen, vereinigten Deutschlands erkoren.

Während die Bundesregierung vorgab, Deutschland sei »als ehrlicher Makler um eine Lösung bemüht« gewesen, spielte sie mit der voreiligen Anerkennung jugoslawischer Teilrepubliken eine Vorreiterrolle bei der Zertrümmerung der jugoslawischen Föderation. Doch damit nicht genug. Weil Jugoslawien nicht einen Teil seines Staatsgebietes – Kosovo – unter ein NATO-Protektorat stellen will, soll es nun »endgültig in die Knie gezwungen« werden.

Um ihre Aggressions- und Einmischungspolitik zu tarnen, dämonisieren die NATO-Strategen ein ganzes Volk, deklarieren es zu einem Volk von Schurken. Wer wissen will, wie die Tragödie begann und sich zum »surrealsten Stück Unsinn in den internationalen Angelegenheiten« entwickelte, welche Rolle die Bundesrepublik Deutschland unter schwarz-gelber und rosa-grüner Führung dabei spielte, sollte getrost dieses Buch des langjährigen Botschafters der DDR in Jugoslawien zur Hand nehmen:

Eine entlarvende Studie über eine Politik, die zu einem schrecklichen Krieg führte.

Karl Dietz Verlag Berlin
Weydingerstraße 14 - 16, 10178 Berlin

Gerhardt Ronneberger

Deckname »Saale«

High-Tech-Schmuggler unter Schalck-Golodkowski

416 Seiten, Broschur, 29,80 DM
ISBN 3-320-01967-8

Die Mikroelektronik war Aushängeschild und Prestigeobjekt der DDR-Partei- und Staatsführung. Doch wie kam die DDR an das notwendige Know-how, wie trickreich verstand sie es, das gegen sie und alle sozialistischen Länder von den westlichen Industrienationen während der Zeit des Kalten Krieges verhängte Wirtschaftsembargo zu umgehen und alle notwendigen High-Tech-Güter zu beschaffte. Westliche Geheimdienste waren aktiv, aber machtlos, diesen Coup wirkungsvoll zu verhindern.

In diesem nach DDR-Verständnis legalen, wegen der Cocom-Bestimmungen aber konspirativ betriebenen und vom MfS gesteuerten Prozeß der Durchbrechung des Embargos spielte der Bereich kommerzielle Koordinierung mit seinem Importbereich, dem sogenannten Handelsbereich 4, eine zentrale Rolle. Leiter dieses Bereiches war der Autor, sein Chef Alexander Schalck-Golodkowski.

Mit Hilfe westlicher Kaufleute, die alle Skrupel über Bord warfen und sich ihr Risiko mit satten Preisaufschlägen bezahlen ließen, baute Alexander Schalck mit seinen cleveren Mitarbeitern ein internationales Netz von High-Tech-Lieferanten auf. Zu diesem Netz gehörten kleine Handelsfirmen genauso wie international bekannte Konzerne, Toshiba ebenso wie die deutsche Leybold AG ...

Karl Dietz Verlag Berlin
Weydingerstraße 14 - 16, 10178 Berlin

Detlef Nakath/Gerd-Rüdiger Stephan (Hrsg.)

Die Häber-Protokolle

Schlaglichter der SED-Westpolitik 1973 - 1985

480 Seiten, gebunden mit Schutzumschlag, 48,00 DM
ISBN 3-320-01968-6

Nur etwa 18 Monate lang, von Ende Mai 1984 bis November 1985, gehörte Herbert Häber dem SED-Politbüro an. Dann wurde er von Generalsekretär Erich Honecker persönlich aus diesem Gremium entfernt, in eine geschlossene psychiatrische Klinik gesteckt und später auf einen »unpolitischen« Ruheposten abgeschoben; offenbar ein »Bauernopfer« gegenüber der Moskauer Kremlführung, die jeglicher Annäherung zwischen Bonn und Ost-Berlin argwöhnisch entgegentrat.

Über ein Jahrzehnt lang hatte Herbert Häber nicht nur die Westabteilung des SED-Zentralkomitees geleitet, sondern viele Aufenthalte in der Bundesrepublik genutzt, um seine Kontakte mit Spitzenpolitikern von SPD, FDP und CDU/CSU zu pflegen und für eine Verbesserung der deutsch-deutschen Beziehungen einzutreten. Zu seinen Gesprächspartnern gehörten seitens der Christdemokraten neben CDU-Schatzmeister Walther Leisler Kiep u. a. Norbert Blüm, Eberhard Diepgen, Volker Rühe, Gerhard Stoltenberg und Richard von Weizsäcker, seitens der Sozialdemokraten vor allem Egon Bahr, Holger Börner, Horst Ehmke, Hans-Jürgen Wischnewski und Karsten D. Voigt.

Die brisanten Gesprächsprotokolle können hier erstmals umfänglich der Öffentlichkeit vorgestellt werden.

Karl Dietz Verlag Berlin
Weydingerstraße 14 - 16, 10178 Berlin

Sylvia-Yvonne Kaufmann

Die Euro-Falle

Plädoyer für ein soziales Europa

207 Seiten, 5 Grafiken, Broschur, 19,80 DM
ISBN 3-320-01977-5

Währungsunion und Euro sind nun da. Sie werden Europa tief-
greifender verändern, als es sich viele Bürgerinnen und Bürger
vorstellen können.

Politisch ist noch nicht entschieden, daß der Euro so wird, wie er
geplant ist: ein Instrument zur weiteren Deregulierung der Wirtschaft und zur Entmündigung von Politik. Vielleicht gelingt es,
diesen Euro »sozialer« zu machen, die Wirtschafts- und Währungsunion durch eine europäische Sozial- und Beschäftigungs-
union zu korrigieren und zu ergänzen, wie das die PDS seit eh
und je und nun auch Sozialdemokraten oder zum Beispiel die
Linksregierung in Frankreich fordern.

Die Euro-Einführung wird die Konkurrenz in Europa deutlich
verschärfen. Eine sozialistische Partei wie die PDS muß und wird
sich deshalb dafür engagieren, daß deutsche, französische, italie-
nische oder portugiesische Arbeitnehmerinnen und Arbeitnehmer
im Zuge des sogenannten Standortwettbewerbs nicht gegeneinander ausgespielt werden. Denn noch mehr Arbeitslosigkeit gepaart
mit wachsendem Nationalismus könnten ein Gemisch politischen
Sprengstoffs hervorbringen, der die Vision vom geeinten, friedlichen und demokratischen Europa zum Blütentraum werden ließe.

Karl Dietz Verlag Berlin
Weydingerstraße 14 - 16, 10178 Berlin

Arno Linke

»Ab morgen bist du Leibarzt«

Vom Provinzarzt zum Krebsforscher

445 Seiten, gebunden mit Schutzumschlag, 48,00 DM
ISBN 3-320-01969-4

Arno Linke wurde 1920 in Berlin als Sohn eines Steindruckers
geboren. Nach dem Abitur kam er zum Arbeitsdienst und anschließend als Soldat an die Ostfront. 1946 konnte er sich seinen
Jugendtraum erfüllen und begann ein Medizinstudium in Halle.
Zunächst wird er Assistenzarzt in Görlitz, dann erfolgt die Fach-
arztausbildung zum Internisten in Greifswald, bevor er von 1964
bis 1971 von Frau Professor Wittbrodt zum Leibarzt von Walter
Ulbricht bestellt wird. Von 1972 bis zu seiner Emeritierung wirkt
er dann an der Greifwalder Universität; dort gelingt ihm 1977 eine sensationelle Entdeckung: ein Mikroskopierverfahren zur
frühzeitigen Erkennung krankhaft veränderter Erythrozyten – den
OET, Optischen Erythrozytentest. Das Sensationelle besteht darin, daß eine Krebserkrankung signalisiert werden kann, wenn
noch keine signifikanten Symptome erkennbar sind.
Aber offensichtlich wird der Wert dieser Entdeckung nicht er-
kannt, nicht ernstgenommen oder – so der Autor – bewußt sabo-
tiert.

Karl Dietz Verlag Berlin
Weydingerstraße 14 - 16, 10178 Berlin